Anonymous

Protocols of Congress of the Representatives of Great Britain,

Austria-Hungary, France, Germany, Italy, Russia, and Turkey. For the settlement of affairs in the East

Anonymous

Protocols of Congress of the Representatives of Great Britain,
Austria-Hungary, France, Germany, Italy, Russia, and Turkey. For the settlement of affairs in the East

ISBN/EAN: 9783337310158

Printed in Europe, USA, Canada, Australia, Japan

Cover: Foto ©ninafisch / pixelio.de

More available books at **www.hansebooks.com**

PROTOCOLS OF CONGRESS *of the Representatives of Great Britain, Austria-Hungary, France, Germany, Italy, Russia, and Turkey; for the Settlement of Affairs in the East.—Berlin, June, July,* 1878.

	No. of Protocol.	Date, 1878.	Page.
Alashkerd, Valley of	14	July 6	879
	16	July 9	881
	18	July 11	884
	19	July 12	885
Antivari	8	June 28	874
	10	July 1	875
	12	July 4	877
Ardahan	14	July 6	879
Armenia	12	July 4	878
	14	July 6	879
	15	July 8	880
Asiatic frontier	14	July 6	879
	16	July 9	881
	17	July 10	882
	18	July 11	884
	19	July 12	885
Austria-Hungary. See Bosnia, Danube, Herzegovina, Montenegro, Novi-Bazar.			
Balkans	4	June 22	867
	15	July 8	880
Bashi-Bazouks. See Eastern Roumelia.			
Batoum. Commercial port	14	July 6	879
	16	July 9	881
„ (frontiers of district)	17	July 10	882
Bayazid	14	July 6	879
Bessarabia	9	June 29	874
	10	July 1	875
	11	July 2	876
Black Sea	14	July 6	879
Bosnia	8	June 28	873
„ (Austrian administration)	12	July 4	877
	18	July 11	884
Bosphorus	14	July 6	879
	18	July 11	884
	19	July 12	885
Boyana River	8	June 28	874
	10	July 1	875
	12	July 4	877
Bulgaria	1	June 13	866
	2	June 17	866
	4	June 22	867
	5	June 24	868
	6	June 25	871
	7	June 26	872
	14	July 6	879
	17	July 10	882
	19	July 12	885
„ (boundary)	11	July 2	875
	15	July 8	880

also in casks, from any part of Portugal, shall be valued as imitations of French, Italian, and Spanish wines, according to the respective classes.

"Portuguese wines, in bottle, shall be valued in conformity with the classification adopted in the Tariff."*

His Excellency Viscount de San Januario made known that, although he could desire to celebrate a Treaty of Commerce and Navigation with the Oriental Republic of the Uruguay, wherein there would be consigned with becoming liberality those principles of conventional international law which in all points of utility to the two States might seasonably contribute to their reciprocal interests, he nevertheless accepted the resolve of the Government of the Oriental Republic of the Uruguay, as made known by his Excellency Doctor D. Gualberto Mendez, and based upon the reasons by him set forth.

Appreciating, therefore, and making acceptance of the indications made by his Excellency with reference to the declarations which it is within his power to make on behalf of his Government, he made known his willingness that, pending the conclusion of that Treaty, the declarations referred to should be forthwith rendered valid by means of the present Protocol.

In testimony whereof the Plenipotentiaries ordered the present instrument to be drawn up in duplicate, and thereunto affixed their signatures and seals at the date referred to.

(L.S.) GUALBERTO MENDEZ.
(L.S.) VIZCONDE DE SAN JANUARIO.

---

* *Monte Video Tariff of Customs Rates for Wines.*

	Explanations.	Weight, measure, or quantity.	Rates: Dollars.
Wine.	French red or white, Italian and such like .... Other kinds of casks in proportion.	Bordelaise	17
,,	Xeres, Oporto, Madeira, Lisbon, Rhine, and champagne of any kind, in bottle	Dozen	6
,,	Bordeaux, Frontignan, Asti, and other similar sorts not specified, imported in bottles	,,	3
,,	Xeres, Oporto, Madeira, Lisbon, and any others of similar class and character	P.c. Litre	35
,,	Ajarezado and Muscatel...................	,,	15
,,	Red sorts in general......................	,,	6
,,	Sweet and dry, ordinary, of all characters	,,	10
,,	Chianti, Pomino, and such like, in flasks of from 2¼ to 3 litres' capacity .... Other sizes in proportion.	Dozen	6

	No. of Protocol.	Date, 1878.	Page.
Bulgaria (fortresses)	17	July 10	883
Capitulations	6	June 25	871
See also Bulgaria, &c.			
Christian Populations	1	June 13	866
	14	July 6	880
Circassians	15	July 8	880
Constantinople	1	June 13	866
Crete	9	June 29	874
Danube	9	June 29	874
	11	July 2	875
	12	July 4	877
	17	July 10	883
	18	July 11	884
Dardanelles	14	July 6	879
	18	July 11	884
	19	July 12	885
Debt (Ottoman)	5	June 24	868
	6	June 25	871
	7	June 26	872
	8	June 28	874
	10	July 1	875
	11	July 2	875
	17	July 10	882
	18	July 11	884
Dobrudscha	10	July 1	875
	11	July 2	876
Dulcigno	8	June 28	874
	10	July 1	875
	12	July 4	877
Eastern Roumelia	4	June 22	867
	5	June 24	868
	6	June 25	870
	7	June 26	872
	8	June 28	873
	17	July 10	883
,, (boundary)	15	July 8	880
Epirus	9	June 29	874
Erzeroum	14	July 6	879
Fortifications	4	June 22	867
	7	June 26	872
	11	July 2	875
	12	July 4	877
	17	July 10	883
Galatz	11	July 2	876
	12	July 4	877
Greece (admission of Plenipotentiaries)	1	June 13	866
	2	June 17	866
	3	June 19	867
	5	June 24	868
	8	June 28	873
	9	June 29	874
,, (boundary)	13	July 5	878
	18	July 11	884
	19	July 12	885
, (provinces)	3	June 19	867

	No. of Protocol.	Date, 1878.	Page.
Greece (provinces)	9	June 29	874
Herzegovina	8	June 28	873
" (Austrian administration)	12	July 4	877
	18	July 11	884
Holy Places	15	July 8	880
	17	July 10	883
Indemnity (War)	11	July 2	876
Iron Gates (Danube)	11	July 2	875
	12	July 4	877
Iskra River	5	June 24	868
Jews (Roumania)	10	July 1	875
	17	July 10	882
" (Servia)	8	June 28	873
See also Religious Liberty.	12	July 4	876
Kars	14	July 6	879
Khotour	14	July 6	879
	15	July 8	880
	16	July 9	881
	17	July 10	882
	18	July 11	884
Kosica	15	July 8	880
Kurds	15	July 8	880
Lazistan	14	July 6	879
Mali-Zwornik	8	June 28	874
	15	July 8	880
Mangalia	10	July 1	875
	15	July 8	880
Mesta Karasou	4	June 22	867
	15	July 8	880
Mirdites	13	July 5	879
Montenegro	10	July 1	875
	12	July 4	877
	17	July 10	883
	18	July 11	884
" (boundary)	10	July 1	875
	12	July 4	877
Mount Athos	12	July 4	877
Novi Bazar	10	July 1	874
Olti	16	July 9	881
Persia	14	July 6	879
	15	July 8	880
Pirot	15	July 8	880
	19	July 12	885
Própolac	15	July 8	880
" (Pass)	19	July 12	885
Railways	7	June 26	872
Rassova	10	July 1	875
Ratifications of Treaty	19	July 12	885
Religious Liberty	7	June 26	872
See also Bulgaria, Montenegro, Roumania, Servia.			

GREAT BRITAIN, AUSTRIA, FRANCE, &C.

	No. of Protocol.	Date, 1878.	Page.
Rhodope	18	July 11	884
	19	July 12	885
Roumelia (East). See Eastern Roumelia.			
Roumania	5	June 24	869
	9	June 29	874
	10	July 1	875
	11	July 2	876
	15	July 8	880
	17	July 10	883
	18	July 11	883
,, (admission of Plenipotentiaries) ..	9	June 29	874
	10	July 1	874
,, (consecrated property)	15	July 8	880
St. Nicholas	19	July 12	885
Sakhar	8	June 28	874
	15	July 8	880
Serpents' Island	10	July 1	875
	11	July 2	875
	18	July 11	884
Servia	7	June 26	872
	8	June 28	873
	12	July 4	876
	17	July 9	883
	18	July 10	883
	19	July 12	885
,, (boundary)	8	June 28	873
	15	July 8	880
Shipka (proposed Cemetery)	17	July 10	882
Silistria	10	July 1	875
	15	July 8	880
Sophia (Sandjak of)	4	June 22	867
	5	June 24	868
	15	July 8	880
	16	July 9	881
,, ,, (Military Road)	17	July 10	882
	19	July 12	885
Soulina	11	July 2	876
Spizza	8	June 28	874
	10	July 1	875
	12	July 4	877
Strouma Karasou	4	June 22	867
	15	July 8	880
Thessaly	9	June 29	874
Treaties of Commerce	6	June 25	871
Tribute. See separate Countries and Provinces.			
Trn	15	July 8	880
Varna	4	June 22	867
Vranja	15	July 8	880
	16	July 9	881
Widdin (Military Road)	19	July 12	885
Zwornik. See Mali-Zwornik.			

[1877–78. LXIX.]   3 K

PROTOCOL No. 1, 13th June, 1878.

	Page
Presidency. President: Prince Bismarck	887
Appointment of Secretaries. Archives	887
Presentation of Full Powers, except those of Ottoman Plenipotentiaries. Speech of President; object in assembling the Congress; Christian Populations of Turkey; free discussion of Treaty of San Stefano; course of Procedure	888
Proposals, &c., in writing. Bulgaria; the main question. To be first discussed. Delimitation and Organization of Bulgaria. Secrecy of Deliberations	888
Speech of Lord Beaconsfield:—Russian Troops near Constantinople. Dangers arising from position, they having advanced beyond the Line fixed by the Armistice. Possible Capture of Constantinople. Observations of Russian Plenipotentiaries:—Object of Russia to secure Amelioration of Condition of Christian Subjects of the Porte:—Movements of Russian Army and British Fleet	889
Observations of President and Ottoman Plenipotentiaries	890
Greece. Notice of Lord Salisbury to submit Questions of Admission of, at next Sitting. Observations of Russian and French Plenipotentiaries and President as to course of Procedure in bringing forward Questions of this kind. Resolutions of Majority to rule on Substantive Proposals which do not touch Vital Points, but Minority at liberty to record their Protests	891

PROTOCOL No. 2, 17th June, 1878.

Presentation of Full Powers of Ottoman Plenipotentiaries. Cause of delay	893
Protocols will be printed and communicated to Plenipotentiaries, but not read in full at Sittings, but only alterations made therein. Arrangements respecting Petitions, &c., addressed to Congress and to President	893
Greece. Lord Salisbury's Proposal that Greece should take part in deliberations of the Congress, or at least assist at all sittings in which Questions in connection with the Interests of the Greek race shall be discussed. Observations of President and Prince Gortchacow thereon	894
Counter-Proposal of French Plenipotentiaries:—That Greek Plenipotentiaries be admitted when question arises of determining the future of the Border Provinces of the Kingdom (Epirus and Thessaly) and summoned into Congress when deemed advisable by the Plenipotentiaries. Discussion adjourned to next sitting	896
Bulgaria. Order of the Day. (Art. VI of Treaty of San Stefano.) Speech of Lord Salisbury:—Effect of Treaty would be to reduce Turkey to dependency on Russia. Duty of Congress to give Turkey back her Independence. Proposed Limits of Bulgaria	897
Proposals to be examined:—I. Bulgaria to be a Tributary autonomous Principality restricted to the North of the Balkans. II. Province of Roumelia and all other Turkish Territory South of the Balkans to be under direct Political and Military authority of Sultan;	

	Page
sufficient guarantee being given for protection of welfare of the Population ..	898
Bulgaria. Observations of Count Schouvaloff thereon; who remarks that Russia entered Congress with a view to harmonize Preliminary Treaty of San Stefano with General Interests of Europe, but not to "annihilate" the results of a War in which she had imposed upon herself so many Sacrifices..	898
,, Prince Bismarck asks intentions of Great Britain with regard to Government of Bulgaria. Lord Salisbury's Reply. Prince Bismarck suggests Private Meetings of Russian and English Plenipotentiaries. Agreed to, with addition of Austrian Plenipotentiaries. Count Andrássy adheres generally to English Proposals respecting Frontiers, which are declared to be very important for Austria	899

PROTOCOL No. 3, 19th June, 1878.

Observations of President on anonymous Petitions ,.	901
Order of the Day. 1. Admission of Representatives of Greece. 2. Bulgaria. Bulgarian Question adjourned	901
Greece. English and French Proposals respecting Admission of Greek Representatives. Germany supports French Proposal. Objection of Turkish Plenipotentiaries ..	901
,, Views of Russia. Observations of Prince Gortchacow. Russian Plenipotentiaries adhere to French Proposal respecting Admission of Greek Representatives (Epirus and Thessaly and Crete)	902
Lord Salisbury proposes to substitute the words "Greek Provinces" for "Border Provinces of the Kingdom of Greece" (Macedonia, Thrace, and Crete) ..	904
French Text voted	904
English Amendment discussed. Ottoman Plenipotentiaries abstain from voting. Votes pro and con equal. French Text therefore stands (for Text see Protocol No. 2, p. 896) ..	905

PROTOCOL No. 4, 22nd June, 1878.

Order of the Day. (Art. VI of Treaty of San Stefano) ..	908
Prince Gortchacow absent from Ill-health ..	908
Bulgaria. Lord Salisbury's proposals: Balkan Frontier for Principality. Province South of the Balkans to be called Eastern Roumelia. Sandjak of Sophia, with Strategic Rectification of Frontiers, to go to Bulgaria, either in consideration of retention of Varna by the Turks, or the exclusion of the Basins of Mesta Karasou and Strouma Karasou from Eastern Roumelia. Direct Military and Political Authority of Sultan in East Roumelia. Right of Sultan to defend its Land and Sea Frontiers. Militia to maintain internal Order. Appointment of Officers. Religion. Employment of Turkish Troops. Fortifications ..	908
,, Western Front of Roumelia remains to be described	909
,, Southern Frontier of Roumelia described. To be traced by a European Commission, with exception of Two Points touching Black Sea, which have not yet been decided upon	909

	Page
Bulgaria. Count Schouvaloff's observations. Proposed Amendments:— (1.) As to employment of Native Militia: A European Commission should determine Places to be occupied and strength of Forces: and (2.) As to determination by Congress when and how Turkish Troops may be called in	910
„ Speech of Lord Beaconsfield. Sovereign Rights of Sultan secured by giving to His Majesty:—I. A real Frontier. II. Sufficient Military and Political Power. Objections to Russian Amendments:—I. As to European Commission. II. As to Limitation of number of Troops to be employed, the Time when and Places where to be employed. Count Andrássy adheres to English view	911
„ Distinction between Gendarmerie and Militia..	912
„ Ottoman Plenipotentiaries postpone making any observations	912
„ Prince Bismarck adheres to Russia's proposal..	913
„ Adoption of English proposals; subject to consideration of Russian Amendments at a subsequent Meeting	914
„ Sandjak of Sophia. Statement of Prince Bismarck. Russian Plenipotentiaries decline to give Varna in exchange for Sandjak of Sophia, but agree to plan of Exchange of Sandjak of Sophia for Rectification of Western Frontier	914
„ M. Waddington to prepare Draft of an Agreement	914

PROTOCOL No. 5, 24th June, 1878.

Continued absence of Prince Gortchacow from Ill-health	916
Sandjak of Sophia. Views of Lord Salisbury as to application of wording of Protocol, "the Sandjak of Sophia with strategical rectification of the Frontiers," to part only of Sandjak, which lies in basin of River Iskra. Reply of Count Schouvaloff	916
Greece. Discussion as to Admission of Representative of Greece at the Congress	916
Order of the Day. (Art. VI of Treaty of San Stefano):— Bulgaria and Eastern Roumelia. Additional Articles prepared by French Plenipotentiaries. Civil and Religious Liberty and Equality in Bulgaria and Eastern Roumelia	917
„ Additional Article proposed by Austrian, French, and Italian Plenipotentiaries:—Maintenance in Bulgaria and Eastern Roumelia of Commercial Treaties between the Porte and Foreign Powers. Non-alteration therein of Clauses without consent. Non-Imposition of Transit dues	917
„ Equality of Treatment to Subjects and Commerce; Privileges; Immunities; Consular Jurisdiction and Protection, in accordance with Capitulations and Usage. Further Discussion reserved. Future Organization	918
Art. IX of Treaty of San Stefano:—Proposal of Turkish Plenipotentiaries that, in addition to the Tribute, the Principality should pay part of the Debts of the Empire in proportion to its Revenues. Discussion deferred	918
Art. VII of Treaty of San Stefano. § 1. Election of Prince by the People and Confirmation by the Porte with consent of the Powers	918
Proceedings of Congress thereon. Observations of Russian Plenipotentiaries as to necessity of unanimity and not majority among its	

GREAT BRITAIN, AUSTRIA, FRANCE, &C. 869

	Page
Members, and Discussion on possible want of unanimity among the Powers as to the Person to be elected Prince. Proposal of Lord Salisbury to substitute the words "Majority of the Powers" for that of "Assent"	918
Bulgaria. Proposition of Austrian Plenipotentiaries:—That the Functions assigned, by different Articles of the Treaty of San Stefano, concerning Bulgaria, to Russian Commissions or Commissioners, or Russian or Ottoman, be transferred to European Commissions or Commissioners. Further discussion postponed..	920
Duties of Congress. Observations of the President as to Revision of Treaty of San Stefano or Conclusion of a new Treaty. Proposal to discuss only those Articles of Treaty of San Stefano which have an European Interest..	921
Bulgaria. Explanation of Russian Plenipotentiaries that the arrangement for the assembly of Bulgarian Notables at Philippopolis under Art. VII of the Treaty of San Stefano had only reference to Bulgaria as constituted by that Treaty. Observations of Austrian, Russian, and French Plenipotentiaries on § 4 of Art. VII of Treaty of San Stefano. Electoral Law. Equality before the Law, and Liberty of Worship. Opinion of President as to necessity of a New Treaty. §§ 1, 2, and 4 of Art. VII adopted; 3 and 5 reserved..	921
„ Discussion on Art. VIII of Treaty of San Stefano. Withdrawal of Ottoman Troops from the Principality, and Russian Occupation for Two Years with 50,000 Men, until complete Formation of a Native Militia. Right reserved to Russian Troops to pass through the Principality during such Occupation. Objections of Austrian Plenipotentiary, who suggests (1) that a term of six months should be fixed for the Russian Occupation of Bulgaria, to commence from date of Treaty of Peace; (2), that two, or three months at the latest, should be fixed for allowing the Passage of Russian troops across Roumania and the Evacuation of the Principality; and (3) that in the event of Russian Troops not being withdrawn within the six months, a European Contingent of from 10,000 to 15,000 men should be sent to the Principality and placed under the orders of the European Commission: the Expenses to be charged to the Country occupied	922
Concurrence of Lord Beaconsfield in these views, who expresses readiness of England to supply its quota of the proposed Contingent	923
Objections of Russian Plenipotentiary thereon, who points out difference between Eastern Roumelia and Bulgaria; gives a general idea of what Russia proposes to do in Bulgaria; and expresses his views with regard to the difficulty in working a mixed Contingent	923
Concurrence of Prince Bismarck in Russian views..	925
Reply of Austrian Plenipotentiary, who alludes to the numerous Petitions addressed to the Congress relative to Bulgarian Excesses	925
Consent of Russian Plenipotentiaries to evacuate Bulgaria within nine months and Roumania within three months more, making twelve months to complete the entire Evacuation of the two Provinces. Proposal declined by Austrian Plenipotentiary, who insists upon the complete Evacuation in nine months. Proposal declined by Russian Plenipotentiaries. Proposal of Italian Plenipotentiaries to fix six months for Evacuation of Roumelia, and that Evacuation of Bulgaria and Roumania should commence after nine months, and be completed in twelve months. Lord Salisbury points out difficulty in	

carrying out free Elections during a Foreign Occupation; upon which Count Schouvaloff proposes to postpone Election of Prince until after the departure of the Russian Army. Views of other Plenipotentiaries	926
After expression of views by other Plenipotentiaries, Russian proposal adopted	928

PROTOCOL No. 6, 25th June, 1878.

List of Petitions..	928
Eastern Roumelia. Order of the Day. Amendments drawn up by French Plenipotentiary, after have come to an understanding with his Russian and English colleagues. Right of Governor-General to call for assistance of Ottoman troops in case of internal or external security being threatened; but in such a contingency Representatives of the Powers at Constantinople to be informed of necessity which justifies it. Adopted. Maintenance of Order by a Native Gendarmerie, assisted by a Local Militia; Officers to be named by the Sultan; Religion of the Inhabitants to be taken into consideration	928
Regular Troops only to be employed in Frontier Garrisons, and not to be quartered on the Inhabitants, nor to stay during their passage through the Province. This applies only to a State of Peace	929
Points proposed by French Plenipotentiaries:—I. Non-employment of Bashi-Bazouks; II. Turkish Soldiers to be lodged in Barracks or Khans, or under canvas, and not to be quartered on the Inhabitants; III. Turkish Troops not to stay in the interior of the Province in their passage to the Frontier for the Service of the Garrisons	929
Russian Plenipotentiaries insist on these arrangements being placed under the surveillance of an European Commission, which is rejected by the British Plenipotentiaries. French Plenipotentiary concurs in British views	929
Russian Plenipotentiary accepts the Three Points, but with power to add an additional Clause respecting an European Commission, and consents to leave to the Sultan the right to occupy the Strong Places on the Frontier and Coast, and to waive the idea of controlling the Strategical Points and Number of Ottoman Troops to be employed in guarding the Frontier. Acceptance of Three Points proposed by French Plenipotentiaries. Third Point received by Russian Plenipotentiaries *ad referendum*. Protocol left open for Russian Decision hereafter upon the Third Point	930
Discussion of Austrian Proposal for substituting European Commissioners for Russian Commissioners strongly supported by Lord Salisbury, who recommends Immediate Action being taken thereupon. Disquieting Details received from Constantinople respecting Conduct of Military Governor of Bulgaria	930
Lord Salisbury undertakes to submit his Proposition in writing; Observations of Russian Plenipotentiary, who expresses desire to conclude Peace, to carry out the work of Reorganization, and to put an end to the Military Occupation	931
Observations of President. Conference of Representatives of the Great Powers at Constantinople would really be the Commission, and the Consuls the Agents of the Conference; on which the Russian Ambassador observes that the Representatives at Constantinople would be a	

GREAT BRITAIN, AUSTRIA, FRANCE, &c. 871

	Page
Court of Appeal between the Consuls of the Powers and the Russian Commissioners; and refuses to consent to substitution of European Commissions for Russian Commissioners in the cases foreseen by Art. VII of the Treaty of San Stefano. Lord Salisbury expresses surprise at Russia insisting on maintaining in Bulgaria the influence of a Russian Commissioner. Explanations of Russian Plenipotentiary, who proposes maintenance of Russian Commissioners acting under control of European Ambassadors at Constantinople, the Consuls being their Agents and Representatives	931
Lord Salisbury's motion with regard to Military Government of the Principality and of the Province as regards Financial and Administrative matters, to form addition in Art. VII	932
Observations of President with regard to consideration of Questions of Detail, and of secondary importance	932
Observations of Italian Representative, who consents to examine the point in concert with Representatives of Three Powers more immediately interested	933
Treaties relating to Commerce, Navigation, and Transit Dues, &c., maintaining of, in Bulgaria and Eastern Roumelia. Lord Salisbury suggests omission of words "Eastern Roumelia." Discussion thereon	934
Observations of President with regard to Law of Nations on the question of Maintenance of Treaties	934
Erasure of words "Eastern Roumelia" from proposition, on observation of Turkish Plenipotentiary that no Transit Duty can be established on Territory of the Empire without express authority of the Sovereign	934
Bulgaria. Omission proposed of word "usages"	934
Observation of Lord Beaconsfield with regard to the Capitulations. Decision of Congress	934
Order of the day. Liberty of Worship in Bulgaria. Substitution of words "Bulgarian Subjects" for "Inhabitants of Bulgaria." Agreed to	935
Proposal of Russian Plenipotentiary to substitute words "Foreign Ecclesiastics and Members of Religious Orders" for "Catholic Bishops and Members of Religious Orders"	935
Observations of Lord Salisbury and Turkish Plenipotentiary	935
Discussion adjourned	935
Austrian Plenipotentiary proposed an alteration in § 2 of Art. IX, with regard to Railways in Bulgaria and Eastern Roumelia	935
Discussion postponed	936
Ottoman Debt. Lord Beaconsfield bespeaks for this Motion the careful attention of Congress. Discussion postponed	936

PROTOCOL No. 7, 26th June, 1878.

List of Petitions	936
Proposal of Prince Bismarck for appointment of a Committee to prepare Draft of Stipulations to be inserted in New Treaty, in accordance with Resolutions passed by Congress; agreed to	936
Prince Gortchacow: Attendance after Illness. Remarks on wish expressed by Lord Beaconsfield that the Sultan should be Master in his own Dominions; Aims of Russia with regard to Amelioration of Turkish	

	Page
Provinces, Administrative and Political; Heroic Efforts of Russian Armies; Concessions made by Russia in the Interests of Peace. Observations of Lord Beaconsfield and Prince Bismarck	937
Bulgaria. Order of the Day. Contribution of Bulgaria towards Debt of Turkish Empire in addition to Tribute. Proposition of Carathéodory Pasha	939
Proposition of Italian Plenipotentiary. Addition to § 1 of Art. IX of Treaty of San Stefano, with regard to Tribute and Ottoman Debt. Discussion thereon. Ottoman Loans. Italian Proposition adopted	940
Turkish Railways. Proposition of Austrian Plenipotentiaries. Alteration of § 2 of Art. IX of Treaty of San Stefano. Railways in Bulgaria. Conventions to be concluded between Austria, Turkey, Servia, and Bulgaria. Railways in Eastern Roumelia. Proposition adopted	941
Foreign Catholic Members of Religious Orders in Bulgaria and Eastern Roumelia. Additional Article proposed by French Plenipotentiaries	942
Observations of Lord Salisbury in favour of Religious Liberty throughout Turkey in Europe	942
Observations of President and Count Schouvaloff with regard to Religious Liberty in Turkey in Europe and Turkey in Asia. Declaration of Turkish Plenipotentiary that Religious Liberty exists in Turkey by Legislation and by Treaties. Intention expressed by Lord Salisbury of reverting to the Subject when considering Art. XXII of Treaty of San Stefano. French Proposition adopted	943
Bulgaria. Order of the Day. Amendment proposed by Lord Salisbury to Art. VII of the Treaty of San Stefano withdrawn	943
Exchange of ideas between Cabinets of Austria-Hungary, Great Britain, Russia, and Italy upon subject of Articles VII to XI of Treaty of San Stefano. New Draft agreed upon. Modifications explained; Art. VII; § 3. An Assembly of Notables of Bulgaria to be summoned at Tirnova will decide before the Election of the Prince the organization of the future Administration. § 4. Words "Koutzo-Vlachs" omitted. § 5. Provisional Administration to be under direction of a Russian Commissioner, assisted by an Ottoman Commissioner, and Consuls of other Powers deputed *ad hoc*, until introduction of New Organization	944
New Organization to be put into force on Election and Installation of Prince	944
Eastern Roumelia. European Commission to be instituted, on conclusion of Peace, for Organization, and for Financial Administration until completion of Organization	944
„ Observations of Russian and Turkish Plenipotentiaries. Amendments proposed in Articles VIII and IX; Withdrawal of Turkish Army; Demolition of Fortresses; Railways. Suppression of Articles X and XI proposed by Russian Plenipotentiaries. Austrian proposals adopted and Bulgarian Questions settled	944
Desire of President to expedite business of Congress. Important Questions remaining to be discussed:—Bosnia, Montenegro, Servia, Roumania, Greek Provinces, Danube, Straits, Asia, War Indemnity. Conversation on the consideration of Religious and Commercial Questions	945
Servia. Proposition of Turkish Plenipotentiaries respecting Frontiers. Consideration of question adjourned	946

GREAT BRITAIN, AUSTRIA, FRANCE, &c.

PROTOCOL No. 8, 28th June, 1878.

	Page
List of Petitions	947
Greece. M. Delyannis and M. Rangabé nominated Greek Representatives to Congress	947
Eastern Roumelia. Consent of Russia to § 3 of French Proposition in Protocol No. 6 respecting Passage of Turkish Troops. Formation of a Drafting Committee (Commission de Rédaction)	947
Order of the Day. (Art. XIV of Treaty of San Stefano)	947
Bosnia and Herzegovina. Communication on subject from Count Andrássy	947
„ Proposition of Lord Salisbury, which is supported by Prince Bismarck and others	950
„ Observations of Italian Plenipotentiaries	952
„ Observations of Austro-Hungarian Plenipotentiaries	952
„ Objections of Turkish Plenipotentiaries	952
„ Observations of First Plenipotentiary of France	955
„ Observations of Lord Beaconsfield	955
„ Views of Russian Plenipotentiaries	956
„ Declaration of First Austro-Hungarian Plenipotentiary of readiness of his Government to undertake the Occupation and Administration of these Provinces	957
„ Vote taken on English Proposal	957
„ Turkish Plenipotentiaries refuse to agree to it	958
„ Remarks of President:—Object of Congress: Peace of Europe, and Revision of Treaty of San Stefano. Protocol left open to include fresh instructions from Ottoman Government and for further observations of Russian Plenipotentiaries	958
Order of the Day. (Art. III of Treaty of San Stefano)	959
Servia. Independence. Observations of First Turkish Plenipotentiary ..	959
„ Independence recognized by Lord Salisbury, but suggests recognition of its Religious Liberty. Observations of French Plenipotentiary	959
„ Observations of Prince Gortchacow, who draws a difference between Jews of Berlin, of Paris, of London, and of Vienna, with those of Servia and Roumania, and some of the Russian Provinces, which, he says, are a scourge to the Native Population	960
Observations also of Count Schouvaloff; and views of other Plenipotentiaries	960
Decision of Congress. Independence of Servia recognized, on condition that Religious Liberty be secured in the Principality. Proposition of Lord Salisbury in favour of Commercial Liberty, and prohibition against imposition of Transit Dues in Servia. Proposition of Italian, Austro-Hungarian, and French Plenipotentiaries respecting Commercial Relations of Servia with Foreign Countries; Consular Jurisdiction and Protection; Privileges and Immunities of Foreign Subjects ..	961
Treaties. Views of Prince Bismarck as to Law of Nations with regard to Treaties: that a Province separated from a State should not be able to emancipate itself from Treaties by which it has been hitherto bound	961
Art. III of Treaty of San Stefano. Servian Frontiers. Austrian Proposals: Formation of a Special Committee to formulate and submit to Congress a Tracing of the New Frontiers	962
Servia. 1st and 2nd and last Sections of Art. IV of Treaty of San Stefano referred to Drafting Committee	962

	Page
Servia. Proposition of Austrian Plenipotentiaries respecting Servian Railways. Conventions to be concluded	962
Servian Tribute and Payment of portion of Ottoman Debt. Observation of President: no mention made of Tribute in Treaty of San Stefano. Discussion thereon. Observations of Lord Salisbury and of Russian Plenipotentiaries respecting Ottoman Loans. Reply of French Plenipotentiary. Question referred to Drafting Committee	963
Greek Plenipotentiaries to be admitted at next Meeting. Question of Admission of Roumanian Plenipotentiaries deferred	964
Montenegro. Ottoman proposal respecting Frontier	964
Annex 1. Proposed Frontier for Servia. Mali-Zwornik and Sakhar given to Servia	964
Annex 2. Proposed Frontier for Montenegro, Dulcigno, Antivari, River Boyana, Spizza, &c.	965

PROTOCOL No. 9, 29th June, 1878.

Boundary Committee appointed	967
Order of the Day (Art. XV of Treaty of San Stefano). Crete and neighbouring Provinces of Greece. Words "European Commission" substituted for "the Imperial Government of Russia" in last paragraph, at suggestion of Lord Salisbury	968
Admission of Greek Plenipotentiaries. Their views on Greek Question; Withdrawal of Greek Plenipotentiaries from Sitting. Proposed Annexation of neighbouring Provinces (Epirus and Thessaly), and Candia (Crete)	969
Order of the Day (Arts. V and XIX of Treaty of San Stefano)	972
Roumania. Admission of Roumanian Plenipotentiaries proposed by Lord Salisbury. Proposal supported by Austrian, French, and Italian Plenipotentiaries; at first objected to by President and Russian Plenipotentiaries, but objection subsequently withdrawn. No objection offered by Turkish Plenipotentiaries	972
(Art. V.) Independence of Roumania. Speeches of President, Count Corti, and Count Schouvaloff	973
(Art. XIX.) Speech of Lord Beaconsfield, on Retrocession of Bessarabia, and Protest against it, as being an infraction of the Articles of the Treaty of Paris of 1856 with reference to the Free Navigation of the Danube. Observations of the Russian Plenipotentiaries, who declare that the Russian Government cannot give way on the question, it being a point of honour with them	974
Observations of President. Discussion on question deferred for attendance of Roumanian Plenipotentiaries	977

PROTOCOL No. 10, 1st July, 1878.

List of Petitions	978
Question of Passage and right of Garrison of Austria-Hungary in Sandjak of Novi-Bazar. Russian Plenipotentiary withdraws his objection, and adheres to Austrian Proposal	978
Roumania. Order of the Day. (Art. V, § 1, of Treaty of San Stefano)	978
.. Roumanian Representatives (MM. Bratiano and Cogalniceano) admitted, who state their views, and withdraw	978

	Page
Roumania. Remarks of President. Proposal of French Plenipotentiary for Recognition of Independence of Roumania on same terms as those imposed on Servia ; equality of Rights and freedom of Worship (Jews)	982
„ Views of French Plenipotentiaries accepted by Lord Beaconsfield and other Plenipotentiaries	983
„ Adhesion of Russia to proposal to be dependent on Retrocession of Bessarabia	983
„ Views of various Plenipotentiaries on proposed Retrocession of Bessarabia	984
„ Extension of Roumanian territory along the Danube from Rassova in the direction of Silistria. Mangalia to be placed within Roumanian Frontier. The Dobrutscha	986
„ Serpents' Island given to Roumania with consent of Russia, at suggestion of Lord Salisbury	986
„ Congress decide to recognize Independence of Roumania on same terms as those imposed on Servia, on condition that she accepts the Dobrutscha in exchange for Bessarabia	986
„ Turkish proposals :—1. Tribute. 2. Payment of portion of Ottoman Debt. 3. Liability of Roumania for obligations of Turkey with regard to Public Works, &c.—referred to Drafting Committee	986
„ (Art. V, § 1, of Treaty of San Stefano.) Indemnity. Congress decide to strike out end of paragraph. (§ 2.) Consular Jurisdiction and Protection over Roumanians in Turkey referred to Drafting Committee	987
Montenegro. (Art. I of Treaty of San Stefano.) Austrian Proposals with regard to new Frontiers. Agreement come to between Austria-Hungary and Russia. Dulcigno, Antivari, Spizza, &c., referred to Boundary and Drafting Committees	987
„ Views of Ottoman Plenipotentiary. Observations of President and Count Schouvaloff	988
„ Art. II, § 1, of Treaty of San Stefano. As to Independence. Views of Lord Salisbury and the Plenipotentiaries of France, Italy, and Russia referred to Drafting Committee	988
„ Religious Liberty. Payment of portion of Ottoman Debt. Property of Inhabitants in ceded Districts. State Properties and Religious Foundations (Vakouf). Questions referred to Drafting Committee	989
Art. II, § 2, of Treaty of San Stefano referred back to Revising Committee. §§ 3 and 4 suppressed. § 5. Evacuation of Ottoman Territory referred to Drafting Committee	990
Annex 1. Frontier of Montenegro	991
Annex 2. Antivari and its littoral. Dulcigno. Spizza. Navigation of the Boyana. Fortifications. Ships of War. Maritime and Sanitary Police. Maritime Legislation. Austrian protection of Commercial Flag. Roads and Railroads	991

PROTOCOL No. 11, *2nd July*, 1878.

Bulgarian Boundary to be referred to Boundary Commission for Servia and Montenegro	993
Order of the Day. (Arts. XII and XIII of Treaty of San Stefano)	993
Danube and its Fortresses. Danube Navigation. New Draft of Art. XII, presented by Austria-Hungarian Plenipotentiary :—	
„ 1. Freedom of Navigation and Proposed Neutrality from Iron Gates to Mouth ; Delta Islands and Isle of Serpents to be included in the	

876   GREAT BRITAIN, AUSTRIA, FRANCE, &C.

	Page
Neutrality; Fortifications on Danube to be demolished, and not rebuilt. Ships of War excluded from the River, with the exception of Light Vessels for Police and Revenue Services; Stationnaires at Mouths of River to be maintained, but not to ascend higher than Galatz	993
Danube. 2. European Commission maintained in its Functions till 1883, until fresh agreement is concluded; Its Rights, Privileges, and Immunities; Extension of Jurisdiction as far as Galatz. Independent Authority. Financial obligations to be revised. Roumanian Delegate to have a Seat on the Commission	993
„ 3. Navigation of River and Commerce between Iron Gates and Galatz	993
„ 4. Modification of Art. VI of Treaty of 13th March, 1871. Austria to remove Obstructions at the Iron Gates. Right of Austria-Hungary to continue to levy Provisional Tax for execution of Works at Iron Gates and Cataracts	994
„ Views of Lord Salisbury	994
„ Views of President: Congress assembled to accept, reject, or replace Articles of Treaty of San Stefano; but details proposed are beyond the task of the Congress Discussion thereon	994
„ Decision of Congress. Austro-Hungarian Proposition to be referred to Drafting Committee, or Austro-Hungarian Plenipotentiaries, to extract chief principles	995
„ "The Russian Empire" to be included among the Riverain States	995
„ Roumania to be henceforth represented in European Commission	995
„ Art. XIII of the Treaty of San Stefano. Claims arising out of Obstructions in the Soulina Channel of the Danube suppressed	995
Art. XIX. War Indemnity, Territorial and Pecuniary (Dobrutcha and Bessarabia, and Turkey in Asia)	996
„ Objection of Lord Salisbury to the words "the guarantee to be applied thereunto"	996
„ Views of Turkish and Russian Plenipotentiaries	996
„ Bondholders. Statement of Lord Salisbury as to effect of Indemnity on Turkish Creditors, and refusal to admit right of Russia, under Treaty of San Stefano, to take Precedence of other Creditors on the Porte	999
„ Views of Italian Plenipotentiary as to Turkish Bondholders	999
„ Declaration recorded of Russian Plenipotentiary—1. That in no case will the Indemnity be converted into Territorial acquisition. 2. That Russia will in no way interfere with the interests of the two Categories of Loans: those guaranteed, or those of ordinary obligation	1000
„ Discussion thereon	1000
„ Declaration of Turkish Plenipotentiary of intention of his Government to fulfil its Financial Engagements	1001
Decision of Congress to omit §§ c and d of Art. XIX as to the Claim for Indemnity to Russian Subjects and Institutions in Turkey from the future Treaty	1001

PROTOCOL No. 12, 4th July, 1878.

List of Petitions	1002
Servia. Declaration of Servian Government of intention to abolish "by legal means" the last Restriction existing with regard to the Position of the Jews	1002

	Page
Servia. Observation of President thereon	1002
Bósnia and Herzegovina. Direct Understanding to be come to between Austria and Turkey on the subject of Austrian Occupation and Administration of Provinces	1003
Montenegro. Report of Boundary Commission:—Antivari to be annexed to Montenegro; Navigation of the Boyana to be free to Montenegro; Dulcigno to be restored to Turkey; Spizza to be given to Austria; Ships of War not to be maintained by Montenegro, nor Naval Flag of War; Port of Antivari and all Montenegrin Waters to be closed to Foreign Ships of War; Fortifications to be demolished; Maritime and Sanitary Police to be maintained by Austria; Maritime Legislation in force in Dalmatia to be adopted in Montenegro; Consular Protection to be afforded by Austria to Montenegrin Light Guarda-Costas; Right of Montenegro to open a Road and a Railroad in New Territory; and Communication to be entirely Free	1003
,, Views of the various Plenipotentiaries	1005
,, Document forwarded by Mehemet Ali Pasha to Boundary Committee	1006
,, Ottoman Plenipotentiaries state that they have referred to their Government for Instructions	1006
Danube. Abridged Text of Austro-Hungarian Proposal. Russian Proposals:—Confirmation of Treaties and revising of Act of 2nd November, 1865; Fortifications; Ships of War. Observations of Prince Bismarck as to small Interests of Germany in the Question	1007
Art. I. Liberty of Navigation. Exclusion of Ships of War between the Iron Gates and the Mouths of the Danube: Adopted..	1008
Art. II, § 1. Prolongation of Duration of the European Commission: Reserved. § 2. Extension of its Powers as far as Galatz; Independence of Commission of Territorial Power; and Admission of a Roumanian Commissioner: Adopted	1008
Art. III. Uniformity of Regulations of Navigation and River Police throughout the River below the Iron Gates: Reserved	1008
Art. IV. Substitution of Austria-Hungary for Riverain States with regard to the Stipulations of Art. VI of the Treaty of 13th March, 1871; Works to be executed at the Iron Gates and the Cataracts: Adopted	1009
Order of the Day. (Art. XXII of Treaty of San Stefano)	1009
Mount Athos. Russian Monks and Ecclesiastics. Proposition of Lord Salisbury	1009
,, § 1. Inhabitants of Ottoman Empire in Europe without distinction of Religion to enjoy equal Rights, and to be eligible for all Public Employments, Functions, and Honours, and their Evidence to be admitted before the Tribunals	1009
,, § 2. Exercise and Public Practice of all Creeds to be entirely Free and without Hindrance, including Hierarchical Organizations of different Communions, and their Relations with their Spiritual Heads	1009
,, § 3. Enjoyment by all Ecclesiastics, Pilgrims and Monks, in European and Asiatic Turkey, of equal Rights and Privileges	1009
,, § 4. Right of Official Protection to be granted by Foreign Diplomatic and Consular Agents with regard to Persons and Possessions, and Religious, Charitable, and other Establishments, in the Holy Places and elsewhere	1009

Mount Athos. § 5. All Monks, without exception, to be secured in their
    Possessions and Rights 1009
    „ § 1. Religious Toleration. Declaration of Ottoman Plenipoten-
    tiaries. Words "In Europe" struck out by Congress. Paragraph
    referred back to Drafting Committee to be reconsidered with Turkish
    Observations 1010
    „ §§ 2 and 3 adopted 1011
    „ § 4. Omission of the word "Possessions," applied to Ecclesiastics,
    proposed by Turkish Plenipotentiaries: Agreed to by Congress .. 1011
    „ Addition proposed by France. Vested rights of France reserved;
    status quo in Holy Places in no way prejudiced: Adopted .. 1012
    „ § 5. Addition proposed by Russian Plenipotentiary, after the
    words "the Monks of Mount Athos, whatever be the country of
    their origin:" Adopted 1012
Discussion on Greek Question deferred 1012
Armenia (Art. XVI of Treaty of San Stefano) 1012
Observations of Lord Salisbury on proposed dependence of Russian
    Evacuation of Turkish Territory on concession of Reforms. Discus-
    sion adjourned 1012
Danube. Discussion of Arrangement agreed upon between Austria-
    Hungary and Russia. Art. II. § 1. Questions of Prolongation, or
    of Modifications to be introduced, agreed to be considered in One Year
    before expiration of Term of Duration (*i.e.*, in 1882) 1012
    „ Art. III. Questions of Regulation of Navigation and of Police
    from Iron Gates to Galatz to be elaborated by the European Com-
    mission, assisted by Delegates from Riverain States, and to be in con-
    formity with those introduced for the course of the River below
    Galatz: Agreed to 1012

PROTOCOL No. 13, 5th July, 1878.

List of Petitions 1013
Order of the Day. (Art. XV of Treaty of San Stefano.) Crete. Organic
    Law of 1868. Similar Laws for Epirus, Thessaly, and other parts of
    European Turkey 1013
Speech of M. Waddington on Rectification of Greek Frontiers. His
    feelings towards his Colleagues the Turkish Plenipotentiaries; Offer
    of Crown of Greece to Prince Leopold in 1830; Cause of his refusing
    it; Territorial Limits unsatisfactory: Proposed Extension of Frontiers
    in Epirus and Thessaly 1013
    „ Concurrence of Italian Plenipotentiaries in views of French Plenipo-
    tentiaries 1015
    „ Views of Turkish Plenipotentiaries 1016
Consideration of Art. XV of Treaty of San Stefano, at suggestion of Pre-
    sident. Its adoption, with addition of words "by the Sublime Porte,"
    after the words "Special Commissions," in § 3 1017
Greek Frontiers. Discussion on Art. XV of Treaty of San Stefano
    resumed 1017
    „ Speech of Lord Beaconsfield 1017
    „ Observations of Russian Plenipotentiary respecting the Slavs .. 1019
    „ Acceptance of French and Italian Proposition by all the Plenipoten-
    tiaries excepting the Turkish 1020

GREAT BRITAIN, AUSTRIA, FRANCE, &C.   879

Page
Mirdites. Proposition of Austrian and French Plenipotentiaries respecting the Mirdite Population; the proposed Confirmation of their Privileges and Immunities. Observations of Lord Salisbury 1020
„ Opposition of Turkish Plenipotentiaries. Explanations 1020
„ Austrian and French Plenipotentiaries satisfied with Turkish Assurances 1021

PROTOCOL No. 14, 6th July, 1878.

List of Petitions 1021
Demand of Persian Minister (Malcom Khan) to be admitted to Congress when Arrangement relating to Khotour comes on: Agreed to .. 1021
Order of the Day. (Arts. XVI, XVIII, and XIX, § b, of Treaty of San Stefano) 1022
Territories in Asia 1022
Art. XVIII. Khotour reserved 1022
Art. XIX b. Ardahan and Kars. Observations of Lord Salisbury. Speech of Russian Plenipotentiary: Russian Concessions with regard to Erzeroum, Bayazid, and the Valley of Alachkerd, containing principal Commercial Routes towards Persia .. ..· .. 1022
„ Batoum to be a Free Port. Observations of President. Russian Concessions a considerable Modification of Treaty of San Stefano .. 1022
„ Speech of Lord Beaconsfield, who expresses his desire that Batoum should remain under Sovereignty of the Porte 1023
„ Observations of President and other Plenipotentiaries 1024
„ Proposal of Russian Plenipotentiaries to omit the words "as far as the Saganlough." Map produced by Count Schouvaloff 1025
„ Speech of Lord Salisbury with regard to Batoum, Bayazid, and Valley of Alashkerd 1026
„ Views of Prince Gortchacow on Separate Questions of Boundary and Population 1026
„ Observations of Lord Salisbury respecting the Lazes. Discussion respecting number of Laze population of Lazistan. Russian Plenipotentiaries put numbers down at 50,000 souls, and British and Turkish Plenipotentiaries at 200,000 souls 1026
„ Congress decides to allow question to be settled between British and Russian Plenipotentiaries 1026
Art. XVI. Armenians. Reforms. Proposition of Lord Salisbury. Turkish Proposals. Discussion thereon. Question postponed 1027
Straits of Dardanelles and Bosphorus. Lord Salisbury's Speech 1027
Proposed Maintenance of the *status quo ante*, on understanding that Batoum is to be only a Commercial Port 1028
Russian remarks about Batoum 1028
Bulgaria:—To have no Naval Force in Black Sea 1028
Order of the Day. (Art. XXIV.) Opening of the Straits. Fictitious Blockades: Italian Plenipotentiary calls attention to the Declaration of Paris of 1856 thereon. Turkish Plenipotentiaries admit its binding effect 1028
„ Subject dropped on Maintenance of *status quo* being preserved .. 1029
Art. XXV. Evacuation of Turkish Territory in Europe and in Asia .. 1029
Art. XXVI. Russian Administration of Provinces. Art. XXVII. Amnesty. Art. XXVIII. Prisoners of War. Art. XXIX. Ratifica-

	Page
tions. President observes that these Articles are merely local and military stipulations	1029
Christian Populations in Europe and Asia. Observations of Count Schouvaloff as to Application of Art. XV to Christians in all parts of Turkey in Europe. Remarks of President and of Austro-Hungarian Plenipotentiary	1030
Roumania. Consecrated Property (Dedicated Convents). Question reserved	1030

PROTOCOL No. 15, 8th July, 1878.

Lists of Petitions	1031
Order of the Day. (Art. XVIII of Treaty of San Stefano)	1031
Restitution of Khotour to Persia; Rectification of Turco-Persian Frontier	1031
Malcom Khan introduced to Congress, makes no Proposition, but expresses readiness of his Government to submit beforehand to Decision of Congress, and withdraws	1031
Principles of Article agreed to, but a new one to be prepared by Plenipotentiaries of Great Britain and Russia	1032
Order of the Day. (Art. XVI of Treaty of San Stefano)	1033
Armenian Provinces. Reforms. Protection against Kurds and Circassians. Draft agreed upon between British and Turkish Representatives	1033
Consecrated (Dedicated) Convents in Roumania. Petition of Archbishop Gerassimos	1033
Eastern Holy Places	1033
Observations of Plenipotentiaries thereupon	1034
Questions to be referred to respective Governments	1034
Order of the Day. Report of Boundary Commission	1035
Bulgaria. Delineation of Northern Frontier, and the line from Silistria to Mangalia, augmenting Roumanian Territory: adopted by Congress	1035
Delineation of Western Frontier: Adopted by Congress	1035
Southern Frontier Line: Adoption by Congress, up to Kosica	1036
Difficulties experienced by Commission with regard to Delimitation of Sandjak of Sophia and the Valleys of Strouma and Mesta Karasou	1036
Proposed Delimitation of Frontier from Kosica to Eastern Frontier of Principality of Servia, near to the Kula Smiljeva Cuka. Views of the various Plenipotentiaries: Referred back to the Commission. Military Road. Principle of assigning Pirot to Servia and Trn to Bulgaria accepted by Congress	1037
Commission to settle details by Majority	1040
Proposal of English Representatives on Boundary Commission to add to the line of the Balkans a Strategical Radius of 5 kilometres, not accepted, but Resolution passed that European Commission should consider Defence by Turkey of Frontiers of the Balkan of Eastern Roumelia: Agreed to	1040
Eastern Roumelia. Demarcation of Frontier approved by Congress	1041
Servia. Adoption by Congress of proposed Delimitation of Principality. Mali-Zwornik and Sakhar given to Servia. Prépolac given to Turkey	1042
Protest of Lord Salisbury against Cession of Vranja to Servia	1043
Boundary Commission to determine to the South of Vranja the course of a line which, leaving Vranja to Servia, would give Turkey the necessary space for the Defence of her Possessions	1043

	Page
Prince Gortchakow asks in the name of the Russian Government, by what principles and in what manner Congress proposes to insure the execution of its high Decisions. Question referred to next Meeting	1044

PROTOCOL No. 16, 9th July, 1878.

	Page
Order of the Day. (Revised Art. XVIII of Treaty of San Stefano)	1045
Restitution of Khotour to Persia: Referred to next Meeting	1045
Difficulty in tracing Frontier Line in Asia	1045
Declaration of Russia that Batoum shall be made a Free Port and a Port essentially Commercial	1046
Observations of Lord Beaconsfield, and of Prince Gortchakow, with reference to Acceptance by him of Line in front of Olti on his own personal responsibility	1046
Boundary Commission to decide by Majority of Votes the tracing of the new Frontier Line	1046
Alashkerd declared to be beside the Question	1046
Suggestion of Prince Gortchakow that the Powers parties to the Congress should guarantee collectively the execution of their Resolutions	1047
Observations of Turkish Plenipotentiary as to binding effect of a Treaty of Peace	1047
Assurance of Ottoman Government that Resolutions of Congress shall be put into execution with the least possible delay	1047
Observations of Russian Plenipotentiaries and President thereon	1047
Discussion adjourned until Russian Plenipotentiaries shall have brought forward a definite Proposal	1049
Decision of Boundary Commission relative to the Sandjak of Sophia	1049
Decision by Majority relative to Frontier of District of Vranja approved by Congress, but Protocol to remain open for receipt by the Ottoman Plenipotentiaries of Instructions from the Porte	1050
Order of the Day. Communication by Drafting Commission. Arrangement of Articles of Treaty. Maintenance in force of Treaties of 1856 and 1871	1050
Objections raised by Lord Salisbury, more especially as regards the Straits. Proposal of Drafting Commission accepted by Majority, and adopted	1050
Opinion of President that Congress agrees: 1st. That the New Treaty takes Precedence of the Treaties of Paris, of London, and of San Stefano. 2nd. That the Drafting of the New Treaty will follow the order of subjects observed in the discussion by Congress	1051
Proposal of Russian Plenipotentiaries with regard to the Stipulations in the Treaties as to Evacuation of Localities detached from the Ottoman Empire	1051
Proposal of Mehemet Ali Pasha respecting the part of the Sandjak of Sofia to form part of Bulgaria. The President states that the question is already decided, but will be borne on the Order of the Day for the next Sitting	1052

PROTOCOL No. 17, 10th July, 1878.

	Page
List of Petitions	1052

	Page
Order of the Day. Declaration of Turkish Plenipotentiaries that the Porte makes no objection to the Draft presented by Count Schouvaloff relative to the Town and Territory of Khotour when Frontier line has been traced by the Anglo-Russian Commission..	1053
Asiatic Boundary. Settlement by Boundary Commission of Questions of Detail relative to the Frontiers of the District of Batoum. Sanction of Congress thereto	1053
Order of the Day. Simultaneous Evacuation of Territories suggested by Lord Salisbury. Objections of Count Schouvaloff. Proposal of Carathéodóry Pashá, that details be left to European Commission. The President supports simultaneous Evacuation, and suggests that the Drafting Commission be charged with formulating the Resolution of the Congress; which is agreed to	1053
Consideration of Art. X of the Treaty of San Stefano. Ottoman Proposal respecting the Military Road in the Sandjak of Sofia agreed to. Details to be left to European Commission	1054
Ottoman Proposal that Russia should undertake that part of the Ottoman Public Debt which falls to those portions of the Country annexed to Russian Territory in Asia. Absolute Refusal of Russian Plenipotentiaries to agree thereto. The President recognizes the impossibility of the Ottoman Proposal	1055
New Draft of Russian Proposal presented on subject of the sanction to be given to the Decisions of Congress, and binding effect of the Treaty of Berlin. Suggestion that the Great Powers should come to an understanding, should the Treaty not be carried out..	1055
Opinion of the President that the Proposal be divided and be made the object of two Votes. Lord Salisbury asks whether the terms of the Proposition imply the necessity of employing a Foreign Force in case the Treaty should not be carried into effect. The President declares his opinion against such an interpretation. Count Andrássy concurs, and proposes that the wording be referred to a Committee *ad hoc*. Lord Salisbury asks that the Proposal be printed, which is decided on, and the Question deferred to the next Sitting	1056
Russian Proposal that Shipka be made into a glorious Cemetery, surrounded by a zone, where Batteries could never be raised again. Proposal of Turkish Plenipotentiary to add the words "reserving the Strategical Necessities of Shipka"	1057
Idea expressed by the Russian Plenipotentiaries accepted by the Congress on the proposal of the President, and the European Commission recommended to examine on the spot the means of carrying it out	1058
Report of Drafting Commission. Preamble not yet settled	1058
Articles read relating to Bulgaria. Objection offered by Turkish Plenipotentiaries to words "a Christian Government" in Art. I: Overruled	1058
Art. III. Lord Odo Russell suggests that the Princely Dignity in Bulgaria should be Hereditary: Not admitted	1058
Art. V. Addition proposed by Count de Launay relative to Jews in Roumania: Rejected, but motion inserted in Protocol	1059
Art. VI. Explanation required by Lord Salisbury relative to Provisional Administration of Bulgaria. President explains that Ottoman Commissioner can complain to the Representatives of the Signatory Powers. Explanation inserted in the Protocol	1059
Arts. VII, VIII, IX, and X. Agreed to	1059

	Page
Art. XI. Amendment proposed by Count Andrássy. Fortresses to be demolished within "a year, or sooner, if possible." Agreed to	1059
Eastern Roumelia. Ottoman Objections to the express mention of the Christian Religion of the Governor overruled by the President, who points out that the Congress in maintaining on this point the Arrangements of the Treaty of San Stefano has sanctioned them by implication	1060
Roumelia and Montenegro: Articles agreed to	1060
Servia. Russian Objections relative to Capitalization of the Tribute reserved to next Sitting	1060
Navigation of the Danube: Articles agreed to	1060
Bosnia-Herzegovina. Ottoman Plenipotentiaries abide by their Communication to Congress	1060
Religious Liberty. Additional Paragraph proposed by Count Corti to Article relating to Holy Places; *Status quo* maintained not only for France, but for all the Powers: Overruled; but observations of Count Corti inserted in the Protocol	1060

PROTOCOL No. 18, 11th July, 1878.

List of Petitions	1061
Order of the Day. Discussion on Russian Proposal relative to Sanction to Decisions of Congress and Execution of Treaty of Berlin; Amendment proposed by Count Andrássy. Objections of Lord Salisbury to Russian Proposal. The President suggests Adoption of the Amendment. Refusal of Prince Gortchacow. Count Schouvaloff proposes New Wording. Declaration of the Porte	1061
Russian Proposal and Austrian Amendment rejected by Congress	1063
Facts to be entered on the Protocol; viz., the Proposal itself, the Answer of the Porte, and the Decision of the Congress to take note of Ottoman Declarations	1065
Capitalization of Tribute of Roumania and Servia:—	1065
,, Proposals of Drafting Committee. Lord Salisbury maintains that the Loss of the Tribute should not be imposed on Turkey, the Principalities not having redeemed them by great Sacrifices and great Victories. Lord Beaconsfield adds that the Tribute formed part of the Guarantee of the Creditors of the Porte, and that this Guarantee ought not to be taken away from them. Prince Gortchacow expresses a positive opinion against the above Arguments	1066
,, Count Schouvaloff declares that the Principalities had gained their Independence by the War, and were not in the position of States negotiating for Redemption from Tribute in exchange for Independence	1066
,, French Plenipotentiaries concur in the views of Russia, but with the reservation that the New Territories shall assume a proportional part of the Debt	1067
,, Austro-Hungarian Plenipotentiaries agree with the French Plenipotentiaries	1067
,, The President states the opinion of the majority of the Congress to be decidedly against the Compulsory Redemption of the Tribute, and declares that the Drafting Committee should suppress the Article relative to Capitalization of Roumanian and Servian Tributes	1067

	Page
Turkish Bondholders. The Plenipotentiaries of France, Great Britain, and Italy present a Declaration that a Financial Commission be established at Constantinople to examine into the Complaints of the Bondholders of the Ottoman Debt	1068
„ Carathéodory Pasha opposes the Commission..	1068
„ The Plenipotentiaries of Austria-Hungary and Russia concur in the Declaration. The President also concurs in the name of Germany, and announces that the Declaration will be inserted in the Protocol	1068
Asiatic Frontier. Decision of Boundary Committee. Agreement accepted by the Congress. Count Schouvaloff acquaints the Congress that, owing to differences existing in the Geographical Maps of Alashkerd Valley, an ulterior understanding must be arrived at on the spot between the Russian and Turkish Commissioners	1069
„ An English Delegate to be associated with the Russian and Turkish Commissioners	1069
Bosnia and Herzegovina. Addition to Article on the subject proposed by Turkish Plenipotentiary, reserving to Governments of Austria-Hungary and Turkey to come to an understanding between themselves on matters of detail: Accepted by Congress	1069
Remainder of Project of Treaty read	1069
Evacuations in Montenegro and Servia. Additional Paragraphs added	1069
Danube Clauses. Supplementary Paragraph inserted. Lighthouse on Isle of Serpents	1069
Organic Law for Christian Provinces of Turkey in Europe. Addition made by Drafting Committee approved	1070
Rectification of Frontiers of Turkey and Greece. Mediation of Powers in case of Agreement not being arrived at. Request of Turkish Plenipotentiary for Adjournment. The President remarks that a wish only on the subject is expressed by the Congress	1070
Asia. Topographical Details required before Articles can be definitively drawn up	1070
Khotour and the Armenians. Only formal observations made on the Articles being read..	1070
Dardanelles and Bosphorus. Declaration of Lord Salisbury as to Obligations of Great Britain towards the Sultan relating to the closing of the Straits. Treaties of 1856 and 1871. Count Schouvaloff reserves the right of inserting in the Protocol a Counter-Declaration. (See Protocol No. 19.)	1070
Draft of Preamble agreed to by Congress	1071
Disorders in Rhodope Districts :—	1071
„ Resolution proposed by French Plenipotentiary that the Ambassadors at Constantinople should be instructed to come to an Agreement with the Sublime Porte for the immediate despatch of an European Commission charged to verify on the spot the serious nature of the facts, and, as far as possible, to remedy them : Agreed to by the Congress	1071
„ Resolution agreed to by the High Assembly not as Members of Congress, but as Representatives of their respective Governments	1071

PROTOCOL No. 19, 12th July, 1878.

List of Petitions	1072
Order of the Day. Supplementary Report of Drafting Committee. Treaty re-read by Committee	1072

	Page
Bulgarian Boundary. Suggested Suppression of Paragraph 3 of Art. II relating to Passage of Troops and Bulgarian Convoys by a Military Road between Widdin and Sophia, viâ Pirot and the neck of St. Nicholas	1072
,, Paragraph suppressed, after discussion : the Russian Plenipotentiaries having declared that the Obligations accepted by them in Protocol No. 17, in favour of a Military Route for Turkey, have their full value	1073
Servian Frontiers. Suppression of Paragraph in Art. XXXVI respecting Military Road and Passage of Troops	1073
Greek Frontiers. Proposal of Ottoman Plenipotentiary that the word "Mediation" in Art. XXIV be replaced by the words ",Good Offices." Observations thereon	1073
Servian Frontier. Demand of Ottoman Plenipotentiary that the Pass of Prépolac be retained in Ottoman Territory ; Rejected	1074
Note appended to Draft Treaty stating that all Names of Places have been taken from Austrian Staff Map	1074
Asiatic Frontier. Sitting suspended to admit of Pourparlers between Plenipotentiaries of Great Britain, Russia, and Turkey	1074
,, Sitting resumed. Art. LIX of Draft of Treaty agree to by those three Powers, but Art. LX suppressed	1075
[For Separate Agreement entered into between Lord Salisbury and Count Schouvaloff, that the more detailed tracing of the Line of the Alashkerd be carried out on the spot by a Commission composed of an English, a Russian, and a Turkish Officer, see Page 768.]	
Congress consider that it is the Ratifications and not only the Signature which give to Treaties their definitive value	1075
President authorized to communicate unofficially to Greece, Persia, Montenegro, and the Principalities, after Signature of Treaty, the Decisions arrived at concerning them. Complete Treaty to be communicated to them after Ratification	1075
Ratifications to be exchanged within three weeks instead of within four weeks, as previously agreed upon	1075
Time for Evacuation of Territory to be reckoned, in all cases, from Date of Ratification instead of from Date of Signature of Treaty, as previously agreed upon	1075
Dardanelles and Bosphorus. Russian Counter-Declaration respecting the closing of the Straits. The Principle of the Closing is a European Principle, and the Stipulations of the Treaties of 1841, 1856, and 1871, are confirmed, and binding on all the Powers. (See Lord Salisbury's Declaration in Protocol No. 18)	1075
Instructions sent to the Representatives of the several Powers at Constantinople relative to Commissioners to be sent to the Rhodope District.	1076

PROTOCOL No. 20, 13th July, 1878.

Closing of the Congress. Speech of Count Andrássy. Reply of the President	1077
Signature of Treaty. Speech of the President	1078
Labours of the Congress closed	1078

Protocole No. 1.—Séance du 13 Juin, 1878.

Les Puissances Signataires du Traité du 30 Mars, 1856,* ayant décidé d'examiner en commun, dans une même pensée d'intérêt général et dans un même esprit de conciliation et de paix, la situation qui résulte en Orient des derniers événements, les Plénipotentiaires de l'Allemagne, de l'Autriche-Hongrie, de la France, de la Grande Bretagne, de l'Italie, de la Russie, et de la Turquie se sont réunis à Berlin en Congrès sur l'invitation qui leur a été adressée par le Gouvernement de Sa Majesté l'Empereur d'Allemagne.

Étaient présents:

Pour l'Allemagne—Son Altesse Sérénissime le Prince de Bismarck, Chancelier de l'Empire d'Allemagne; son Excellence M. de Bülow, Secrétaire d'État au Département des Affaires Étrangères; Son Altesse Sérénissime le Prince de Hohenlohe-Schillingsfürst, Ambassadeur d'Allemagne à Paris.

Pour l'Autriche-Hongrie—Son Excellence le Comte Andrássy, Ministre des Affaires Étrangères et de la Maison Impériale; son Excellence le Comte Károlyi, Ambassadeur d'Autriche-Hongrie à Berlin; son Excellence le Baron de Haymerle, Ambassadeur d'Autriche-Hongrie à Rome.

Pour la France—Son Excellence M. Waddington, Ministre des Affaires Étrangères; son Excellence le Comte de Saint-Vallier, Ambassadeur de France à Berlin; son Excellence M. Desprez, Ministre Plénipotentiaire de première classe, Chargé de la Direction des Affaires Politiques au Ministère des Affaires Étrangères.

Pour la Grande Bretagne—Son Excellence the Earl of Beaconsfield, Premier Lord de la Trésorerie et Premier Ministre de Sa Majesté Britannique; son Excellence the Marquess of Salisbury, Ministre des Affaires Étrangères de Sa Majesté Britannique; son Excellence Lord Odo Russell, Ambassadeur d'Angleterre à Berlin.

Pour l'Italie—Son Excellence le Comte Corti, Ministre des Affaires Étrangères; son Excellence le Comte de Launay, Ambassadeur d'Italie à Berlin.

Pour la Russie—Son Altesse Sérénissime le Prince Gortchacow, Chancelier de l'Empire de Russie; son Excellence le Comte Schouvaloff, Ambassadeur de Russie à Londres; son Excellence M. d'Oubril, Ambassadeur de Russie à Berlin.

Pour la Turquie—Son Excellence Sadoullah Bey, Ambassadeur de Turquie à Berlin.

Les Plénipotentiaires entrent en séance aujourd'hui Jeudi, 13 Juin, à 2 heures.

M. le Comte Andrássy prend la parole en ces termes:—

* Vol. XLVI. Page 8.

"Messieurs,

"J'ai l'honneur de vous proposer de confier à Son Altesse Sérénissime le Prince de Bismarck la présidence des travaux du Congrès. Ce n'est pas seulement un usage consacré par les précédents, c'est en même temps un hommage au Souverain de l'hospitalité duquel jouissent en ce moment les Représentants de l'Europe.

"Je ne doute pas l'assentiment unanime que rencontrera cette proposition. Les qualités personnelles du Prince, sa haute sagesse, nous garantissent la meilleure direction pour les travaux du Congrès.

"Messieurs, je suis sûr de me rencontrer avec vos sentiments, en constatant dès le commencement de notre première réunion les vœux chaleureux que nous formons tous pour le prompt rétablissement de Sa Majesté l'Empereur Guillaume."

Ces paroles ayant été accueillies par l'assentiment empressé de tous les Plénipotentiaires, le Prince de Bismarck remercie ses collègues des sentiments sympathiques pour l'Empereur, exprimés au nom des membres du Congrès par M. le Comte Andrássy, et se charge de porter ce témoignage à la connaissance de Sa Majesté. Il accepte ensuite la présidence en ajoutant :—

"Messieurs,

"Je vous remercie de l'honneur que vous venez de me faire en me conférant la présidence de cette illustre réunion.

"Dans l'exercice des fonctions auxquelles je suis appelé, je compte sur le concours bienveillant de Messieurs mes Collègues, et sur leur indulgence, si mes forces n'égalent pas toujours ma bonne volonté."

Le Président procède en ces termes à la constitution du bureau :—

"Je vous propose comme Secrétaire du Congrès M. de Radowitz, Ministre d'Allemagne à Athènes, et en qualité d'adjoints au Secrétaire, M. le Comte de Moüy, Premier Secrétaire de l'Ambassade de France à Berlin, ainsi que MM. Busch, Conseiller Actuel de Légation, le Baron de Holstein, Conseiller de Légation, et le Comte de Bismarck, Secrétaire de Légation. Je propose également de confier la direction des archives du Congrès à M. Bucher, Conseiller intime actuel de Légation au Département des Affaires Étrangères d'Allemagne."

Ces propositions étant acceptées, les membres du Bureau sont introduits et présentés au Congrès. Le Président fait savoir ensuite à ses collègues que le Secrétariat ainsi constitué sera chargé de réunir et de soumettre à leur examen les documents et pleins pouvoirs que les membres du Congrès voudront bien à cet effet déposer au bureau.

MM. les Plénipotentiaires remettent leurs pleins pouvoirs au Secrétaire, à l'exception de Sadoullah Bey, qui annonce devoir déposer les siens et ceux des deux autres Plénipotentiaires Ottomans au commencement de la prochaine séance, à laquelle seront présents ses collègues Alexandre Carathéodory Pacha et Mehemed Ali Pacha, qui ne sont pas encore arrivés à Berlin.

Le Prince de Bismarck lit ensuite le discours suivant :—
" Messieurs,

" Il est avant tout mon devoir de vous remercier au nom de l'Empereur mon maître de l'unanimité avec laquelle tous les Cabinets ont bien voulu répondre à l'invitation de l'Allemagne. Il est permis de considérer cet accord comme un premier gage de l'heureux accomplissement de notre tâche commune.

" Les faits qui ont motivé la réunion du Congrès sont présents à la mémoire de tous. Déjà, vers la fin de l'année 1876, les Cabinets avaient combiné leurs efforts en vue de rétablir la paix dans la Péninsule des Balcans. Ils avaient cherché en même temps des garanties efficaces pour améliorer le sort des populations Chrétiennes de la Turquie. Ces efforts n'ont pas abouti. Un nouveau conflit plus redoutable a éclaté, auquel les arrangements de San Stéfano ont mis fin.

" Les stipulations de ce Traité sont en plusieurs points de nature à modifier l'état des choses tel qu'il se trouve fixé par les Conventions Européennes antérieures, et c'est pour soumettre l'œuvre de San Stéfano à la libre discussion des Cabinets Signataires des Traités de 1856 et 1871 que nous nous trouvons réunis. Il s'agit d'assurer d'un commun accord et sur la base de nouvelles garanties la paix dont l'Europe a tant besoin."

Le Président désire ajouter à ce qu'il vient de lire quelques observations de procédure. Il pense que pour faciliter les travaux du Congrès il serait opportun de décider que toute proposition, tout document destinés à figurer au Protocole, fussent rédigés par écrit et lus par les membres du Congrès qui en auraient pris l'initiative. Il croit agir dans l'intérêt de la tâche dévolue à la haute assemblée en lui proposant de tracer dès le commencement de ses délibérations l'ordre de ses travaux. Il semble que sans s'attacher à la suite des paragraphes du Traité qui forme l'objet de la discussion, il serait préférable de ranger les questions dans l'ordre de leur importance. C'est surtout le problème de la délimitation et de l'organisation de la Bulgarie qui à ce point de vue appelera l'intérêt du Congrès, et le Président propose d'ouvrir les discussions en s'occupant en premier lieu de celles des stipulations de San Stéfano qui ont particulièrement trait à la future organisation de la Bulgarie. Si le Congrès approuve cette manière de procéder, le Président dirigera en conformité avec sa décision les travaux préparatoires du Secrétariat. Son Altesse pense en outre qu'il serait bon de laisser quelque intervalle entre cette séance et la prochaine afin de donner aux Plénipotentiaires le temps d'échanger leurs idées. Enfin, il ne doute pas que les Plénipotentiaires ne soient unanimes sur la nécessité de garder le secret de leurs délibérations.

Tous les membres du Congrès donnent leur adhésion aux propositions de M. le Prince de Bismarck.

Le Comte Andrássy ajoute qu'il accepte entièrement le point de vue de Son Altesse, et qu'il est notamment d'avis de donner la priorité à la question Bulgare.

Le Comte de Beaconsfield se prononce dans le même sens: il regarde comme essentiel à la solution des difficultés présentes que cette question soit traitée sans délai et la première.

Le Président constate que le projet de commencer la discussion par la question Bulgare est adopté à l'unanimité.

Le Comte de Beaconsfield, prenant la parole, fait remarquer qu'avant d'examiner le Traité de San Stéfano le Congrès rencontre une question préliminaire d'une extrême urgence, à savoir, la position que les forces Russes occupent en ce moment dans le voisinage de Constantinople. Lord Beaconsfield considère cette situation comme anormale et périlleuse. Il rappelle que les troupes Russes se sont avancées au delà de la ligne fixée par l'armistice, et signale leur présence comme un danger pour les deux parties en cause, aussi bien que pour les intérêts de l'Europe. Il craint les entraînements auxquels peuvent être exposées deux armées aussi rapprochées; un incident, une rumeur, peuvent amener les plus grandes calamités, peut-être même la prise de Constantinople ("the capture of Constantinople"). Il se demande s'il est convenable que le Congrès délibère en présence de semblables périls, et en regrettant que les efforts tentés par les Cabinets intéressés dans le sens d'un arrangement équitable pour les deux parties n'aient pas abouti, il appelle sur cette question préliminaire l'attention de ses collègues.

Le Prince de Bismarck, tout en faisant observer que cette question ne lui paraît pas de nature à être traitée utilement dans la séance de ce jour, demande à MM. les Plénipotentiaires de Russie s'ils désirent répondre aux paroles prononcées par Lord Beaconsfield.

Le Prince Gortchacow déclare que la Russie est venue prendre part au Congrès avec l'intention d'éviter toute récrimination sur le passé; son Altesse Sérénissime ne saurait donc entrer dans l'examen des motifs et des circonstances qui ont conduit au Traité de San Stéfano: le Gouvernement Russe tient avant tout à écarter les obscurités et les défiances. Le but de l'Empereur Alexandre, conforme dans la pensée de Sa Majesté à tous les intérêts Européens, est de donner une existence autonome assurée par des garanties efficaces aux sujets Chrétiens de la Porte. Si, pour obtenir ce résultat, le Congrès trouve d'autres moyens que ceux qui ont paru les meilleurs à la Russie, le Gouvernement de l'Empereur les examinera; mais son seul but est, il le répète, d'assurer et de garantir efficacement aux populations Chrétiennes une existence autonome.

Le Comte Schouvaloff désire présenter quelques objections pratiques aux paroles prononcées par Lord Beaconsfield. En constatant les mouvements en avant de l'armée Russe, qui ont eu lieu d'ailleurs à la suite de l'entrée de la flotte Anglaise dans le Bosphore, le noble Lord a insisté sur les périls que présente la proximité des forces Russes et Ottomanes. Le Comte Schouvaloff pourrait citer beaucoup d'exemples de paix définitives traitées pendant que les deux armées restent dans leurs lignes : mais sans s'arrêter sur ce point, le Second Plénipotentiaire de Russie fait remarquer qu'un simple retour aux dispositions du premier armistice n'étant pas sans doute de nature à modifier l'opinion de Lord Beaconsfield, il s'agirait donc pour l'armée Russe de reculer beaucoup plus en arrière. Le Comte Schouvaloff expose les difficultés, les embarras militaires, et même les dangers d'un semblable mouvement. L'état actuel des choses n'a donné lieu depuis trois mois à aucune collision sérieuse : n'y aurait-il pas à craindre, au contraire, que la retraite de l'armée ne fût le signal de graves désordres ? Son Excellence cite des informations provenant de sources qui ne sont pas Russes, et d'après lesquelles, si les troupes Impériales quittaient en ce moment leurs positions, elles seraient suivies par la population Chrétienne de Constantinople, qui redouterait les plus grands périls. Le Second Plénipotentiaire de Russie ajoute qu'en ce qui concerne les craintes exprimées par Lord Beaconsfield au sujet d'une prise soudaine de Constantinople, ce danger est tout-à-fait écarté et cette éventualité est même impossible. Son Excellence est donc persuadée que la retraite de l'armée Russe n'est en rien nécessaire au calme des délibérations du Congrès : il craindrait qu'on voulant améliorer la situation, on n'atteignît un but contraire.

M. d'Oubril s'associe entièrement aux considérations qui viennent d'être exposées.

Le Prince de Bismarck croit que les Plénipotentiaires de la Grande Bretagne trouveront la réponse de leurs collègues de Russie assez satisfaisante pour ne pas faire dépendre de la question qu'ils ont posée, la marche régulière des délibérations du Congrès. Son Altesse hésite d'ailleurs à penser que la question, dans la phase où elle se trouve actuellement, rentre dans la compétence du Congrès; du moins le Gouvernement Allemand, qui a cherché, en son temps, à remédier à cette situation, autant qu'il lui a été possible, ne se croirait pas appelé à formuler un jugement sur les motifs qui pourraient régler la conduite des autres Gouvernements quant à des points qui sont en dehors de la tâche actuelle de la haute assemblée. Il pense que cette question devrait être avant tout traitée directement entre les Représentants de la Grande Bretagne et de la Russie : les dispositions conciliantes des uns et des autres permettent d'espérer que ces pourparlers auraient une solution heureuse, et ce serait seulement dans le cas contraire que le Congrès pourrait tenter, lors d'une prochaine séance, de mettre d'accord les deux parties intéressées par une médiation que les sentiments pacifiques de la haute assemblée ne sauraient manquer de rendre efficace.

Lord Beaconsfield ayant adhéré à cet avis, ainsi que tous les Plénipotentiaires, le Président déclare l'incident clos.

Le Président demande si l'un des Plénipotentiaires a quelque communication à faire au Congrès de la part de son Gouvernement.

Sadoullah Bey déclare ne pouvoir accepter l'opinion exprimée par M. le Comte Schouvaloff que la retraite de l'armée Russe entraînerait des dangers pour la population Chrétienne de Constantinople. M. le Plénipotentiaire de Turquie affirme que les forces Ottomanes qui se trouvent dans la capitale suffisent amplement pour y maintenir le calme et que l'ordre public n'est nullement compromis. Il ajoute que c'est au contraire la présence de l'armée Russe dans le voisinage qui met en péril la tranquillité de la ville.

Le Président fait remarquer à M. le Plénipotentiaire de Turquie que le Congrès a prononcé la clôture de la discussion sur le point auquel il vient de faire allusion, et il est d'avis que l'incident ayant été clos, la discussion demeure ajournée sur cet objet.

Son Altesse Sérénissime propose ensuite à la haute assemblée de se réunir Lundi prochain le 17 à deux heures. Cette date est acceptée à l'unanimité.

Le Marquis de Salisbury annonce qu'il se propose de soumettre Lundi à ses collègues la question de savoir si la Grèce doit être admise au Congrès.

Le Prince Gortchacow dit que cette question lui paraît résolue par les termes mêmes de la convocation, qui ne s'adresse qu'aux Puissances signataires du Traité de Paris. D'autres États pourraient se croire autorisés à demander également leur participation si l'on s'écartait des dispositions convenues dès l'origine.

Le Prince de Bismarck, en réservant son opinion à ce sujet jusqu'au moment où la question posée par Lord Salisbury sera formellement soumise à la haute assemblée, saisit l'occasion pour demander s'il ne serait pas opportun que les membres du Congrès qui voudraient faire une proposition en informassent au préalable leurs collègues dans une séance précédente, ou tout au moins la veille de la séance, pour éviter des discussions imprévues et incomplètes. Les propositions connexes aux questions à l'ordre du jour et résultant de la discussion même en seraient exceptées.

Son Altesse considère comme un principe incontestable que la minorité du Congrès ne pourra pas être tenue de se soumettre à un vote de majorité. Mais il abandonne à l'appréciation de MM. ses collègues de décider s'il ne serait pas utile dans l'intérêt des travaux que les résolutions de la majorité concernant la procédure, sans toucher au fond, pussent être regardées comme décisions du Congrès toutes les fois que la minorité ne croirait pas devoir faire enregistrer une protestation formelle.

M. Waddington s'associe à l'opinion exprimée par M. le Président au sujet des propositions imprévues dont les membres du Congrès pourraient prendre l'initiative. M. le Premier Plénipotentiaire de France est même d'avis qu'il serait utile de décider que toute proposition de cette nature devrait être annoncée à la séance précédente, sans laisser la faculté de prévenir seulement la veille. Ce dernier délai paraît à son Excellence trop restreint pour que les Plénipotentiaires soient toujours suffisamment préparés à une discussion approfondie.

Le Prince de Bismarck apprécie la justesse de cette observation et s'y rallie entièrement.

Le Marquis de Salisbury dit que les réflexions de M. le Premier Plénipotentiaire de France s'appliquent sans doute seulement aux propositions substantielles et non pas aux amendements et questions secondaires.

Le Congrès donne unanimement son adhésion à cette procédure.

La séance est levée à 3¼ heures.

        v. BISMARCK.
        B. BÜLOW.
        C. F. v. HOHENLOHE.
        ANDRÁSSY.
        KAROLYI.
        HAYMERLE.
        WADDINGTON.
        SAINT-VALLIER.
        H. DESPREZ.
        BEACONSFIELD.
        SALISBURY.
        ODO RUSSELL.
        L. CORTI.
        LAUNAY.
        GORTCHACOW.
        SCHOUVALOFF.
        P. D'OUBRIL.
        SADOULLAH.

Certifié conforme à l'original :
  RADOWITZ.
  MOÜY.

Protocole No. 2.—*Séance du* 17 *Juin,* 1878.

Étaient présents :

Pour l'Allemagne—le Prince de Bismarck, M. de Bülow, le Prince de Hohenlohe-Schillingsfürst.

Pour l'Autriche-Hongrie—le Comte Andrássy, le Comte Károlyi, le Baron de Haymerle.

Pour la France—M. Waddington, le Comte de Saint-Vallier, M. Desprez.

Pour la Grande Bretagne—le Comte de Beaconsfield, le Marquis de Salisbury, Lord Odo Russell.

Pour l'Italie—le Comte Corti, le Comte de Launay.

Pour la Russie—le Prince Gortchacow, le Comte Schouvaloff, M. d'Oubril.

Pour la Turquie—Alexandre Carathéodory Pacha, Mehemed Ali Pacha, Sadoullah Bey.

La séance est ouverte à $2\frac{1}{2}$ heures : le Protocole de la séance précédente, lu par M. le Comte de Moüy, est adopté.

Les Plénipotentiaires Ottomans, Alexandre Carathéodory Pacha, Mehemed Ali Pacha, et Sadoullah Bey remettent leurs pleins-pouvoirs.

Le Président propose que désormais, pour accélérer le travail du Congrès, la communication préalable du Protocole imprimé aux Plénipotentiaires tienne lieu de la lecture traditionnelle au début de la séance. Dans le cas où aucune modification n'aurait été faite par les membres de la haute assemblée, le texte serait considéré comme approuvé et déposé aux archives.

Sur des observations du Comte Andrássy et de M. Waddington relatives aux modifications´ que des Plénipotentiaires pourraient demander au texte du Protocole et qui ne sauraient être ignorées de leur collègues, le Président propose et le Congrès décide que lecture de ces changements sera donnée par le Secrétariat au commencement de chaque séance. Il reste d'ailleurs bien entendu que le Protocole devra être lu en entier, si la demande en est faite par l'un des membres du Congrès.

Le Comte Schouvaloff et M. d'Oubril expriment le désir que le Protocole définitif soit rapidement distribué, pour hâter la communication aux Gouvernements respectifs.

Le Prince Gortchacow s'associe à cette observation : il approuve d'avance toute disposition propre à faciliter et hâter les travaux de la haute assemblée. Son Altesse espère une solution pacifique, et il importe que la paix du monde soit assurée aussi promptement que possible.

Le Président dit qu'il donnera des instructions au Secrétariat pour une rapide distribution des Protocoles.

Son Altesse Sérénissime annonce à ses collègues que des pétitions et des documents en nombre assez considérable ont été adressés au Congrès et à lui-même. Le Secrétariat a été chargé de faire le triage de ces pièces d'une importance fort inégale. Celles de ces pétitions qui présentent un certain intérêt politique ont été résumées dans une liste distribuée à tous les Plénipotentiaires : cette liste sera continuée au fur et à mesure de la présentation de communications analogues, et toutes ces pièces seront déposées au Secrétariat. Son Altesse Sérénissime pense, et son sentiment obtient l'adhésion unanime, qu'en principe aucune proposition ou aucun document ne doivent être soumis à l'examen de la haute assemblée s'ils ne sont introduits par un des Plénipotentiaires. Il se conforme donc à cette règle pour les pétitions dont il vient d'être question.

Son Altesse propose de passer à l'ordre du jour fixé dans la séance précédente.

Le Marquis de Salisbury donne lecture de la motion suivante :—

"Dès que la proposition pour la réunion d'un Congrès eût été faite, le Gouvernement de la Reine communiqua aux six Puissances son opinion que la Grèce devrait y être représentée. On s'aperçoit facilement des raisons qui ont motivé cette proposition. Le Gouvernement qui commença la guerre, aujourd'hui terminée, déclara qu'il l'avait entreprise avec des vues élevées et sans arrière-pensée. Il annonça qu'il ne rechercherait pas d'acquisitions territoriales : son but était de délivrer les populations Chrétiennes des maux dont l'existence était généralement reconnue quelle qu'en fût la cause. Son Altesse le Prince Gortchacow a réitéré les mêmes vues élevées dans cette salle à la première séance du Congrès.

"Une guerre entreprise avec de telles vues doit être évidemment terminée par une paix portant l'empreinte des mêmes sentiments ; et le premier devoir des Représentants des Puissances sera de veiller à ce que les prévisions du Traité soient restreintes dans les limites qui leur ont été ainsi prescrites.

"L'objet des discussions du Congrès, si elles ne dépassent pas leur vrai but, sera, tout en diminuant le plus possible les changements territoriaux, d'améliorer le sort et d'assurer le bien-être de ces provinces de la Turquie Européenne qui ont été le théâtre de calamités déplorables.

"Or, les Chrétiens de ces régions se divisent en deux parties dont les intérêts ne sont pas identiques et dont les sympathies ne sont pas en harmonie.

"Le Congrès n'ignore pas que pendant ces dernières années les liens d'amitié qui unissaient autrefois les sujets Grecs et Slaves de la Porte ont été rompus. D'alliés ils sont devenus rivaux. Les Slaves, qui reconnaissaient autrefois l'autorité du Patriarche Grec, se sont ralliés à une nouvelle organisation ecclésiastique qui a réclamé leur soumission. Dans une grande partie du territoire habité par la race Grecque le droit de posséder les églises et les écoles a donné lieu à des contestations, souvent même à des luttes, entre les populations des deux races.

"Le conflit s'est profondément aggravé à la suite des événements qui se sont passés pendant ces derniers mois, et les passions engendrées par ces conflits ont de plus en plus éloigné ces deux races l'une de l'autre. Il s'agissait de quelque chose de plus que d'une divergence d'opinion sur la question du régime ecclésiastique. Les Grecs redoutent, et avec raison, la subjugation de leur Église, la suppression de leur langue, et l'absorption et la disparition progressives de leur race, si leurs rivaux se trouvaient dans une position prépondérante. Ces points sont pour eux d'un intérêt capital et leur sort dépend de la forme que donnera le Congrès aux dispositions qui seront arrêtées dans le but de protéger les Chrétiens et d'assurer l'ordre et la sécurité aux provinces de la Turquie Européenne.

"Mais les deux races ne sont pas devant le Congrès sur un pied égal. Les Slaves ont pour défenseur dans cette salle un puissant peuple militaire, leur frère par le sang et par la foi, fort du prestige des victoires récentes.

"Les Grecs, au contraire, n'ont ici comme Représentant aucune nation de même race.

"Le Gouvernement de Sa Majesté est d'avis que des décisions prises dans ces conditions ne contenteraient pas la race Grecque, et par conséquent n'amèneraient ni la tranquillité de l'Empire Ottoman ni la paix de l'Europe.

"Il est à craindre que de nouvelles agitations ne surgissent parmi ce peuple profondément dévoué à sa foi et à sa nationalité, qui aura la conviction que l'Europe l'a abandonné et l'a livré à la domination d'une race de laquelle ses sympathies sont tout-à-fait éloignées.

"L'Angleterre propose donc que le Royaume Hellénique soit admis à remplir ce rôle en faveur des Grecs, et à prendre part aux délibérations du Congrès : du moins à assister à toutes les séances dans lesquelles des questions se rattachant aux intérêts de la race Grecque seront discutées."

Le Prince de Bismarck, se référant à la décision prise par la haute assemblée dans la dernière séance, regarde comme impossible que le Congrès soit en état aujourd'hui, après une première lecture, de statuer sur la proposition qui vient d'être lue par Lord Salisbury et qui touche à tant de questions graves. Quelle que soit la sympathie que la Grèce inspire à l'Europe, son Altesse croit devoir, dans l'intérêt des travaux, proposer, selon le principe précédemment établi, l'ajournement de la discussion sur ce point à la prochaine séance. Dans l'intervalle le Président aura soin de faire imprimer et distribuer la motion de Lord Salisbury, si importante en elle-même, et qui d'ailleurs implique un certain nombre de questions de droit public et de procédure sur la manière dont un Représentant de la Grèce pourrait être admis dans le sein du Congrès.

Le Prince Gortchacow, sans vouloir traiter en ce moment la question de l'admission de la Grèce, et en approuvant l'ajournement proposé, désire relever une expression du discours de Lord Salisbury. Son Altesse souhaiterait que le Congrès considérât les Représentants de la Russie non point comme exclusivement dévoués aux intérêts des Slaves, mais comme s'intéressant à toutes les populations Chrétiennes de la Turquie. Le Prince Gortchacow déclare donc d'avance qu'il s'associera aux mesures prises en faveur des Grecs : il demandera même pour les Grecs de l'Empire Ottoman une autonomie pareille à celle qui est réclamée pour les Slaves. Le but de son Gouvernement est de rapprocher ces deux races. Quant à la question religieuse à laquelle Lord Salisbury a fait allusion, son Altesse doit faire remarquer qu'il n'y a point de dissidence religieuse au fond entre le Patriarchat Grec et l'Exarchat Bulgare ; c'est uniquement une question de liturgie qui a amené la séparation des deux Églises.

Le Président constate que tous les Plénipotentiaires acceptent l'ajournement de la discussion sur ce point à la prochaine séance.

M. Desprez, au nom de MM. les Plénipotentiaires de France, donne lecture de la proposition suivante, qu'il désirerait voir distribuer en même temps que celle de Lord Salisbury :—

"Considérant que dans l'examen des nouveaux arrangements à prendre pour assurer la paix en Orient il est juste de fournir à la Cour d'Athènes l'occasion d'exprimer ses vœux et qu'il peut être utile aux Puissances de les connaître ;

"Le Congrès invite le Gouvernement de Sa Majesté Hellénique à désigner un Représentant qui sera admis à exposer les observations de la Grèce lorsqu'il s'agira de fixer le sort des provinces limitrophes du Royaume et qui pourra être appelé dans le sein du Congrès toutes les fois que les Plénipotentiaires le jugeront opportun."

Le Président dit que l'impression et la distribution de ce document auront lieu conformément au désir de MM. les Plénipotentiaires de France, et que la proposition sera mise à l'ordre du jour de la prochaine séance. Son Altesse demande, avant de suivre l'ordre du jour fixé, si aucun membre n'a de communication à faire à la haute assemblée.

Alexandre Carathéodory Pacha exprime le regret de n'avoir pu assister à la séance précédente à la suite d'un accident de mer qui a retardé son arrivée et celle de son collègue Mehemed Ali Pacha. Il eût été heureux de prendre part à la désignation du Président, et il tient à s'associer au nom de son Gouvernement aux vœux que le Congrès a formés pour le rétablissement de la santé de l'Empereur Guillaume.

Le Prince de Bismarck remercie M. le Premier Plénipotentiaire de Turquie de ces paroles, qu'il ne manquera pas de transmettre à Sa Majesté.

Le Président expose ensuite que l'ordre du jour appelle la discussion des Articles du Traité de San Stéfano qui sont relatifs à la Bulgarie, à commencer par l'Article VI.

Son Altesse donne lecture du 1er alinéa de l'Article VI :—

"La Bulgarie est constituée en Principauté autonome, tributaire, avec un Gouvernement Chrétien et une milice nationale."

Le Président ajoute : Il y a deux moyens d'entrer dans la discussion : on peut soit discuter d'abord le 1er alinéa de l'Article VI, soit attendre le 4e relatif à l'étendue des frontières. Sans vouloir recommander l'une ou l'autre procédure, Son Altesse demande pour laquelle des deux le Congrès se décide.

Lord Salisbury prend la parole pour présenter les observations suivantes : —

"L'effet le plus frappant des Articles du Traité de San Stéfano qui ont rapport à la Bulgarie—(je ne dis pas l'effet qu'on a eu l'intention de leur donner)—est d'abaisser la Turquie jusqu'au niveau d'une dépendance absolue envers la Puissance qui a imposé ce Traité.

"Il est de notre tâche de la replacer, non sur le pied de son indépendance antérieure, car on ne saurait entièrement anéantir les résultats de la guerre, mais de lui rendre une indépendance relative qui lui permettra de protéger efficacement les intérêts stratégiques, politiques, et commerciaux dont elle doit rester le gardien.

"D'autres dangers non moins importants sont à craindre. La race Grecque, qui habite de nombreux endroits de la nouvelle Bulgarie, sera assujettie à une majorité Slave avec laquelle ses relations ne sont guère amicales, et, comme j'ai déjà soumis à l'appréciation du Congrès, il est probable que la langue Grecque disparaîtra et que la race sera absorbée.

"En outre, l'admission au littoral de la Mer Égée d'une nouvelle puissance maritime ne pourrait être agréée sans un vif sentiment de regret par les Puissances voisines de la Méditerranée.

"Selon mon avis, on doit trouver un remède à ces résultats nuisibles dans une modification des Articles sur lesquels son Altesse le Président a appelé notre attention. Si la Bulgarie, au lieu de s'étendre jusqu'à la Mer Egée et au Lac Ochrida, était limitée vers le sud à la ligne des Balcans, et que l'autre partie de la province restât sous l'autorité du Sultan, ces dangers seraient beaucoup mitigés même s'ils ne disparaissaient pas entièrement.

"Dans ce cas, une nouvelle Puissance maritime ne s'étendrait plus aux bords de la Mer Égée, une proportion très nombreuse de la population Grecque qui se trouvait menacée d'être absorbée dans la nouvelle Bulgarie et d'être assujettie à une majorité Slave, resterait dans la position politique qu'elle occupe actuellement, et la Porte posséderait une frontière stratégique qu'elle pourrait défendre contre toute invasion à l'avenir. Cet avantage stratégique pourrait être atteint sans nuire aux intérêts des populations de cette région, dont le sort en serait plutôt amélioré.

"L'Angleterre n'a jamais admis ni dans la Conférence de Constantinople, ni à aucune autre époque, que, pour garantir les populations de la Turquie Européenne contre les abus du Gouvernement et l'oppression, il fallût les soustraire à la suprématie politique de la Porte. Cette garantie, qui est de la plus haute importance, demande plutôt la réforme de l'administration intérieure qu'une séparation politique.

"Je propose donc au Congrès, de la part de l'Angleterre, l'examen des deux propositions suivantes :—

"1. Que la Principauté tributaire autonome de la Bulgarie soit restreinte à la partie de la Turquie Européenne située au nord des Balcans.

"2. Que la province de la Roumélie et tout autre territoire au sud des Balcans soient sous l'autorité politique et militaire directe du Sultan, toute précaution nécessaire étant prise pour que le bienêtre des populations soit sauvegardé par des garanties suffisantes d'autonomie administrative, ou d'autre manière."

Le Comte Schouvaloff, faisant allusion à un passage du document qui vient d'être lu par le noble Lord, dit qu'il ne pourrait pas accepter au nom de son Gouvernement les mots "d'anéantir entièrement les résultats de la guerre." La Russie est venue au Congrès pour coordonner le Traité Préliminaire de San Stéfano avec les intérêts généraux de l'Europe, mais non pour "anéantir" les résultats d'une guerre pour laquelle elle s'est imposé tant de sacrifices. Le Plénipotentiaire de Russie constate que le sens général de la communication faite au Congrès par le Marquis de Salisbury est que l'Angleterre ne saurait donner son assentiment à la délimitation tracée à San Stéfano, mais entre cette délimitation et celle que vient d'indiquer M. le Plénipotentiaire de la Grande Bretagne il y a un terrain de discussion, par exemple les limites fixées par la Conférence de Constantinople ; ces limites ont l'avantage d'avoir été tracées par les Représentants de l'Europe, et sont conformes d'ailleurs aux conditions ethnographiques de la nation Bulgare. Le Marquis de Salisbury entend-il s'en tenir à la délimitation qu'il a indiquée, ou bien admet-il la discussion sur la base des anciennes limites de la Conférence, avec la division longitudinale tracée alors par les Représentants Européens ?

Le Prince de Bismarck fait remarquer que l'appréciation de la Russie sera évidemment subordonnée à un examen plus détaillé des institutions à donner à la Bulgarie située au sud des Balcans. Si les Plénipotentiaires de la Grande Bretagne se trouvaient en mesure de fournir dès à présent des éclaircissements sur le régime et les institutions qu'on pourrait offrir et garantir à cette partie de la Bulgarie, les Plénipotentiaires Russes seraient peut-être mieux en état de se prononcer sur la totalité des propositions Anglaises.

Le Marquis de Salisbury craint qu'un pareil exposé ne comporte pour aujourd'hui de bien longs détails. Son Excellence désire ajourner sa réponse sur ce point à la prochaine séance.

Le Prince de Bismarck pense avec Lord Salisbury qu'il est en effet préférable d'ajourner cette discussion, et il exprime l'espoir que les Cabinets plus spécialement intéressés dans la question pourront dans l'intervalle se concerter sur le "status causæ et controversiæ." Il les croit d'accord sur beaucoup de points et peut-être au delà de ce qu'ils croient eux-mêmes. Son Altesse Sérénissime pense qu'après cette entente préalable, les Représentants de ces Cabinets pourront soumettre au Congrès le résultat de leur échange d'idées sur la Bulgarie du sud et sur les institutions qu'il conviendrait de lui appliquer ; le Congrès aurait ensuite la tâche, dans le cas où l'accord ne serait pas entièrement établi, d'en rechercher le complément par l'intervention des Puissances amies.

Le Comte Andrássy rappelle la haute importance que présente la discussion dont l'issue doit amener la formation de pays appelés à vivre longtemps, il faut l'espérer. Il est donc également d'avis de l'ajourner à la séance suivante. Son Excellence fait remarquer à ce sujet que la question présente un double aspect : d'une part elle est purement politique et peut se résumer en ces termes : y aura-t-il une Bulgarie autonome tributaire et administrée par un Gouvernement Chrétien ? Dès à présent son Excellence déclare que sur ce point l'Autriche-Hongrie n'a pas d'objection. Mais d'autre part la question touche à une délimitation de frontières qui intéresse particulièrement l'Autriche-Hongrie, puisqu'il s'agit de définir la situation de la Bulgarie à l'égard, soit de pays limitrophes comme la Serbie, soit de frontières occidentales qui entrent dans la sphère des intérêts Austro-Hongrois. Le Comte Andrássy fait remarquer que si l'Autriche-Hongrie désire assurément une bonne solution des difficultés présentes au point de vue général de la paix et de la stabilité, les questions de frontière ont pour elle une valeur toute spéciale : son Excellence croit donc utile de faire participer un délégué d'Autriche-Hongrie aux entretiens particuliers des Plénipotentiaires Anglais et Russes. Il n'hésite pas d'ailleurs à donner son adhésion en principe à la proposition Anglaise sur la ligne des frontières, tout en se réservant de présenter des observations de détail qu'il espère voir accueillir par ses collègues. Le Comte Andrássy est, au surplus, disposé pour sa part à procéder selon les règles parlementaires par une discussion générale suivie d'une discussion spéciale.

Le Prince de Bismarck s'associe à la pensée du Comte Andrássy relative au mode de la discussion, à laquelle il serait, selon lui, utile de donner la forme d'une première et seconde lecture : la première tiendrait lieu de discussion générale, la seconde permettrait d'entrer dans les détails. Il considère que les réunions particulières et intimes entre les Représentants de Puissances directement intéressées, réunions qu'il recommande sans se croire en droit de les convoquer, auraient le sérieux avantage de mieux préparer une entente sur les questions de détail et de rédaction. Le point capital pour les réunions plénières du Congrès serait d'établir l'accord sur les questions de principe ; lorsque ces questions auront été approfondies, on procéderait en seconde lecture à la rédaction d'un texte destiné à remplacer les Articles du Traité de San Stéfano.

En conformité avec ce mode de procédure proposé par le Président, les Plénipotentiaires d'Autriche-Hongrie, de Grande Bretagne, et de Russie conviennent d'échanger leurs vues dans des réunions particulières destinées à déterminer les points d'entente et par conséquent à faciliter le travail du Congrès. Ils communiqueront le résultat de ces entretiens à leurs collègues.

Le Président, avec l'assentiment du Congrès, met à l'ordre du jour de la prochaine séance, fixée à Mercredi 19 : 1, la question de l'admission des Représentants de la Grèce ; 2, la proposition Anglaise sur la Bulgarie, la contre-proposition éventuelle de la Russie, et, s'il y a lieu, le projet sur lequel les Représentants des trois Puissances se seront concertés.

La séance est levée à 4½ heures .

[Suivent les Signatures.]

Protocole No. 3.—Séance du 19 Juin, 1878.

Étaient présents :

Pour l'Allemagne—le Prince de Bismarck, M. de Bülow, le Prince de Hohenlohe-Schillingsfürst ;

Pour l'Autriche-Hongrie—le Comte Andrássy, le Comte Károlyi, le Baron de Haymerle ;

Pour la France—M. Waddington, le Comte de Saint-Vallier, M. Desprez;
Pour la Grande Bretagne—le Comte de Beaconsfield, le Marquis de Salisbury, Lord Odo Russell;
Pour l'Italie—le Comte Corti, le Comte de Launay;
Pour la Russie—le Prince Gortchacow, le Comte Schouvaloff, M. d'Oubril.
Pour la Turquie—Alexandre Carathéodory Pacha, Mehemed Ali Pacha, Sadoullah Bey.

La séance est ouverte à 2½ heures; le Protocole de la séance précédente est adopté.

Le Président rappelle à ses collègues qu'une liste de nouvelles pétitions leur a été remise. Une pétition qui touche une question politique, mais qui ne porte pas de signature, n'a pas été placée sur la liste. En principe, toute communication anonyme de ce genre n'est pas insérée dans la liste remise aux membres du Congrès, mais restera, bien entendu, à leur disposition dans les bureaux du Secrétariat.

Le Prince de Bismarck présente ensuite les considérations suivantes :—

" L'ordre du jour fixé pour la séance d'aujourd'hui comprend—

"(1.) La question de l'admission des Représentants de la Grèce.

"(2.) La proposition Anglaise sur la Bulgarie, la contre-proposition éventuelle de la Russie, et, s'il y a lieu, le projet sur lequel les Représentants des trois Puissances se seront concertés.

" Vu que les pourparlers engagés entre les Représentants des Puissances plus spécialement intéressées dans la question Bulgare continuent et sont en progrès vers un arrangement qui faciliterait les travaux du Congrès à ce sujet;

" Vu qu'aujourd'hui ce résultat n'est pas encore atteint;

" Je propose d'ajourner la discussion sur la seconde partie de l'ordre du jour jusqu'à la prochaine séance."

Cette opinion ayant été accueillie par le Congrès, le Président ajoute que la seule question à l'ordre du jour est, en conséquence, celle de l'admission des Représentants de la Grèce, et, sur le sentiment conforme de la haute assemblée, il annonce que le Congrès se réunira Vendredi pour la discussion des affaires Bulgares.

Son Altesse Sérénissime rappelle qu'il y a, sur la question de l'admission de la Grèce, deux propositions connues depuis la dernière séance, l'une de Lord Salisbury, l'autre de M. Desprez, et il ajoute qu'en ce qui concerne l'Allemagne il se rallie à la seconde. Il prie ses collègues de vouloir bien discuter l'une ou l'autre ou toute autre proposition qui serait présentée sur le même sujet. Il demanderait plus tard au Congrès, dans le cas où l'admission des Représentants Grecs serait décidée, de fixer la date de la séance à laquelle ils seraient invités.

Carathéodory Pacha donne lecture de la déclaration suivante :—

" En proposant que la Grèce soit entendue au sein du Congrès chaque fois qu'on le croirait nécessaire, lorsqu'il s'agirait de discuter certaines questions spéciales, on a allégué des motifs et échangé des idées qui justifient une explication de la part des Plénipotentiaires Ottomans.

" Se plaçant à des points de vue différents, quelques uns de MM. les Plénipotentiaires semblent avoir envisagé d'une manière tout-à-fait exclusive la situation respective des diverses catégories de la population de l'Empire Ottoman.

" Les Plénipotentiaires Ottomans pensent qu'il est de leur devoir de déclarer qu'au sein du Congrès ils représentent l'État lui-même, qui embrasse l'ensemble de tous ces éléments quels qu'ils soient, quelque origine et quelque date qu'on veuille assigner aux conflits auxquels on a fait allusion.

" Une protection et un intérêt exclusifs se rapportant à une classe spéciale, de quelque côté qu'ils viennent, et sous quelque forme qu'ils se produisent, ne sauraient que nuire là où une puissante solidarité d'intérêts relie incontestablement ces divers éléments entre eux pour constituer un grand tout.

" La hauteur de vues qui distingue MM. les Plénipotentiaires des Grandes Puissances Signataires des Traités de 1856 et de 1871 qui composent le Congrès, et l'esprit d'incontestable équité qui les anime, autorisent en conséquence les Plénipotentiaires Ottomans à croire que, si la Grèce devait être entendue, le Congrès saura empêcher que les propositions qui ont été faites à ce sujet ne provoquent les graves inconvénients qu'il y aurait lieu de craindre."

Le Prince Gortchacow fait remarquer qu'il se conforme au désir du Congrès en apportant des observations écrites et donne lecture du document suivant :—

" M. le Marquis de Salisbury a présenté une proposition motivée, tendant à l'admission de la Grèce à particiber au Congrès, ou du moins à assister aux séances dans lesquelles les questions se rattach-ant aux intérêts de la race Grecque seront discutées.

" Les Plénipotentiaires de Russie croient de leur côté devoir énoncer, dans une déclaration également motivée, le point de vue de leur Gouvernement sur ce sujet :—

" 1. La Russie a toujours envisagé en Turquie les intérêts des Chrétiens sans exception de race. Toute son histoire l'a suffisamment prouvé. Elle a, avec la race Hellénique, un lien puissant—celui d'avoir reçu de l'Église d'Orient la religion du Christ. Si, dans la présente guerre, la Russie a dû prendre particulièrement en mains la défense des Bulgares, c'est que la Bulgarie s'était trouvée, par les circonstances, la principale cause et le théâtre de la guerre. Mais la Russie a toujours eu en vue d'étendre, autant que possible, aux provinces Grecques les avantages qu'elle réussirait à conquérir pour la Bulgarie. Elle est satisfaite de voir, par les propositions de MM. les Plénipotentiaires de Grande Bretagne et de France, que l'Europe partage ces vues, et se félicite de la sollicitude que les Puissances témoignent en faveur des populations de race Grecque, d'autant plus qu'elle a la conviction que cette sollicitude s'étendra également aux populations de race Bulgare. Le Gouvernement Impérial de Russie se joindra en conséquence volontiers à toute proposition qui serait faite au Congrès en faveur de l'Épire, de la Thessalie, et de la Crète, quelle que soit l'étendue que les Puissances voudraient donner aux avantages qui leur seraient réservés.

"2. Le Gouvernement Impérial de Russie ne reconnaît aucun motif fondé à l'antagonisme des races qui a été signalé, et qui ne saurait avoir sa source dans des divergences religieuses. Toutes les nationalités appartenant à l'Église d'Orient ont successivement revendiqué le droit d'avoir leur Église autocéphale, c'est-à-dire leur hierarchie ecclésiastique indépendante et leur langue nationale pour le culte et les écoles. Tel a été le cas pour la Russie, la Roumanie, la Serbie, et même pour le Royaume de Grèce. L'on n'aperçoit pas qu'il en soit résulté ni la rupture des liens qui unissent ces Églises indépendantes avec le Patriarcat Œcuménique de Constantinople, ni un antagonisme quelconque entre les races. Les Bulgares ne demandent pas autre chose et y ont absolument les mêmes droits. La cause des divergences et des conflits passagers qui se sont produits doit donc être cherchée dans des influences ou des impulsions particulières qui ne paraissent conformes ni aux intérêts réels des races, ni au repos de l'Orient, ni à la paix de l'Europe, et qui, par conséquent, ne sauraient être encouragées.

"3. Quant aux circonscriptions territoriales des diverses races, se rattachant aux intérêts de la race Hellénique que l'on a en vue de protéger, elles semblent ne pouvoir être déterminées d'après un principe plus rationnel, plus équitable et plus pratique que celui de la majorité de la population. C'est celui qui résulte de l'ensemble des stipulations de la Conférence de Constantinople et celui que pose le Traité Préliminaire de San Stéfano. Les répartitions de territoires qui seraient proposées en dehors du principe de la majorité de la population pourraient être suggérées non par des considérations de races, mais par des vues particulières d'intérêt politique, géographique ou commercial. La Russie, n'ayant pour sa part aucun intérêt matériel à poursuivre dans ces contrées, ne peut apprécier ces diverses propositions qu'au point de vue de l'équité ou de la conciliation à laquelle elle est toujours disposée pour la consolidation de l'entente Européenne et de la paix générale.

"Tels sont les sentiments dans lesquels les Plénipotentiaires de Russie croient devoir formuler leur adhésion à la proposition de M. le Plénipotentiaire de France ; c'est-à-dire, d'inviter le Gouvernement de Sa Majesté Hellénique à désigner un Représentant qui sera admis à exposer les observations de la Grèce, lorsqu'il s'agira de fixer le sort des provinces limitrophes du Royaume, et qui pourra être appelé dans le Congrès toutes les fois que les Plénipotentiaires le jugeront. Ils étendent également ces prévisions à ce qui concerne la Crète."

Lord Salisbury, se référant au point de discussion indiqué par le Président, propose de substituer dans le texte présenté par les Plénipotentiaires Français les mots de "provinces Grecques" à ceux de "provinces limitrophes du Royaume de Grèce." Si cette modification, qui lui semble donner plus de clarté au texte, était admise, il se rallierait volontiers au projet Français ainsi amendé dans le cas où il serait accepté par la majorité des Puissances.

M. Desprez craint que l'amendement proposé par M. le Plénipotentiare de la Grande Bretagne n'ait pour effet de rendre moins précis le texte du projet présenté par les Plénipotentiaires Français.

Le Président considère que le Congrès est en présence d'une question de forme et de rédaction, où la décision de la majorité est admise à moins de protestation de la minorité au Protocole. Son Altesse Sérénissime croit qu'il serait utile de procéder à l'inverse de l'usage parlementaire, et de commencer, si le Congrès y consent, par le vote sur le texte de la proposition Française en mettant aux voix en second lieu l'amendement de Lord Salisbury. Le résultat du premier vote sera considéré comme éventuel, c'est-à-dire, comme sujet à être amendé conformément à la proposition Anglaise, dans le cas où celle-ci serait adoptée. Si au contraire elle était rejetée, le vote recueilli sur la proposition Française serait définitif.

Le Comte Andrássy ne veut pas entrer dans le fond de la question : il regarde qu'il a seulement à statuer sur l'admission en général : il vote donc la proposition Française en se réservant de se prononcer sur l'amendement de Lord Salisbury.

Les Plénipotentiaires de France et d'Angleterre votent le texte présenté.

Le Comte Corti y adhère également et d'autant plus volontiers que la seconde partie du document lui paraît renfermer, en principe, la pensée exprimée dans l'amendement Anglais.

Les Plénipotentiaires Russes votent de même le texte Français.

Carathéodory Pacha regrette de rencontrer dans le texte proposé les mots : "le sort des provinces," &c. Dans ces termes il ne saurait que réserver l'opinion de son Gouvernement.

Le Président ayant insisté pour obtenir le vote de MM. les Plénipotentiaires Ottomans, Carathéodory Pacha et Méhémed Ali Pacha déclarent qu'ils ne s'opposeraient pas en principe à ce qu'un Représentant de la Grèce fût entendu, en admettant que celui-ci n'aurait que voix consultative.

Le Prince de Bismarck provoque ensuite un second scrutin sur l'amendement de Lord Salisbury, c'est-à-dire, sur la question de savoir si les mots " provinces limitrophes " seront remplacés par ceux de " provinces Grecques."

Le Comte Andrássy ayant demandé quelle différence existe aux yeux de MM. les Plénipotentiaires Anglais entre les deux termes, le Marquis de Salisbury dit qu'il y a des provinces Grecques qui ne sont pas limitrophes du Royaume Hellénique et dont l'Angleterre désire que le Congrès s'occupe également. Dans le projet Français l'Épire et la Thessalie sont seuls en cause : l'amendement de son Excellence permet au contraire de comprendre dans la délibération, à laquelle assisteraient les Représentants de la Grèce, les provinces de Macédoine, de Thrace, et de la Crète.

Le Comte Andrássy, à la suite de cette explication, et se conformant à son principe, qui est de rechercher des résultats aussi stables que possible, vote pour l'amendement de Lord Salisbury dans le but de ne pas restreindre l'expression de l'opinion des Représentants Grecs.

Les Plénipotentiaires de France maintiennent leur vote pour leur texte pur et simple.

Les Plénipotentiaires de la Grande Bretagne votent pour l'amendement.

Le Comte Corti se rallie à la proposition Anglaise, qu'il regarde comme donnant plus de latitude à la délibération.

Le Comte de Launay ajoute que d'ailleurs le Congrès demeurera toujours libre d'examiner dans quelle mesure il pourra accepter les observations des Représentants Grecs.

Le Président ayant demandé leur vote à MM. les Plénipotentiaires de Russie, le Prince Gortchacow prie MM. les Plénipotentiaires de France d'exposer les motifs qui les portent à maintenir le texte de leur proposition.

M. Waddington ne croit pas qu'il y ait de grandes différences entre le projet de M. Desprez et la rédaction proposée par Lord Salisbury. Il y a cependant une distinction à établir ; les Plénipotentiaires de France ont pensé que tout en invitant le Gouvernement Grec à désigner un Représentant, il était utile de limiter le champ de ses observations. M. Waddington admet que le Représentant Hellénique soit appelé à donner son avis sur des faits qui se passent près de la frontière du Royaume ; mais il comprendrait moins que la compétence du Cabinet d'Athènes pût s'étendre à des contrées habitées par des populations mixtes: son Excellence craindrait de trop agrandir la sphère des observations du Gouvernement Hellénique. Toutefois le second paragraphe du Projet réservant au Congrès toute sa liberté d'appréciation à cet égard, la haute assemblée reste juge en dernier ressort des délibérations auxquelles elle regarderait comme opportun que le Représentant Grec fût admis.

Le Prince Gortchacow, en présence de ces considérations, vote pour le maintien du texte Français.

Carathéodory Pacha croit comprendre que dans la pensée de la haute assemblée, l'admission d'un Représentant Grec est surtout une question d'opportunité: toutefois, et tout en acceptant que ce Représentant pût être entendu quand on s'occuperait de l'amélioration de l'état de ces provinces, son Excellence, et avec elle Mehemed Ali Pacha, demande de nouvelles explications sur le sens de la phrase du projet Français où il est question de "provinces limitrophes."

M. Waddington répond qu'on ne discute pas aujourd'hui le fond de cette difficulté, mais seulement une question préalable; il tient à ajouter que les considérants du projet Français en indiquent nettement la portée. En premier lieu le Congrès trouve-t-il juste que la Grèce exprime ses vœux sur des questions qui pourraient intéresser sa frontière? En second lieu, le Congrès trouve-t-il utile de provoquer sur divers points les explications du Cabinet d'Athènes?

Le Prince de Bismarck fait remarquer qu'en réalité la différence pratique entre les deux opinions se manifestera surtout quand il s'agira de déterminer le moment où les Représentants Grecs seront entendus. Ce sera alors, à son avis, le scrutin décisif. Actuellement il s'agit de savoir en général s'ils seront admis, et c'est dans cet ordre d'idées qu'il demande de nouveau si MM. les Plénipotentiaires Ottomans votent pour la rédaction Française ou Anglaise.

Les Plénipotentiaires Ottomans déclarent s'abstenir.

Le Prince de Bismarck, comme Plénipotentiaire d'Allemagne, vote pour la rédaction Française.

Son Altesse Sérénissime constate ensuite que les voix sont partagées en nombre égal. L'amendement Anglais n'a donc pas eu la majorité, et le résultat du premier scrutin adoptant la rédaction Française demeure acquis.

Le Président demande si le Congrès entend décider aujourd'hui ou dans une réunion prochaine à quelle séance le Représentant Grec sera admis.

Sur la suggestion du Comte Corti, le Président fait remarquer que l'invitation ne doit être faite qu'à la demande d'un des membres du Congrès formulée dans la séance précédente et adoptée par un vote de la haute assemblée.

M. Waddington estime qu'il y aurait lieu d'attendre que la question de Bulgarie fût décidée, et en tout cas de ne pas statuer aujourd'hui.

Le Comte Andrássy ne regarde pas en effet comme indispensable de fixer ce jour dès à présent.

M. Desprez fait observer d'ailleurs que le projet comporte deux hypothèses : la discussion relative aux provinces limitrophes dans laquelle, d'après la proposition Française, la présence du Représentant Grec est jugée nécessaire par le Congrès, et les autres délibérations, où la haute assemblée se réserve la faculté d'appeler s'il y a lieu, ce Représentant dans son sein.

Le Prince de Bismarck rappelant que, dans sa pensée, le Plénipotentiaire Grec ne doit être invité qu'aux séances où le Congrès désirerait l'entendre, constate qu'en ce moment aucun des membres de l'assemblée ne fait une proposition en ce sens. Son Altesse Sérénissime croit donc préférable, dans l'état actuel des travaux, où il y a lieu d'espérer sur la question Bulgare le rapprochement des opinions divergentes, de ne pas introduire un élément nouveau qui pourrait augmenter les difficultés de l'entente. Il pense que le Congrès n'émettra sur ce point aucun vote aujourd'hui, et réservera son sentiment jusqu'au moment où il sera question des institutions à donner à la Bulgarie du Sud. Son Altesse Sérénissime ajoute que l'ordre du jour est épuisé.

Le Comte Schouvaloff, tout en exprimant l'espoir que ses collègues d'Autriche-Hongrie, de la Grande Bretagne, et de Russie seront prêts à discuter la question Bulgare dans la prochaine séance fixée précédemment à Vendredi 21, pense, qu'en égard aux communications échangées entre les Gouvernements, il serait peut-être préférable de remettre la séance à Samedi. Le Président, après avoir pris l'avis du Congrès, accepte la date de Samedi 22, en se réservant, s'il y a lieu, de convoquer l'assemblée pour Vendredi.

La séance est levée à 4 heures.

[Suivent les Signatures.]

Protocole No. 4.—Séance du 22 Juin, 1878.

Étaient présents :

Pour l'Allemagne—le Prince de Bismarck, M. de Bülow, le Prince de Hohenlohe-Schillingsfürst ;

Pour l'Autriche-Hongrie—le Comte Andrássy, le Comte Károlyi, le Baron de Haymerle ;

Pour la France—M. Waddington, le Comte de Saint-Vallier, M. Desprez ;

Pour la Grande Bretagne—le Comte de Beaconsfield, le Marquis de Salisbury, Lord Odo Russell ;

Pour l'Italie—le Comte Corti, le Comte de Launay ;

Pour la Russie—le Comte Schouvaloff, M. d'Oubril ;

Pour la Turquie—Alexandre Carathéodory Pacha, Mehemed Ali Pacha, Sadoullah Bey.

La séance est ouverte à 2½ heures : le Protocole de la séance précédente est adopté.

M. d'Oubril exprime de la part du Prince Gortchacow le regret de Son Altesse Sérénissime de ne pouvoir, eu égard à l'état de sa santé, assister à la séance de ce jour.

Le Président répond que le Congrès regrette l'absence du Prince Gortchacow et forme des vœux pour le prompte rétablissement de M. le Premier Plénipotentiaire de Russie.

Le Président après avoir donné lecture de la liste des pétitions adressées au Congrès depuis la dernière séance, annonce que l'ordre du jour appelle la discussion de la question de Bulgarie sur les points traités dans l'Article VI du Traité de San Stéfano et de la proposition Anglaise consignée dans le deuxième Protocole du Congrès. Son Altesse Sérénissime prie les Représentants des Puissances qui ont recherché un accord dans des conférences particulières de faire connaître le résultat de leurs entretiens.

Lord Salisbury donne lecture du document suivant, qui contient le développement des propositions Anglaises, et qu'il soumet à l'approbation de la haute assemblée :—

" Admission de la frontière des Balcans pour la Principauté de Bulgarie ; la province au sud des Balcans assumerait le nom de Roumélie Orientale.

" L'incorporation du Sandjak de Sophia avec rectification stratégique des frontières dans la Principauté serait consentie, soit contre le maintien de Varna dans les mains des Turcs, soit contre l'exclusion des bassins du Mesta Karasou et Strouma Karasou de la Roumélie Orientale. La Roumélie Orientale sera placée sous l'autorité politique et militaire directe du Sultan, qui l'exercera dans les conditions suivantes :

" Il aura le droit de pourvoir à la défense des frontières de terre et de mer de la province, de pouvoir y tenir des troupes et de les y fortifier.

" L'ordre intérieur sera maintenu par la milice, dont les officiers seront nommés par le Sultan, qui tiendra compte de la religion de la population.

" Le Gouverneur-Général aura le droit d'appeler les troupes Ottomanes dans le cas où la sécurité intérieure ou extérieure se trouverait menacée.

"La frontière occidentale reste à préciser. Depuis l'endroit où la frontière occidentale coupe la frontière méridionale de la Conférence, la frontière méridionale de la Roumélie Orientale suivra le tracé de cette dernière jusqu'à la montagne de Kruchevo, puis le tracé de San Stéfano presque jusqu'à Mustafa Pacha. De ce point une frontière naturelle ira jusqu'à la Mer Noire à un point à préciser entre Sizéboli et Agathopoli. Le tracé des frontières se fera par une Commission Européenne, à l'exception des deux points touchant à la Mer Noire qui ne sont pas encore arrangés."

Le Président ayant demandé aux Plénipotentiaires de Russie s'ils adhèrent aux principes résumés par Lord Salisbury, le Comte Schouvaloff expose que les Plénipotentiaires de Russie ont présenté deux amendements qui, dans leur pensée, n'altèrent pas, en principe, les modifications proposées par la Grande Bretagne au Traité de San Stéfano, mais qui, cependant, malgré leur modération, n'ont pas été accueillies par leurs collègues Anglais. Revenant sur l'ensemble des pourparlers qui se sont poursuivis depuis quelques jours, son Excellence constate que les Plénipotentiaires de Russie ont accepté le partage de la Bulgarie par la ligne des Balcans, malgré les objections sérieuses que présente cette division nuisible sous beaucoup de rapports; la substitution du nom de Roumélie Orientale à celui de Bulgarie du Sud, tout en se réservant sur ce dernier point, concédé par eux à regret, toute liberté de discussion ultérieure au Congrès; on a considéré le maintien du mot "Bulgarie" comme un drapeau, comme un appoint à des aspirations dangereuses; c'est avec peine qu'ils ont, pour ainsi dire, démarqué une partie de la population d'un nom qui lui appartient. Ils ont également consenti à éloigner de la Mer Égée les limites de la nouvelle province. On a craint que la Bulgarie ne devienne une Puissance navale. Ces craintes leur paraissent illusoires, mais ils ont consenti néanmoins à ce changement de frontières. Ils ont de plus admis sur la frontière occidentale de la Bulgarie une rectification qu'ils considèrent comme une mutilation, puisqu'elle divise des populations Bulgares compactes. Cela était demandé en vue de certaines considérations stratégiques et commerciales qui ne concernaient pas la Bulgarie et lui étaient plutôt préjudiciables. Ils ont consenti à rectifier les frontières méridionales vers la Mer Noire, en abandonnant ainsi les limites tracées par le Traité de San Stéfano, et en reculant même celles de la Conférence de Constantinople. Enfin, ils ont donné au Sultan la garde des frontières de la Roumélie Orientale. Aux yeux du Comte Schouvaloff, les demandes qui lui ont été proposées avaient en réalité pour objet de protéger le fort contre le faible, de protéger l'Empire Ottoman dont les armées, avec un courage auquel son Excellence se plaît à rendre hommage, ont résisté pendant de longs mois à l'armée Russe, contre les agressions éventuelles d'une province qui ne compte pas encore un seul soldat. Quoiqu'il en soit, les Plénipotentiaires Russes les ont acceptées ; mais, à leur tour, ils se croient en droit de demander que le faible soit défendu contre le fort, et tel est le but des deux amendements qu'ils ont présentés, et dont voici le texte :—

"Les Plénipotentiaires de Russie sont autorisés à accepter les points suivants :—

"1. Le Sultan aura le droit de pourvoir à la défense des frontières de terre et de mer de la province, et celui de pouvoir y tenir des troupes, et de les y fortifier.

"2. L'ordre intérieur de la Roumélie Orientale sera maintenu par des milices, dont les officiers seront nommés par le Sultan, qui tiendra compte de la religion de la population.

"Les Plénipotentiaires de Russie pensent toutefois que le principe sur lequel on est d'accord, que l'intérieur de la Roumélie Orientale ne soit occupé que par des milices indigènes, devrait être sauvegardé. Il ne pourrait l'être, selon leur opinion, que si une Commission Européenne était chargée de fixer les points que le Gouvernement Ottoman pourraient occuper sur ses frontières, et la force approximative de ces occupations.

"Les Plénipotentiaires de Russie sont également autorisés à accepter le point relatif au droit du Gouverneur-Général d'appeler des troupes Ottomanes dans les cas où la sécurité intérieure ou extérieure se trouvait menacée.

"Mais ils croient nécessaire de ne point se départir du principe que le Congrès statue sur les cas et le mode de l'entrée des troupes Ottomanes dans la Roumélie Orientale. Ils demandent en conséquence que le Congrès discute cette éventualité; car si elle se présentait, elle serait un sujet d'alarmes pour l'Europe. Ils croient utile que le futur Gouverneur-Général reconnaisse l'importance d'une pareille mesure et qu'il sache qu'elle a été l'objet de la sollicitude de l'Europe."

Le Comte Schouvaloff ajoute que ces réserves ne changent en rien les principes admis par les Plénipotentiaires de la Grande Bretagne; mais considérant que les institutions autonomes et garanties auxquelles ses collègues d'Angleterre ont fait allusion ne sauraient, en réalité, préserver la Province Bulgare contre les excès de la soldatesque, des institutions seules, quelque bonnes qu'elles soient, n'ayant jamais garanti un peuple lorsque ces institutions restaient à la garde d'une force militaire dont l'intérêt national n'était pas de les maintenir et de les sauvegarder, son Excellence insiste pour l'adoption des mesures de précaution, très modérées d'ailleurs, et espère qu'elles obtiendront le suffrage de l'Europe.

Lord Beaconsfield pense que le Congrès doit être satisfait du résultat des délibérations particulières qui viennent d'avoir lieu et de l'état où la question se trouve actuellement. Il demeure, en effet, établi, d'un assentiment unanime, que le Sultan, comme Membre du Corps Politique de l'Europe, doit jouir d'une position qui lui assure le respect de ses droits souverains. Ce point est obtenu par les deux résolutions soumises au Congrès par Lord Salisbury et qui donnent au Sultan :—

1. Une frontière réelle.
2. Un pouvoir militaire et politique suffisant pour qu'il soit en mesure de maintenir son autorité et de protéger la vie et les biens de ses sujets.

Son Excellence craint que les amendements présentés par MM. les Plénipotentiaires de Russie n'atténuent la portée de ces deux résolutions. Il regarde d'abord l'institution d'une Commission Européenne comme une atteinte évidente portée au droit du Souverain.

Le pouvoir du Sultan ne saurait être respecté si le Gouvernement Ottoman se trouvait entravé dans la défense éventuelle de sa frontière. En outre, les points stratégiques qui seraient fixés par une Commission Européenne ne pourraient être durables, eu égard aux modifications qui se produisent sans cesse dans la portée des armes de guerre. Son Excellence espère vivement que le Congrès ne sanctionnera pas cette proposition des Plénipotentiaires Russes. Quant au second amendement, son Excellence le regarde comme encore plus difficile à admettre que le premier, et ne comprendrait point qu'un Gouverneur-Général, au fond seul juge compétent des circonstances, ne pût invoquer au besoin le concours des troupes que d'après des règles tracées d'avance par le Congrès.

Le Comte Andrássy, invité par le Président à faire connaître son sentiment, se borne à rappeler que le Gouvernement Austro-Hongrois a uniquement en vue la création d'un état de choses qui donne le plus de chance possible de durée et de stabilité. Dans cet ordre d'idées il juge la proposition Anglaise suffisante, et l'accepte en gardant la faculté d'apprécier, s'il y a lieu, dans une discussion ultérieure les amendements des Plénipotentiaires de Russie.

Le Comte Schouvaloff répondant aux observations de Lord Beaconsfield relatives aux restrictions qui seraient apportées au pouvoir politique et militaire du Sultan, exprime la pensée que la situation de la province dont il s'agit étant anormale, elle ne pourrait être réglée d'après des principes absolus. Son Excellence maintient que les précautions demandées par les Plénipotentiaires Russes ne sauraient pas plus que l'institution de la milice, déjà admise, porter atteinte à la dignité du Gouvernement Ottoman.

Ce que le Gouvernement Russe désire seulement, c'est de trouver une solution qui empêche le retour des excès dont la Bulgarie a été le théâtre, et le Comte Schouvaloff pense que le devoir de l'Europe est d'empêcher que cette province ne devienne le théâtre de représailles.

Le Président ayant demandé son sentiment à Carathéodory Pacha, le Premier Plénipotentiaire de Turquie déclare que cette proposition est présentée pour la première fois, et qu'il désirerait se réserver de faire entendre plus tard ses observations.

Le Prince de Bismarck fait remarquer que le Congrès est prêt à écouter aujourd'hui les considérations de M. le Plénipotentiaire Ottoman. Son Altesse Sérénissime croit devoir ajouter qu'il ne peut pas être dans l'intérêt de la Sublime Porte de créer des difficultés au progrès de discussions qui, dans l'intention de la haute assemblée, pourraient rendre à l'autorité du Sultan des contrées auxquelles la Turquie avait renoncé par le Traité de San Stéfano. Tous les Gouvernements participent à ces délibérations dans l'intérêt de la paix générale : l'opinion publique de l'Europe, qui veut la paix, sera reconnaissante aux Puissances qui auront contribué à l'assurer, mais verrait avec regret que cette tâche fût rendue plus difficile au Congrès. Son Altesse Sérénissime croit exprimer la pensée des Puissances neutres et désintéressées en se déclarant contraire à toute proposition qui serait de nature à ralentir les travaux de la haute assemblée. Le Prince de Bismarck espère que dès aujourd'hui l'accord se fera sur les propositions Anglaises, et qu'on pourra les adopter en principe sauf examen subséquent des amendements Russes.

Carathéodory Pacha dit que son but en effet est de faciliter la tâche du Congrès, et qu'il est reconnaissant à son Altesse Sérénissime de son désir de hâter une solution. Il voudrait simplement rappeler que les Bulgares sont depuis plusieurs siècles de fidèles et tranquilles sujets de l'Empire. L'agitation ne s'est manifestée parmi eux que depuis quelques années, à la suite de certains différends religieux. La Porte a fait son possible pour atténuer les difficultés qui avaient surgi. Sous le rapport matériel, de grands progrès ont été réalisés dans les provinces Bulgares, des chemins de fer y ont été établis, l'agriculture s'y est développée, et la bonne harmonie entre les divers groupes de population s'était maintenue jusqu'à ces derniers temps.

Mehemed Ali Pacha ajoute qu'à son avis, contrairement à l'opinion émise par le Comte Schouvaloff, ce n'est pas la milice locale, mais la gendarmerie, qui doit être chargée de sauvegarder la tranquillité publique. Son Excellence propose que désormais l'élément Chrétien soit admis dans la gendarmerie avec des conditions satisfaisantes pour l'avancement des sous-officiers et officiers. D'autre part, la restriction opposée au droit de garnison dans le pays serait, aux yeux des populations, tout à fait regrettable : l'armée régulière Ottomane a toujours exactement fait son devoir.

Le Comte Schouvaloff répond que la mission de la gendarmerie n'est pas la même que celle de la milice. La première est chargée du maintien de l'ordre et de la sécurité ; la seconde est appelée à faire le service de l'armée régulière. Son Excellence comprend d'ailleurs que la milice serait une force Ottomane et non pas une force Turque.

Mehemed Ali Pacha objecte que cette milice, composée de Chrétiens et de Musulmans, n'aura pas la même homogénéité que l'armée régulière. Il craint que cette formation ne trouble les institutions militaires de l'Empire.

Lord Salisbury demande si dans les autres États Européens il existe une milice dans le sens attribué à ce terme en Angleterre.

Le Prince de Bismarck pense que la landwehr en Allemagne, l'armée territoriale en France, peuvent être considérées comme une milice. Sans être certain du véritable sens de ce mot en Français, son Altesse Sérénissime regarde comme milice une troupe qui, dans l'état régulier, est dans ses foyers et qui n'est assemblée, dans des circonstances extraordinaires, que sur un ordre exprès du Souverain. La milice dont il est question ici serait une troupe sédentaire et territoriale, organisée surtout pour éviter le contact de l'armée régulière Turque avec la population Chrétienne. Selon l'avis du Prince de Bismarck la condition faite aux Chrétiens dans l'armée Turque n'est pas de nature à encourager leur engagement : l'armée régulière gardera, par la force des choses, toujours un caractère essentiellement Musulman. La milice sera, en temps de paix, une troupe destinée à garantir la tranquillité publique ; elle pourra, en temps de guerre, renforcer l'armée du Sultan.

Son Altesse Sérénissime croit de son devoir d'ajouter que dans cette question il ne peut, comme Plénipotentiaire Allemand, demeurer tout à fait neutre. Les instructions qu'il a reçues de l'Empereur son auguste Maître avant l'ouverture du Congrès lui prescrivent de contribuer à maintenir aux Chrétiens au moins le degré de protection que la Conférence de Constantinople avait voulu leur assurer, et de ne consentir à aucun arrangement qui atténuerait les résultats obtenus pour cet important objet. Il est d'avis d'éviter les cantonnements des troupes Musulmanes partout où il y a différence de religion : il admet les villes de garnison, mais repousse l'établissement de l'armée en rase campagne où les fonctions militaires en temps de paix lui paraissent devoir être réservées à la milice. Son Altesse Sérénissime accueille donc avec sympathie les amendements Russes et regretterait qu'ils fussent repoussés, craignant, s'ils n'étaient point admis, le renouvellement, dans un temps plus ou moins rapproché, des incidents qui ont failli compromettre la paix du monde. Le second amendement ne serait d'ailleurs qu'un avertissement à donner à la Porte ; le Prince de Bismarck croit qu'il y a au surplus des dispositions analogues dans les institutions du Liban et dans le régime des Colonies Anglaises.

Le Président, en revenant à l'ordre du jour, propose ensuite que la haute assemblée commence par constater son accord sur les principes indiqués par l'Angleterre dans la seconde séance (Protocole 2, page 898), en réservant la faculté d'y introduire les détails de rédaction sur lesquels les Représentants des Puissances plus spécialement intéressées se sont entendus. Le Congrès pourrait, en second lieu, prononcer son adhésion au texte dont Lord Salisbury vient de donner lecture dans la séance d'aujourd'hui, et charger un de ses membres, M. Waddington, de préparer une rédaction qui mettrait d'accord la fin de ce même texte avec les amendements de la Russie.

Après un échange d'idées entre les Plénipotentiaires de Grande Bretagne, d'Autriche-Hongrie, et de Russie, cette procédure est approuvée, et le Président donne lecture du texte de la proposition Anglaise contenue dans le Protocole 2 (page 898) en faisant remarquer que l'accession du Sandjak de Sophia à la Bulgare autonome demeure entendue, conformément à l'accord établi précédemment entre les Représentants d'Autriche-Hongrie, de Grande Bretagne et de Russie.

Le Congrès adopte à l'unanimité les principes posés dans les Nos. 1 et 2 de la proposition Anglaise.

Le Président passe ensuite à la lecture du texte lu par Lord Salisbury dans la présente séance, en avertissant qu'il s'arrêtera dès qu'une objection constatera que la haute assemblée a cessé d'être unanime.

En lisant le second alinéa, son Altesse Sérénissime constate qu'en présence de l'alternative posée dans ce passage, les Représentants de la Russie ont choisi l'accession de Varna à la Bulgarie autonome.

Lord Salisbury déclare que dans les pourparlers qui ont eu lieu entre les Plénipotentiaires Anglais et Russes, il a proposé de laisser Varna à la Roumélie, mais que ses collègues Russes n'ont pas cru pouvoir y adhérer. Les Plénipotentiaires de Russie constatent en effet que l'échange du Sandjak de Sophia contre Varna est écarté par leur Gouvernement, mais qu'ils admettent la combinaison de l'échange du Sandjak de Sophia contre une rectification de la frontière occidentale.

Le Président continue la lecture jusqu'aux mots "les y fortifier."

Le Comte Schouvaloff ayant faite remarquer que c'est relativement à ce point que les Plénipotentiaires Russes ont proposé l'établissement d'une Commission Européenne, le Président demande à son Excellence s'il insiste pour l'insertion de l'amendement ou bien s'il consent à accepter le document Anglais, en attendant la rédaction d'un nouveau texte qui doit être préparé pour tenir compte des amendements.

Le Comte Schouvaloff y consentirait, mais en subordonnant son assentiment au droit de revenir ensuite à ses amendements. Car s'ils étaient rejetés, il devrait d'abord en référer à son Gouvernement.

Le Président déclare qu'en effet il est entendu qu'on reviendra à l'amendement dans la prochaine séance en discutant la nouvelle rédaction qui doit être préparée par M. Waddington.

La haute assemblée étant unanimement d'avis que l'acceptation du texte Anglais ne préjuge point l'amendement Russe, le Comte Schouvaloff adhère au paragraphe qu'on vient de lire, mais sous les réserves formelles qu'il a précédemment formulées; une adhésion définitive excéderait, en effet, ses pleins-pouvoirs.

Le Président considère comme accepté le texte dont il a donné lecture jusqu'aux mots "les y fortifier" et continue de lire jusqu'au mot "menacée." Son Altesse Sérénissime fait observer qu'ici se placerait le second amendement Russe, qui ne lui paraît d'ailleurs offrir aucune difficulté en principe. Il fait appel à M. le Premier Plénipotentiaire de France pour une rédaction qui permette tout à la fois de maintenir le vote actuel et de satisfaire au désir exprimé par les amendements du Comte Schouvaloff.

En terminant, et après avoir recueilli l'assentiment de la haute assemblée, le Prince de Bismarck déclare que le vote donné par le Congrès sur le dernier document qu'il vient de lire, combiné avec le vote définitif des premières propositions Anglaises consignées dans le Protocole 2, constitue un sensible progrès dans la marche générale des travaux.

M. Waddington dit qu'en acceptant la tâche que le Congrès lui confie, il désire bien constater qu'il ne l'accepte que comme une mission de conciliation. En présence de l'entente établie sur les points principaux, il ne s'agit que d'un travail destiné à faciliter l'œuvre du Congrès, et c'est à ce titre qu'il consent à s'en charger sans engager quant à présent l'opinion de son Gouvernement.

Le Président consulte le Congrès sur l'ordre du jour de la séance prochaine fixée à Lundi 24 Juin. La proposition du Comte Andrássy de suivre en ce moment l'ordre des paragraphes du Traité de San Stéfano relatifs aux affaires de Bulgarie étant acceptée, son Altesse Sérénissime annonce qu'après la discussion du travail de rédaction préparé par M. Waddington, l'ordre du jour portera les Articles VII et VIII du Traité.

La séance est levée à 4 heures et demie.

[Suivent les Signatures.]

Protocole No. 5.—Séance du 24 *Juin,* 1878.

Étaient présents :

Pour l'Allemagne—le Prince de Bismarck, M. de Bülow, le Prince de Hohenlohe-Schillingsfürst.

Pour l'Autriche-Hongrie—le Comte Andrássy, le Comte Károlyi, le Baron de Haymerle ;

Pour la France—M. Waddington, le Comte de Saint-Vallier, M. Desprez ;

Pour la Grande Bretagne—le Comte de Beaconsfield, le Marquis de Salisbury, Lord Odo Russell ;

Pour l'Italie—le Comte Corti, le Comte de Launay ;

Pour la Russie—le Comte Schouvaloff, M. d'Oubril ;

Pour la Turquie—Alexandre Carathéodory Pacha, Mehemed Ali Pacha, Sadoullah Bey.

La séance est ouverte à 1 heure et demie.

M. l'Ambassadeur de Russie présente à la haute assemblée les excuses du Prince Gortchacow que l'état de sa santé empêche d'assister à la séance de ce jour.

Le Protocole No. 4 est adopté.

Lord Salisbury fait observer que dans la pensée du Gouvernement Anglais et sans engager l'opinion du Congrès, les mots " le Sandjak de Sophia avec rectification stratégique des frontières" veulent dire cette partie du Sandjak de Sophia qui se trouve dans le bassin de la Rivière Iskra.

Le Comte Schouvaloff ne peut en ce moment discuter ce point, mais se borne à rappeler que Lord Salisbury a déclaré que son opinion à cet égard n'engageait en rien celle du Congrès.

Le Président donne ensuite lecture de la liste des pétitions No. 4. Son Altesse Sérénissime ajoute que le Ministre des Affaires Étrangères de Grèce lui a demandé un entretien : en répondant à M. Delyannis, le Prince de Bismarck ne croit pas devoir passer sous silence la résolution prise par le Congrès au sujet de la représentation de la Grèce.

M. Desprez pense en effet que le Gouvernement Grec doit être informé dès à présent de la décision de la haute assemblée afin de pouvoir désigner son Représentant.

Cet avis ayant réuni l'assentiment général, le Congrès aborde son ordre du jour, qui est la suite de la discussion de l'Article VI du Traité de San Stéfano et l'examen de la rédaction qui doit être présentée par M. Waddington.

M. Waddington fait savoir qu'il s'est entretenu à ce sujet avec les Plénipotentiaires Anglais, mais n'a pu avoir encore de conférence avec ses collègues de Russie. Son Excellence ne saurait donc soumettre au Congrès une rédaction définitive, et demande l'ajournement de cette discussion à la prochaine séance.

Le Président dit qu'en effet la tâche entreprise par M. le Premier Plénipotentiaire de France est assez ardue pour qu'un ajournement soit nécessaire et ne diminue en rien la reconnaissance du Congrès pour les efforts de M. Waddington. Cette discussion sera donc portée au prochain ordre du jour.

M. Waddington donne lecture de deux Articles Additionnels proposés par les Plénipotentiaires de France, et dont voici le texte :—

"Art. I. Tous les sujets Bulgares, quelle que soit leur religion, jouiront d'une complète égalité de droits. Ils pourront concourir à tous les emplois publics, fonctions, et honneurs, et la différence de croyance ne pourra leur être opposée comme un motif d'exclusion.

"L'exercice et la pratique extérieure de tous les cultes seront entièrement libres, et aucune entrave ne pourra être apportée soit à l'organisation hiérarchique des différentes communions, soit à leurs rapports avec leurs chefs spirituels.

"II. Une pleine et entière liberté est assurée aux religieux et évêques Catholiques étrangers pour l'exercice de leur culte en Bulgarie et dans la Roumélie Orientale. Ils seront maintenus dans l'exercice de leurs droits et privilèges, et leurs propriétés seront respectées."

Le Président dit que ces deux propositions seront imprimées, distribuées, et placées à un ordre du jour ultérieur.

Après un échange d'observations entre le Comte Schouvaloff et M. Waddington sur la portée des deux propositions de M. le Premier Plénipotentiaire de France, il demeure entendu que la première s'applique à la Bulgarie, et l'autre à la Bulgarie et à la Roumélie Orientale ensemble.

Le Comte Corti, au nom des Plénipotentiaires d'Autriche-Hongrie, de France et d'Italie, lit la proposition suivante d'un autre Article Additionnel :—

"Les Plénipotentiaires d'Autriche-Hongrie, de France, et d'Italie proposent d'ajouter aux stipulations relatives à la Bulgarie ce qui suit :

"Les Traités de Commerce et de Navigation, ainsi que toutes les Conventions et arrangements internationaux conclus avec la Porte tels qu'ils sont en vigueur aujourd'hui, seront maintenus en Bulgarie et dans la Roumélie Orientale, et aucun changement n'y sera apporté vis-à-vis d'aucune Puissance avant qu'elle n'y donne son consentement.

"Aucun droit de transit ne sera prélevé en Bulgarie et dans la Roumélie Orientale sur les marchandises traversant ce pays.

"Les nationaux et le commerce de toutes les Puissances y seront traités sur le pied d'une parfaite égalité.

"Les immunités et privilèges des sujets étrangers, ainsi que la juridiction et le droit de protection Consulaires, tels qu'ils ont été établis par les Capitulations et usages, resteront en pleine vigueur."

La proposition des Plénipotentiaires d'Autriche-Hongrie, de France, et d'Italie sera également imprimée et distribuée.

Lord Salisbury ayant demandé que cette proposition ne soit discutée que dans une séance ultérieure, et le Comte Corti ayant donné son assentiment, le Prince de Bismarck pense qu'en effet l'on doit terminer d'abord les questions qui peuvent amener un désaccord entre les Cabinets ; quant à celles qui visent un progrès dans la civilisation et contre lesquelles nul Cabinet n'aura sans doute d'objection en principe, il pense que les auteurs des propositions dont il s'agit doivent être laissés libres d'indiquer le moment qui leur paraîtra le plus convenable pour les introduire devant la haute assemblée.

L'examen des propositions qui viennent d'être lues demeure donc réservé.

Carathéodory Pacha lit ensuite une proposition relative à l'organisation de la Bulgarie au point de vue financier et qui se rapporte à l'Article IX du Traité de San Stéfano :—

"Indépendamment du tribut, la Principauté de Bulgarie supportera une part des dettes de l'Empire proportionnelle à ses revenus."

Le Président dit que cette proposition sera de même imprimée et distribuée.

Son Altesse Sérénissime croit qu'on peut s'écarter aujourd'hui de l'Article VI, auquel on reviendra plus tard quand il s'agira de discuter la rédaction préparée par M. Waddington, et procède à la lecture de l'Article VII.

Sur le premier alinéa ainsi conçu—

"Le Prince de Bulgarie sera librement élu par la population, et confirmé par la Sublime Porte avec l'assentiment des Puissances,"

Lord Salisbury relève le mot "assentiment des Puissances," et demande s'il s'agit de l'assentiment unanime des Puissances ou seulement de la majorité.

Le Comte Schouvaloff invoque le principe d'après lequel le Congrès n'est pas obligé par la majorité, mais uniquement par l'unanimité de ses membres. Si donc les Puissances ne sont pas d'accord sur le choix du personnage qui serait élu Prince de Bulgarie, l'élection ne serait pas valable.

Lord Salisbury ayant fait observer qu'alors la Bulgarie se trouverait sans Gouvernement, le Comte Schouvaloff dit qu'il ne peut répondre des éventualités de l'avenir et qu'il doit se borner à affirmer que la Bulgarie ne deviendrait pas une annexe Russe.

Lord Salisbury insiste sur la crainte de voir, dans cette hypothèse, le pays livré à l'anarchie.

Le Prince de Bismarck dit que des difficultés analogues pourraient aussi bien se présenter dans toutes les autres éventualités prévues par l'Article VII. Son Altesse Sérénissime pense que le Congrès est hors d'état de remédier à tous ces dangers : si les populations Bulgares, par mauvaise volonté ou inaptitude naturelle, ne peuvent entrer dans l'exercice de leurs nouvelles institutions, l'Europe en effet devra aviser, mais plus tard et quand le moment sera venu. Pour aujourd'hui, le Congrès, selon l'avis de son Altesse Sérénissime, devrait se borner à amener la bonne entente entre les Puissances sur les questions de principe, à écarter du Traité de San Stéfano les stipulations qui pourraient créer un danger pour le maintien de la paix en Europe. Ce serait étendre la tâche du Congrès au delà de ses limites que de viser des questions éventuelles touchant le sort futur de la Bulgarie qui n'intéresse l'Allemagne, et, sans doute, quelques unes des Puissances représentées ici, qu'au point de vue de la paix générale.

Lord Salisbury tient à constater que l'Angleterre n'est pas responsable des difficultés qui pourront se produire dans l'avenir. Il demande que le mot de "majorité des Puissances" soit substitué à celui de "l'assentiment."

Le Comte Schouvaloff regrette les inquiétudes manifestées par son collègue d'Angleterre. Il ajoute que Lord Salisbury paraît supposer chez le Gouvernement Impérial l'intention de réserver son assentiment dans le but de maintenir plus longtemps l'administration des Commissaires Russes. Ne lui serait-il pas permis, à son tour, de s'inquiéter des intentions de l'Angleterre et de lui prêter—ce qu'il est loin de faire d'ailleurs—le désir de ne pas donner son assentiment en vue d'empêcher l'élection du Prince ? Le mot "d'assentiment" inséré dans l'Article paraît à son Excellence une garantie pour l'Europe contre toute pensée d'influence spéciale exercée par la Russie. D'autre part le principe de la majorité en Congrès ne lui semble pas compatible avec la dignité de la Russie et de l'Angleterre. Son Excellence répète que son Gouvernement ne patronne aucun candidat, n'en a aucun en vue, serait même fort embarrassé de répondre aux questions qui lui seraient posées sur une candidature quelconque, et désire seulement l'entière liberté de l'élection.

Le Président ayant demandé à Lord Salisbury s'il insiste sur sa proposition, M. le Plénipotentiaire d'Angleterre répond qu'il a cru de son devoir de la faire, mais que si elle n'est pas accueillie, il lui suffira qu'elle soit indiquée au Protocole.

Le Prince de Bismarck sollicite l'opinion du Congrès sur la suppression des mots " assentiment des Puissances."

Le Comte Andrássy voudrait espérer qu'il a rencontré une solution pratique dans la proposition qu'il demande à soumettre au Congrès. Son Excellence est, d'un côté, frappé avec Lord Salisbury du danger de laisser éventuellement la Bulgarie sans Prince ; mais, d'un autre côté, le Premier Plénipotentiaire d'Autriche-Hongrie croit avec le Comte Schouvaloff que la suppression de l'assentiment des Puissances diminuerait la garantie de l'Europe. Il regarde également que le principe de la majorité serait difficile à mettre en pratique. L'essentiel, à ses yeux, est de bien établir que dans les cas de non-réussite de l'élection, les intérêts Européens doivent être représentés dans ces contrées aussi bien que les intérêts Russes. C'est dans ce but qu'il a rédigé la motion dont il donne lecture :—

" Considérant qu'à la suite d'un commun accord, la Commission Russo-Turque, qui, en vertu de l'Article VI du Traité Préliminaire de San Stéfano, aurait eu à tracer les frontières définitives de la Principauté Bulgare, sera remplacée par une Commission Européenne, et que, dans la pensée de tous les Gouvernements représentés au Congrès, cette substitution offre un mode pratique pour concilier la divergence éventuelle des intérêts respectifs ;

" Considérant, d'autre part, qu'il a été constaté que l'amélioration du sort des Chrétiens dans la presqu'île des Balkans est un but commun à toutes les Puissances, je ne crois pas qu'il soit besoin d'appuyer par d'autres motifs encore la proposition suivante que j'ai l'honneur de soumettre à l'appréciation de la haute assemblée, à savoir :

" Que le Congrès veuille bien admettre en principe que les fonctions assignées, par différents Articles du Traité Préliminaire concernant la Bulgarie, à des Commissions ou à des Commissaires Russes, ou Russes et Ottomans, soient transférées à des Commissions ou à des Commissaires Européens.

" Si ce principe est admis, je pense que nous pourrions confier à la Sous-Commission qui sera probablement chargée de la rédaction définitive du résultat de nos travaux, le soin d'introduire dans le texte des Articles respectifs les modifications nécessaires."

Le Comte Schouvaloff croit que le Comte Andrássy préjuge dans le document qu'il vient de lire une question non encore discutée, celle des Commissions Européennes. Jusqu'à présent on n'a admis que des Commissions de Délimitation et non de Gouvernement. En tout cas, se référant à la procédure adoptée par le Congrès, il déclare ne pouvoir discuter en ce moment une proposition dont il n'a pu étudier les termes, et demande le renvoi à la séance prochaine.

Son Excellence fait remarquer incidemment que, d'après ses entretiens avec ses collègues Anglais, il supposait que leur attention serait plutôt portée sur la Roumélie que sur la Bulgarie autonome du moment qu'il était, d'ailleurs, bien entendu que cette dernière province ne deviendrait pas une annexe de la Russie.

Le Comte Andrássy n'a pas d'objection contre le renvoi à la séance prochaine, pourvu que sa proposition soit insérée au Protocole de la présente séance.

Le Président fait observer, en vue de diminuer la tâche du Congrès, que, dès l'origine des délibérations, la haute assemblée s'est trouvée en présence de deux procédés :—1. Une révision du Traité de San Stéfano dans sa totalité, aboutissant à modifier les dispositions qui peuvent porter préjudice à la paix de l'Europe ; 2. La rédaction d'un nouveau Traité où se trouveraient recueillis les résultats des délibérations du Congrès, et qui lierait les deux Parties Contractantes du Traité de San Stéfano, puisque l'une et l'autre figureraient dans les signataires de ce nouvel instrument diplomatique. Son Altesse Sérénissime incline vers cette dernière combinaison, car il y a dans le Traité de San Stéfano beaucoup de choses qui n'intéressent que la Turquie et la Russie, et auxquelles il est inutile de donner le caractère Européen. Un nouveau Traité dans lequel entreraient seulement les dispositions qui dérogent à celles de San Stéfano lui paraîtrait plus simple et plus pratique. Le travail serait ainsi abrégé, puisque beaucoup d'Articles du Traité de San Stéfano ne seraient point discutés par le Congrès. Ne vaudrait-il pas mieux, pour éviter des discussions académiques, passer sous silence les Articles de cette Convention qui n'affectent pas les intérêts de l'Europe, laisser de côté les questions qui n'ont pas une actualité urgente, ou les réserver, s'il y a lieu, pour des entretiens particuliers entre les Puissances qui y prennent un intérêt spécial ?

Lord Salisbury accepte la proposition de réserver les questions les moins urgentes pour des entretiens particuliers entre les Puissances intéressées, et n'objecte pas à ce que le Président continue la lecture.

Le Prince de Bismarck y consent, mais en ajoutant qu'il ne faudrait pas conclure que le silence du Congrès sur des Articles qui ne le concernent pas transformerait des stipulations purement Russo-Turques en stipulations Européennes. Ce seraient, au contraire, seulement les passages discutés qui devraient prendre place dans le Traité futur consenti par toute l'Europe.

Son Altesse Sérénissime continue la lecture de l'Article VII. Le 3ᵉ alinéa demeure réservé jusqu'à la discussion de la proposition du Comte Andrássy, et le Comte Schouvaloff ayant indiqué que la désignation de Philippopoli pour la réunion des assemblées de notables n'avait de sens que pour la Bulgarie constituée par le Traité de

San Stéfano, il est donné acte à son Excellence de cette déclaration.

La 4e alinéa ayant paru au Comte Andrássy en connexité avec les divers amendements proposés, le Comte Schouvaloff fait remarquer que les dispositions de cet alinéa se rapportent à la loi électorale et non pas aux objets visés par les amendements tels que l'égalité devant la loi ou la liberté des cultes, et M. Waddington pense en effet que la liberté des cultes doit être l'objet d'un Article Additionnel.

Le Président, après avoir terminé sa lecture de l'Article VII, dit que ces stipulations ayant été faites pour la Bulgarie telle qu'elle était définie par le Traité de San Stéfano, il regarde de plus en plus comme nécessaire la rédaction d'un nouveau Traité.

Le Premier Plénipotentiaire d'Autriche-Hongrie ayant constaté que la proposition qu'il a lue au Congrès ne vise que les alinéas 3 et 5 de l'Article VII, le Comte Corti demande s'il est alors entendu que les alinéas 1 et 2 sont adoptés en principe.

Une discussion s'étant engagée sur cette question, il en résulte que les deux premiers et le 4e alinéas de l'Article VIII sont adoptés, que le 3e et le 5e sont réservés en vue de la proposition Austro-Hongroise.

Le Président commence à lire l'Article VIII. Sur le 2e alinéa relatif à l'occupation Russe, le Premier Plénipotentiaire d'Autriche-Hongrie lit l'amendement suivant:—

"Le Gouvernement de Sa Majesté l'Empereur et Roi a été de tout temps pénétré de la conviction que l'œuvre du Congrès ne saurait être couronnée de succès qu'à la condition que la transition de la guerre à la paix définitive soit aussi courte que possible, et que l'état des choses qui succédera à la guerre soit la paix définitive avec tous ses bienfaits.

"Partant de cette conviction, les Plénipotentiaires de Sa Majesté Impériale et Royale se voient obligés d'exprimer certaines appréhensions que leur inspirent les dispositions de l'Article VIII.

"Cet Article stipule l'éloignement entier des troupes Turques de la Principauté de Bulgarie; il contient en même temps la disposition qu'après l'évacuation de la Turquie par les troupes Russes, jusqu'à l'organisation complète d'une milice indigène, un corps d'armée Russe, ne dépassant pas 50,000 hommes, doit occuper la Bulgarie, et que la durée de cette occupation doit être d'environ deux ans.

"Nous sommes loin de méconnaitre la nécessité qu'il y a de pouvoir au maintien de l'ordre dans la nouvelle Principauté, même pendant l'époque de transition entre la conclusion de la paix et l'organisation des pouvoirs civils et militaires indigènes.

"Nous sommes persuadés que le Cabinet de St. Pétersbourg ne

cherchait, par cette occupation, qu'à tenir compte de cette nécessité, et que la mesure en question, ainsi que le Gouvernement Impérial de Russie l'a declaré lui-même à différentes reprises, n'implique pas d'autres vues.

"Aussi le Gouvernement Impérial et Royal ne pense-t-il pas que le Congrès élèverait en principe une objection contre la stipulation en vertu de laquelle, après l'évacuation de la Bulgarie par l'armée Turque, un corps d'armée Russe serait chargé provisoirement du maintien de l'ordre.

"D'un autre côté, les Plénipotentiaires de Sa Majesté l'Empereur et Roi ne sauraient se cacher les inconvénients qu'il y aurait à faire dépendre l'occupation projetée d'un terme difficile à fixer d'avance, tel que l'achèvement de l'organisation de la milice du pays, ou d'un laps de temps aussi éloigné que la durée de deux ans.

"Ils craignent qu'une pareille stipulation ne soit difficile à accorder avec les efforts communs des Hautes Puissances signataires pour le prompt rétablissement d'une paix définitive.

"Tant que les troupes de la Puissance qui a fait la guerre séjourneront sur territoire étranger, l'opinion publique ne considérerait pas les événements de guerre comme entièrement terminés; le crédit public et la prospérité même des pays n'ayant pas pris part à la guerre, resteraient exposés aux oscillations d'un ordre de choses mal défini.

"Le droit ayant été réservé à la Turquie d'occuper militairement ses frontières des Balcans, on ne saurait perdre de vue que les troupes ci-devant ennemies se trouveraient, même après la conclusion de la paix, placées en face les unes des autres.

"La situation de la Roumanie forme également l'objet de nos sérieuses préoccupations. Dans l'Article en question il est stipulée pour les troupes Impériales Russes, dans le but d'assurer leurs communications, le droit de passage à travers la dite Principauté pendant la durée de l'occupation.

"Si la durée de l'occupation restait indéfinie, ou si elle était prolongée à deux ans, cette Principauté se croirait privée de la jouissance de l'indépendance qui lui serait reconnue par l'Europe, et s'en ressentirait comme d'une suspension ou limitation de ses droits.

"Le Gouvernement Impérial et Royal, eu égard à toutes ces considérations, croit qu'il serait dans l'intérêt de toutes les parties qu'il soit fixé un terme précis à l'occupation de la Bulgarie. Il lui semble en outre que le Congrès devrait pourvoir à l'éventualité où, à l'expiration de ce terme, l'état des provinces en question exigerait encore la présence d'une force armée non-indigène.

"Le Gouvernement Impérial et Royal a donc l'honneur de proposer que le Congrès veuille décider:—

"1. La durée de l'occupation de la Principauté de la Bulgarie par les troupes Impériales Russes est fixée à six mois, à dater de la conclusion de la paix définitive.

"2. Le Gouvernement Impérial Russe s'engage à terminer dans un délai ultérieur de deux ou trois mois, ou plus tôt si faire se peut, le passage de ses troupes à travers la Roumanie et l'évacuation complète de cette Principauté.

"3. Si, contre toute prévision, à l'expiration du délai de six mois, la présence des troupes auxiliaires étrangères en Bulgarie était, d'un commun accord, jugée nécessaire, les Grandes Puissances fourniraient des contingents dont l'ensemble serait environ de 10,000 à 15,000 hommes, qui seraient placés sous les ordres de la Commission Européenne, et dont l'entretien sera à la charge du pays occupé."

Le Prince de Bismarck demande si le Congrès est d'avis de discuter aujourd'hui la question soulevée par le Comte Andrássy, et Lord Beaconsfield exprime l'opinion qu'en effet il y a lieu de délibérer séance tenante sur ce point. Son Excellence accepte l'amendement Austro-Hongrois, le considérant comme sage et prudent, et il est autorisé par son Gouvernement à ajouter dès à présent que l'Angleterre est prête à fournir sa part du contingent indiqué par le Comte Andrássy.

Le Comte Schouvaloff se borne à faire trois objections à l'amendement : (1) au point de vue de la rédaction, le texte lu par le Premier Plénipotentiaire d'Autriche-Hongrie lui paraît ne pas tenir compte de la séparation de la Bulgarie par la frontière des Balcans ; (2) le terme de six mois réclamé pour terme de l'occupation lui semble beaucoup trop court ; (3) une occupation mixte offrirait à ses yeux des inconvénients pratiques. Sans s'arrêter à la première objection, toute de forme, son Excellence arrive sur le champ à la seconde, et distingue entre la situation de la Roumélie Orientale et celle de la Bulgarie. En Roumélie, l'occupation pourrait, à la rigueur, être abrégée à six mois ; car en cas de trouble les milices devraient agir, et si elles étaient insuffisantes le Gouverneur-Général ferait intervenir les troupes Ottomanes. En Bulgarie, au contraire, où ne peut entrer aucune force Turque, l'occupation doit être prolongée. Le Comte Schouvaloff désire, à ce sujet, donner au Congrès une idée générale de ce qui a été fait en Bulgarie depuis que l'armée Russe y est entré et de ce qui reste à y faire. La Russie s'est efforcée de changer le moins possible les institutions du pays : le feu Prince Tcherkasky avait été frappé de ce que la législation Turque répondait aux besoins du pays, seulement les lois et règlements n'étaient pas connus des fonctionnaires, qui ne les appliquaient pas. L'Administration Russe a fait élire un Conseil Administratif, un Conseil Municipal, un Conseil Judiciaire dans chaque Caza : les Présidents de ces trois Conseils forment le noyau des futures assemblées de notables, et, pour témoigner de son impartialité, l'Administration compte envoyer avec eux à Tirnovo les cadis des districts Musulmans pour y préparer la loi électorale. Cette loi faite, on procédera aux élections, puis à la rédaction du statut organique, puis enfin à la nomination du Prince. Toute cette organisation demande du temps, la Russie fera ses efforts pour que les choses marchent très-rapidement ; mais enfin il est impossible de laisser la province sans force armée avant qu'un Gouvernement régulier y soit installé. La Russie décline la responsabilité d'une évacuation prématurée. Passant ensuite à sa troisième objection, son Excellence insiste sur les dangers de l'occupation mixte : l'armée Russe, accoutumée au pays, connaissant la langue, cantonnée sur place d'ailleurs, peut rendre immédiatement les services qu'on attend d'elle : il n'en serait pas de même d'une force mixte nécessairement inexpérimentée dans les premiers temps, qu'il faut le temps de réunir d'ailleurs, au risque de laisser dans l'intervalle l'anarchie se développer. Le Comte Schouvaloff regarde en outre comme préférables pour le maintien de l'ordre, des troupes conduites par un chef militaire à une armée placée sous les ordres d'une Commission. Son Excellence redouterait enfin, entre les soldats de ces troupes mixtes, des collisions dont la plupart seraient peu importantes sans doute, mais dont quelques unes pourraient devenir plus graves et prendre même les proportions d'un incident Européen. Enfin il reste encore à savoir si toutes les Puissances agréent à cette proposition de contingent mixte, qui demeure en définitive extrêmement coûteuse et compliquée.

Le Prince de Bismarck partage le sentiment du Comte Schouvaloff, et verrait avec plaisir que ses observations fussent admises par le Congrès. Son Altesse Sérénissime voit bien des difficultés à l'organisation d'une armée faite de cinq ou six contingents de différentes nationalités. En Bulgarie, où l'intervention des troupes Turques n'aura pas lieu, et où l'organisation militaire sera fort lente, il y aurait certainement lieu d'admettre une prolongation du terme indiqué par le Comte Andrássy. Le Gouvernement Allemand appuierait une prolongation sans chercher d'ailleurs à en déterminer l'étendue.

Le Comte Andrássy, répondant à M. le Plénipotentiaire de Russie, reconnaît qu'en effet le premier paragraphe de sa proposition ne distingue pas entre la Bulgarie et la Roumélie Orientale : c'est une erreur de rédaction, mais peu importante au fond, puisque, dans la pensée de son Excellence, le terme de l'occupation doit être le même pour les deux provinces. Passant à la seconde objection le Comte Andrássy remercie le Comte Schouvaloff des détails que son Excellence a donnés au Congrès sur l'organisation de la Bulgarie ;

mais le Premier Plénipotentiaire d'Autriche-Hongrie, appréciant le système simple et pratique de cette organisation, se trouve amené à en conclure que l'occupation peut être abregée sans inconvénient. En tout cas son Excellence ne saurait admettre que la durée d'une occupation militaire fût subordonné à l'achèvement d'une organisation politique : ce serait là une combinaison vague : l'opinion publique réclame une décision précise, une prolongation si l'on veut, mais enfin un terme fixe, et qui lui permette de croire à la paix définitive. Quant à la 3e objection, son Excellence dit que la proposition de troupes mixtes est faite dans le but de hâter une conclusion ; qu'il se rend compte assurément des difficultés de l'envoi de ces troupes, et préférerait s'abstenir de ce moyen s'il en est d'autres, mais il n'est point frappé des inconvénients signalés par le Comte Schouvaloff. Son Excellence demeure persuadée que les troupes des différents pays vivraient en bonne entente. Le Comte Andrássy rappelle enfin les nombreuses pétitions adressées au Congrès relativement aux excès des Bulgares : il croit que le Gouvernement Russe a tout intérêt à être dégagé par l'occupation des troupes mixtes d'une responsabilité aussi grave.

Le Comte Schouvaloff déclare que, pour ne pas prolonger le débat, il consent au terme de neuf mois pour l'évacuation de la Bulgarie et trois mois en sus pour l'évacuation de la Roumanie, de telle sorte qu'au bout d'un an l'armée Russe aurait complètement quitté les deux provinces.

Le Comte Andrássy ayant insisté pour l'évacuation complète en neuf mois, et le Plénipotentiaire de Russie repoussant ce terme, le Premier Plénipotentiaire d'Italie demande si l'on ne pourrait accepter six mois pour la Roumélie ; et quant à la Bulgarie et Roumanie, il serait convenu que l'évacuation commencerait après neuf mois et serait terminée en douze.

Après une observation incidente de Lord Salisbury sur la difficulté d'obtenir des élections libres pendant l'occupation étrangère, et la proposition faite par le Comte Schouvaloff de remettre, si ses collègues Anglais le désirent, l'élection du Prince jusqu'au départ de l'armée Russe, une conversation s'engage entre les Plénipotentiaires sur les divers termes que l'on pourrait assigner à l'occupation.

Le Président dit qu'il ressort de cet échange d'idées que la majorité paraîtrait envisager avec faveur une évacuation graduelle de six mois pour la Roumélie, de neuf pour la Bulgarie, et d'un an pour la Roumanie.

Le Comte de Saint-Vallier fait remarquer qu'en effet le Comte Schouvaloff, en ce qui concerne la Roumélie, a proposé lui-même le terme de six mois. On pourrait donc sur ce point s'en tenir à la proposition de M. le Plénipotentiaire de Russie : quant au seconde terme, l'accord semble fait pour l'évacuation de la Bulgarie en neuf mois, et pour celle de la Roumanie dans l'espace d'un an.

Le Comte Schouvaloff dit qu'il n'a fait la concession de six mois pour la Roumélie que dans l'hypothèse où le terme d'un an serait concédé pour l'évacuation de la Bulgarie et de la Roumanie.

Le Comte de Launay, se référant à des observations présentées par son Altesse Sérénissime le Prince de Bismarck dans la quatrième séance, déclare que l'Italie, elle aussi, exerce un rôle de conciliation. A ce point de vue son Excellence recommande l'adoption d'un délai d'une année pour l'évacuation complète des provinces occupées par les armées Impériales Russes. En suite de la délimitation acceptée par les Plénipotentiaires de Russie pour la Bulgarie et la Roumélie, il y aurait lieu, de la part du Congrès, de se prêter à une transaction, qui, au reste, ne s'écarterait pas d'une manière bien sensible de la proposition faite par le Comte Andrássy.

M. Waddington maintient l'opinion qui a été développée par le Comte de Saint-Vallier, à savoir l'évacuation graduelle. Il y a une distinction à établir entre la Roumélie et la Bulgarie, et le Comte Schouvaloff a reconnu lui-même qu'une prolongation de l'occupation s'expliquerait beaucoup moins dans la première que dans la seconde. Son Excellence ajoute que, Varna restant à la Bulgarie, les troupes Russes trouveront sur ce point des facilités spéciales pour l'évacuation: il serait même très-désirable que la Russie, en adoptant autant que possible cette voie, pût affranchir la Roumanie du passage sur son territoire d'une grande partie de l'armée d'occupation. M. Waddington croit donc devoir maintenir six mois pour la Roumélie, neuf mois pour la Bulgarie, un an pour la Roumanie.

Le Comte Schouvaloff se déclare hors d'état d'accepter cette combinaison, qui excède ses pleins pouvoirs.

Le Président relève que l'Italie et l'Allemagne sont d'accord avec la Russie, que l'Autriche-Hongrie est disposée à se rallier de même. Son Altesse Sérénissime demande s'il ne serait pas possible de réunir encore les suffrages de la France et de l'Angleterre.

Le Comte Andrássy, ayant adhéré formellement au terme de neuf mois pour la Roumélie et la Bulgarie et un an pour la Roumanie, combinaison acceptée par les Plénipotentiaires de Russie, le Comte de Saint Vallier déclare que le point capital étant de maintenir l'harmonie au sein du Congrès, les Plénipotentiaires Français, toujours désireux d'y contribuer, accèdent à l'opinion exprimée par M. le Comte Schouvaloff et qui paraît réunir l'assentiment de la majorité.

Lord Beaconsfield dit qu'il n'a point d'objection si tous les Plénipotentiaires se trouvent d'accord.

Le Président constate que, sur cette question importante, l'entente s'est heureusement établie, et la séance est levée à 4 heures.

[Suivent les Signatures.]

Protocole No. 6.—Séance du 25 Juin, 1878.

Étaient présents:

Pour l'Allemagne—le Prince de Bismarck, M. de Bülow, le Prince de Hohenlohe-Schillingsfürst;

Pour l'Autriche—le Comte Andrássy, le Comte Károlyi, le Baron de Haymerle;

Pour la France—M. Waddington, le Comte de Saint Vallier, M. Desprez;

Pour la Grande Bretagne—le Comte de Beaconsfield, le Marquis de Salisbury, Lord Odo Russell;

Pour l'Italie—le Comte Corti, le Comte de Launay;

Pour la Russie—le Comte Schouvaloff, M. d'Oubril;

Pour la Turquie—Alexandre Carathéodory Pacha, Mehemed Ali Pacha, Sadoullah Bey.

La séance est ouverte à 2 heures et demie.

Le Président annonce que le Protocole No. 5 ne sera lu qu'à la prochaine séance, et après avoir mentionné la liste des pétitions No. 5, indique à l'ordre du jour les deux amendements ajournés hier et dont M. le Premier Plénipotentiaire de France a bien voulu, sur le désir du Congrès, préparer la rédaction.

M. Waddington dit qu'après s'être entendu avec ses collègues de Russie et d'Angleterre, il présente un travail qu'il espère voir agréer par la haute assemblée. Son Excellence donne d'abord lecture du 2e amendement. Ce texte devrait suivre, dans la proposition de Lord Salisbury, le passage ainsi conçu:—

"Le Gouverneur-Général aura le droit d'appeler les troupes Ottomanes dans le cas où la sécurité intérieure ou extérieure se trouverait menacée."

M. le Premier Plénipotentiaire de France propose d'ajouter à cet alinéa le paragraphe suivant:—

"Dans cette éventualité la Sublime Porte devra donner connaissance de cette décision, ainsi que des nécessités qui la justifient, aux Représentants des Puissances à Constantinople."

Le Congrès accepte ce passage à l'unanimité.

M. Waddington donne ensuite lecture du 1er amendement qu'il

propose de substituer au passage de la motion de Lord Salisbury ainsi conçu :—

" L'ordre intérieur est maintenu par la milice, dont les officiers sont nommées par le Sultan, qui tiendra compte de la religion de la population."

Les deux premiers paragraphes, dont voici le texte, sont adoptés par le Congrès :—

" L'ordre intérieur est maintenu par une gendarmerie indigène assistée d'une milice locale.

"Pour la composition de ces deux corps, dont les officiers sont nommés par le Sultan, il sera tenu compte, suivant les localités, de la religion des habitants."

M. Waddington lit le 3e paragraphe suivant :—

"Sa Majesté le Sultan s'engage à n'employer dans les garnisons frontières que des troupes régulières. Les troupes destinées à ce service ne pourront en aucun cas être cantonnés chez l'habitant. Lorsqu'elles traverseront la province, elles ne pourront y faire de séjour."

M. le Premier Plénipotentiaire de France ajoute que ce passage, qui ne s'applique qu'à l'état de paix, vise trois points :—

1. Le Sultan n'emploiera pas de Bachi-Bazouks ;
2. Les soldats ne pourront être cantonnés chez l'habitant : ils devront être logés dans les casernes ou les khans, ou camper sous la tente ;
3. Les troupes ne pourront séjourner dans l'intérieur de la province quand elles se rendront à la frontière pour le service des garnisons.

Sur ces points les Plénipotentiaires Anglais et Russes sont d'accord, mais une divergence subsiste : tandisque le Comte Schouvaloff insiste pour que ces arrangements, acceptés par lui en principe, soient soumis à la surveillance d'une Commission Européenne, les Plénipotentiaires Anglais se refusent à cette combinaison, qui paraît également d'ailleurs aux Plénipotentiaires Français constituer une ingérence trop considérable dans la souveraineté du Sultan. M. Waddington est donc d'avis que le Congrès vote le 3e alinéa, sur lequel l'accord est fait en principe ; le Comte Schouvaloff pourrait ensuite développer son Article Additionnel.

Le Prince de Bismarck partage entièrement l'avis de M. Waddington sur les cantonnements de troupes chez l'habitant.

Le Comte Schouvaloff accepte les alinéas qu'on vient de lire sous réserve d'y ajouter une disposition additionnelle relative à la Commission Européenne. En consentant à laisser au Sultan la faculté d'occuper les places fortes de la frontière et du littoral, le Gouvernement Impérial Russe entendait réserver l'intervention de la Commission Européenne sur les points stratégiques et sur le chiffre des troupes Ottomanes employées à la garde de la frontière. La Russie a renoncé depuis au contrôle des points stratégiques et du chiffre des forces Turques, mais elle craint que les dispositions indiquées dans les documents soumis en ce moment au Congrès ne soient pas mises à exécution sans le concours d'agents spéciaux de l'Europe. Toutefois, ne voulant pas prolonger une discussion sans but dès que les Plénipotentiaires Britanniques se refusent absolument à accepter la Commission Européenne, son Excellence demande à prendre le 3ᵉ alinéa *ad referendum* et donnera réponse à une séance prochaine.

Lord Beaconsfield constate l'heureux résultat obtenu par la rédaction conciliante des Plénipotentiaires Français.

Le Président, après avoir recueilli le vote unanime du Congrès en faveur de l'ensemble de la proposition de M. Waddington, croit devoir, au nom de la haute assemblée, remercier MM. les Plénipotentiaires Français des services qu'ils ont rendus à la cause de la paix en facilitant une entente par le texte qu'ils ont préparé. Son Altesse Sérénissime ajoute que le Protocole reste ouvert pour recevoir ultérieurement, s'il y a lieu, le vote de la Russie sur le 3ᵉ alinéa.

Le Président propose de passer à la discussion de la motion du Comte Andrássy insérée au Protocole de la dernière séance et relative à la substitution des Commissaires Européens aux Commissaires Russes.

Lord Salisbury insiste en faveur de cette proposition, dont il voudrait voir les conclusions mises à exécution le plus promptement possible : il a reçu de l'Ambassadeur d'Angleterre à Constantinople un télégramme qui donne les détails les plus inquiétants sur la conduite du Gouverneur Militaire de Bulgarie, dont les mesures sembleraient prises en vue d'engager l'avenir politique et financier du pays. Son Excellence ajoute qu'il ne veut pas sans doute rejeter la responsabilité de cet état de choses sur le Gouvernement Russe, mais il prie le Congrès de mettre fin un moment plus tôt à cette situation, et surtout de ne pas laisser engager l'avenir de la province.

Le Président est d'avis que la communication qui vient d'être faite par Lord Salisbury devrait être exprimée dans une proposition formulée par écrit, et à la suite d'un échange d'idées entre le Prince de Bismarck et le Second Plénipotentiaire de la Grande Bretagne, Lord Beaconsfield ayant d'ailleurs appuyé l'opinion de son collègue sur les dangers de la situation actuelle dans la Roumélie Orientale, il est entendu que Lord Salisbury remettra au

Secrétariat une proposition écrite pour recommander la prompte adoption de la motion du Comte Andrássy.

Le Comte Schouvaloff désire répondre aux inquiétudes manifestées par le Gouvernement Anglais. La Russie souhaite vivement (1) signer la paix, (2) voir achever l'œuvre de réorganisation, (3) faire cesser l'occupation militaire. Mais pour en arriver à ces résultats, il ne faut pas compliquer la situation et dépasser les limites indiquées par l'intérêt de l'Europe. Il est utile, sans doute, de nommer des Commissions, mais il serait dangereux d'en nommer un trop grand nombre. Dans la Roumélie Orientale, la Russie n'a pas œuvre isolée à faire; l'Europe s'est substituée à elle et peut y agir comme il lui semble opportun: mais en Bulgarie une Commission Européenne ne paraît pas indispensable, et pourrait être utilement remplacée par le contrôle des Consuls en Bulgarie, et, s'il y a lieu, des Représentants Européens à Constantinople. Ce contrôle semble être suffisant à la Russie, et si le Gouvernement Impérial semble se réserver en Bulgarie une part d'action plus directe que les autres Puissances, le Comte Schouvaloff fait remarquer que la Russie a pris aussi une part plus directe à la création de cette nouvelle Principauté autonome.

Le Président constate que dans la pensée du Comte Schouvaloff la Commission serait en réalité la Conférence des Représentants des Grandes Puissances à Constantinople, et que les Consuls seraient les agents de cette Conférence.

Le Comte Schouvaloff ajoute que les Représentants à Constantinople seraient plutôt une cour d'appel entre les Consuls des Puissances et les Commissaires Russes.

Le Comte Andrássy concède à MM. les Plénipotentiaires de Russie que le principe des Commissions n'est pas applicable partout, mais le Comte Schouvaloff va plus loin et se refuse à substituer des Commissions Européennes aux Commissaires Russes dans les cas prévus par l'Article VII. Son Excellence maintient au contraire, pour ces cas, la nécessité de l'intervention de l'Europe. Faisant allusion aux faits indiqués par le télégramme que Lord Salisbury vient de citer, le Comte Andrássy croit que cette intervention est dans l'intérêt même de la Russie. Son Excellence fait ressortir les difficultés techniques de la combinaison présentée par le Comte Schouvaloff: le rôle des Consuls serait malaisé, et quant au contrôle des Ambassadeurs, il faudrait en définir le caractère et la compétence en présence de l'action des Commissaires Russes. Dans un entretien particulier M. le Plénipotentiaire de Russie avait laissé entrevoir un autre procédé, qui serait l'adjonction de deux Commissaires Européens aux Commissaires Russes et Turcs.

Lord Salisbury ne comprend pas que la Russie, qui paraît désirer rendre la Bulgarie aussi indépendante que l'étaient autrefois les autres Principautés autonomes et tributaires, insiste pour le maintien d'un Commissaire Russe. Son Excellence insiste donc sur l'adhésion qu'il a donnée à la proposition du Comte Andrássy.

Le Comte Schouvaloff n'entend pas écarter l'intervention de l'Europe, mais lui donner une autre forme. Quant à l'objection de Lord Salisbury, qui s'étonne que la Russie cherche à maintenir en Bulgarie l'influence d'un Commissaire Russe, son Excellence fait observer que c'est précisément pour répondre au désir du Congrès de voir se terminer rapidement l'organisation de cette Principauté et l'évacuation, que la Russie insiste en faveur de son Commissaire. Si l'on veut que les choses marchent vite, il ne faut pas lier les mains à la Russie. En Roumélie Orientale, si aucun Gouvernement ne se constitue, le Congrès a pourvu à cette éventualité : mais en Bulgarie il n'en est pas de même : il faut y agir rapidement. En se résumant, son Excellence déclare que ce qu'il désire obtenir en Bulgarie, c'est une unité d'action sous le contrôle de l'Europe, et ce qu'il veut éviter, ce sont des institutions collégiales qui accroîtraient les difficultés. Le meilleur moyen, à ses yeux, serait donc le maintien du Commissaire Russe agissant sous le contrôle supérieur des Ambassadeurs Européens à Constantinople, dont les Consuls seraient les agents et les représentants.

Le Comte Andrássy ayant renouvelé ses objections sur le mode de ce contrôle et sur les difficultés de cette intervention des Ambassadeurs et des Consuls, le Comte Schouvaloff demande à présenter par écrit dans la prochaine séance le développement de sa pensée.

Le Président dit que le Congrès attendra un amendement de la Russie sous forme de contre-projet à la proposition Austro-Hongroise.

Lord Salisbury donne lecture de la motion qu'il a précédemment indiquée pour appuyer la proposition du Comte Andrássy et qu'il regarde comme devant être ajoutée à l'Article VII. En voici le texte :—

" Le Gouvernement militaire actuel de la Principauté et de la province en matière administrative et financière sera remplacé sans délai dans la Principauté par le Gouvernement provisoire de la Commission sus-mentionnée et dans la province par le Gouvernement du Sultan."

Le Président croit que cet amendement, dont le Congrès pourra s'occuper dans la prochaine séance, a une portée très-considérable, en ce qu'il touche aux droits de l'occupation militaire garantie pour neuf mois. Au surplus son Altesse Sérénissime, revenant sur une pensée qu'il a déjà eu l'occasion d'exprimer, n'est pas d'avis de discuter en Congrès les questions secondaires. Il regarde, par exemple, celle dont on s'occupé en ce moment comme étant de ce nombre, et il pense qu'en agitant cette question d'assemblée de notables, de Commission Russe et de Commission Européenne, le Congrès sort des limites assignées à sa discussion : il ne voit pas, dans cette délibération de détails, un intérêt Européen. Son Altesse Sérénissime n'a, du reste, que bien peu de confiance dans les discussions auxquelles se livreront les notables. Faisant allusion à l'état de sa santé, qui ne lui permettrait pas d'assister encore à de nombreuses séances, le Prince de Bismarck ajoute qu'il serait d'avis de laisser de côté la question de Bulgarie dès qu'on sera entièrement d'accord sur les grands principes et de s'occuper aussitôt après des autres points les plus importants du Traité de San Stéfano, tels que les remaniements territoriaux et les affaires de navigation. Il compte proposer à la prochaine séance d'effleurer seulement les questions subalternes et de ne discuter longuement que les objets d'une véritable importance Européenne. Le Président n'entend d'ailleurs préjuger en rien le sentiment de ses collègues, et l'opinion qu'il vient d'exprimer lui est entièrement personnelle.

Le Comte Corti ne regarde pas qu'il soit difficile d'établir l'accord entre les opinions des Plénipotentiaires de Russie et d'Autriche-Hongrie. Son Excellence fait remarquer qu'en réalité la Commission de Consuls demandée par le Comte Schouvaloff répond au désir du Comte Andrássy et forme une véritable Commission Européenne, puisque chaque Puissance en nommant son Consul nommerait en même temps son Commissaire. Quant à l'appel porté devant la Conférence des Ambassadeurs à Constantinople, son Excellence a pu juger par l'expérience de semblables réunions que l'entente y est assez difficile à établir, et que cette combinaison ne serait point efficace. Il pense qu'on pourrait se borner à une Commission Consulaire, et, rappelant l'heureux effet de l'intervention du Plénipotentiaire de France dans la question si importante des garnisons Ottomanes, il suggère l'idée de confier de nouveau au Plénipotentiaire d'une Puissance neutre le soin de rechercher les éléments d'une entente entre le Comte Andrássy et son collègue de Russie.

Le Président approuve ce projet, qui rencontre également l'adhésion de la haute assemblée, et le Comte Corti, à la demande du Congrès, consent à examiner, de concert avec les Représentants des trois Puissances plus spécialement intéressées, les modifications à apporter au texte du Traité de San Stéfano dans le sens de la proposition du Comte Andrássy.

Le Congrès passe à la proposition présentée par l'Autriche-Hongrie, la France et l'Italie au sujet du maintien intégral en Bulgarie et en Roumélie Orientale des Traités de Commerce, de Navigation, et Règlements de Transit, conclus avec la Porte. Le texte de ce projet a été inséré au Protocole 5.

Lord Salisbury demande à rayer le mot " Roumélie Orientale," qui lui semble superflu.

Le Prince de Bismarck regarde comme de droit des gens que la Bulgarie reste sous l'autorité des Traités auxquels elle était soumise sous le gouvernement de la Porte.

Le Comte Andrássy désire également voir disparaître le mot " Roumélie Orientale," afin qu'il n'y ait lieu à aucune confusion, et pour qu'il soit bien entendu que cette province ne saurait avoir d'autonomie commerciale comme l'a eue autrefois la Roumanie.

M. Waddington fait remarquer que l'on ignore encore quel régime politique sera établi en Roumélie Orientale, et qu'il y aurait peut-être à craindre qu'une assemblée locale ne se crût en droit de modifier les Traités conclus avec les Puissances. Pour éviter ces malentendus, son Excellence préférerait que le mot " Roumélie Orientale" fût maintenu, et insiste notamment sur le danger de l'intervention d'assemblées locales en matière de droits de transit.

Une discussion s'engage à ce sujet à laquelle prennent part Lord Salisbury, M. Waddington, le Baron de Haymerle, et Carathéodory Pacha. Le Premier Plénipotentiaire de Turquie ayant finalement affirmé que nul droit de transit ne peut être établi sur le territoire de l'Empire sans l'autorisation expresse du Souverain, M. Waddington, prenant acte de cette déclaration, consent à la radiation du mot " Roumélie Orientale" dans le texte de la proposition.

Les quatre premiers alinéas sont acceptés. Sur le cinquième, le Comte Schouvaloff, s'arrêtant aux mots "les capitulations et usages," demande la suppression du mot "usages," comme trop vague et pouvant donner à des abus.

Lord Salisbury et le Comte Andrássy consentent à cette radiation.

M. Desprez dit qu'il est de notoriété que les Capitulations sont insuffisantes, rudimentaires, et n'ont donné que les principes généraux de la juridiction et de la protection Consulaires. Les usages sont le complément nécessaire des droits stipulés dans les Traités. M. Desprez en cite des exemples, et regard comme utile de maintenir le mot "usages."

Le Comte Schouvaloff répond qu'il ne s'agit ici que de la Bulgarie, et rappelle que la Roumanie n'a pas tenu compte des " usages" depuis qu'elle a développé ses institutions judiciaires.

Lord Beaconsfield ne croit pas nécessaire de s'expliquer en ce moment sur les Capitulations, qui sont encore l'objet de diverses négociations : il ne faudra pas les sauvegarder si elles sont inutiles ; il y aurait lieu, sans doute, de leur donner une force additionnelle dans le cas contraire, mais l'impression de son Excellence est qu'elles sont destinés à disparaître. Son Excellence croit donc préférable de supprimer tout le dernier alinéa.

Carathéodory Pacha dit qu'au surplus, sauf les quelques points sur lesquels le Congrès pourrait apporter des modifications, l'état de choses existant dans les autres parties de l'Empire en ce qui concerne les Lois, Traités, et Conventions, restera appliqué dans la Roumélie Orientale.

Après ces déclarations, le Congrès conserve le dernier alinéa de la proposition des trois Puissances en y ajoutant la phrase suivante : " tant qu'ils n'auront pas été modifiés du consentement des parties intéressées."

L'ordre du jour appelle ensuite les deux propositions Françaises insérées dans le Protocole 5, et relatives à la liberté des cultes.

Sur la première, M. Desprez demande la substitution des mots " habitants de la Principauté de Bulgarie " à ceux de " sujets Bulgares ;" cette modification est admise, et la proposition acceptée à l'unanimité. Sur la seconde proposition particulièrement relative aux " évêques et religieux Catholiques," le Comte Schouvaloff propose de substituer à ces mots, " les ecclésiastiques et religieux étrangers."

Lord Salisbury désirerait que la même législation fût, sous ce rapport, établie pour la Roumélie, et pour les autres provinces de la Turquie.

Carathéodory Pacha déclare qu'en effet une proposition concernant le libre exercice du culte dans la province de Roumélie Orientale paraît tout-à-fait superflue, cette province devant être soumise à l'autorité du Sultan, et, par conséquent, aux principes et aux lois communs à toutes les parties de l'Empire, et qui établissent la tolérance pour tous les cultes également.

M. Waddington, prenant acte de ces paroles, annonce l'intention d'introduire quelques changements dans la rédaction de sa proposition, et demande l'ajournement de la discussion à demain.

Le Baron Haymerle donne lecture de la proposition suivante :—

" Les Plénipotentiaires d'Autriche-Hongrie proposent de substituer à la dernière partie de l'alinéa 2 de l'Article IX les dispositions suivantes :—

" La Principauté de Bulgarie assume tous les engagements et obligations que la Sublime Porte a contractés tant envers l'Autriche-Hongrie qu'envers la compagnie pour l'exploitation des chemins de fer de la Turquie d'Europe par rapport à l'achèvement et au raccordement ainsi qu'à l'exploitation des lignes ferrées situées sur son territoire.

" Les Conventions nécessaires pour régler ces questions seront conclues entre l'Autriche-Hongrie, la Porte, la Serbie, et la Principauté de Bulgarie, immédiatement après la conclusion de la paix.

" Il s'entend que les droits et obligations de la Sublime Porte par rapport aux chemins de fer dans la Roumélie Orientale restent intacts."

Le Président remet la discussion de ce projet à la prochaine séance. Son Altesse Sérénissime ajoute qu'il y a encore à l'ordre du jour la proposition Ottomane insérée au 5ème Protocole, et relative à la part proportionnelle que la Bulgarie doit assumer dans la dette Ottomane.

Lord Beaconsfield recommande cette proposition à toute la sollicitude du Congrès ; diverses objections ayant été annoncées par le Comte Schouvaloff, la discussion est remise à demain.

La séance est levée à 5 heures.

[Suivent les Signatures]

Protocole No. 7.—Séance du 26 Juin, 1878.

Étaient présents :

Pour l'Allemagne—le Prince de Bismarck, M. de Bülow, le Prince de Hohenlohe-Schillingsfürst ;

Pour l'Autriche-Hongrie—le Comte Andrásy, le Comte Károlyi, le Baron de Haymerle ;

Pour la France—M. Waddington, le Comte de Saint-Vallier, M. Desprez ;

Pour la Grande Bretagne—le Comte de Beaconsfield, le Marquis de Salisbury, Lord Odo Russell ;

Pour l'Italie—le Comte Corti, le Comte de Launay ;

Pour la Russie—le Prince Gortchacow, le Comte Schouvaloff, M. d'Oubril ;

Pour la Turquie—Alexandre Carathéodory Pacha, Mehemed Ali Pacha, Sadoullah Bey.

La séance est ouverte à 2 heures et demie.

Le Protocole No. 5 est adopté.

Le Président lit la liste No. 6 des pétitions adressées au Congrès.

Le Prince de Bismarck propose, au nom de l'Allemagne, à la haute assemblée de constituer une Commission à laquelle chaque Puissance déléguerait un Plénipotentiaire, et qui serait chargée de préparer un projet de rédaction de toutes les stipulations à insérer dans un nouveau Traité, en tenant compte des résolutions consignées aux Protocoles du Congrès.

Son Altesse Sérénissime prie chaque Puissance de vouloir bien, si cette motion est accueillie, désigner après la séance au Secrétariat le Plénipotentiaire dont elle aurait fait choix pour la représenter au sein de la Commission.

La proposition du Prince de Bismarck est acceptée à l'unanimité.

Le Président ayant fait appel aux communications que les

membres du Congrès auraient à présenter à la haute assemblée, le Prince Gortchacow exprime le vif regret qu'il a éprouvé de ne pouvoir assister aux dernières réunions dans lesquelles a été discutée l'importante question de la Bulgarie. Son absence a été indépendante de sa volonté, mais son Altesse Sérénissime désirerait à propos de cette discussion prononcer aussi brièvement que possible quelques paroles inspirées par l'esprit de conciliation qui le dirige. Lord Beaconsfield, dans une précédente séance, a exprimé le désir que le Sultan fût maître chez lui : son Altesse Sérénissime, comme Lord Beaconsfield, désire que le Sultan soit maître chez lui, mais croit que l'existence de cette autorité dépend de certaines conditions en dehors desquelles le génie même ne saurait accomplir de miracles. Aux yeux de M. le Premier Plénipotentiaire de Russie, ces conditions sont administratives et politiques : il importe, au point de vue administratif, que les habitants des provinces qui n'auront pas été déclarées indépendantes par le Congrès soient assurés de leurs propriétés, de leurs vies, &c., non point par des promesses sur le papier qui pourraient, comme les précédentes, n'être suivies d'aucun effet, et n'empêcher ni abus ni exactions, mais par un concours Européen qui en assure l'efficacité et qui inspire confiance aux populations. Au point de vue politique, le Prince Gortchacow fait observer qu'au lieu d'une prépondérance Anglaise, Française, ou Russe que l'histoire nous montre avoir existée à Constantinople à différentes époques, il voudrait qu'il n'y eût, en Orient, aucune prépondérance quelconque, pas plus pour la Russie que pour un autre État, et désirerait voir substituer à la lutte mesquine et malsaine des amours-propres sur le terrain mouvant de Constantinople, une action collective des Grandes Puissances qui épargnerait à la Porte Ottomane bien des illusions et bien des fautes. Son Altesse Sérénissime usant d'une expression qui paraîtra certainement à tout homme compétent dans l'art de la guerre, justifiée par les héroïques efforts des armées Russes, fait remarquer que la Russie apporte ici des lauriers, et il espère que le Congrès les convertira en branches d'oliviers.

Le Prince Gortchacow ajoute que ses deux collègues dans les dernières séances ont fait de très-grandes concessions au désir de paix qui inspire la Russie comme toute l'Europe. Ils ont présenté à la haute assemblée non pas des phrases, mais des faits. M. le Premier Plénipotentiaire de Russie est persuadé que les membres du Congrès rendent à cet égard pleine justice à son pays. Son Altesse Sérénissime et ses collègues persisteront dans la même voie.

Le Prince Gortchacow écarte donc la pensée qu'une Puissance quelconque veuille s'opposer au grand et beau résultat de la paix qui domine tous les intérêts de l'Europe, en élevant ses demandes jusqu'à des limites que le grand Souverain et la grande nation qu'il représente ne sauraient dépasser. Son Altesse Sérénissime répète qu'il n'admet point la possibilité d'un fait qui serait sévèrement jugé par les contemporains et par l'histoire.

Lord Beaconsfield dit qu'il ressent une vive satisfaction de voir le Prince Gortchacow reprendre sa place au sein du Congrès, et regarde l'éloquent discours de son Altesse Sérénissime comme un heureux témoignage de l'amélioration de sa santé. Son Excellence, rappelant les paroles de M. le Plénipotentiaire de Russie relatives aux sacrifices considérables que le grand Souverain et le grand pays représentés si dignement par son Altesse Sérénissime ont consentis en vue de la paix, se regarde comme pleinement autorisé à dire que lui-même et ses collègues d'Angleterre ont également fait d'importantes concessions dans la même pensée pacifique. La paix est en effet le vœu de l'Europe, et Lord Beaconsfield est heureux de constater, d'après les paroles qu'il vient d'entendre, l'expression désormais unanime de ce sentiment. Mais, pour que ce désir s'accomplisse, l'esprit de conciliation est encore nécessaire: son Excellence n'a d'ailleurs rien de plus à dire sur les considérations présentées par le Prince Gortchacow et qu'il a écoutées avec le plus grand plaisir.

Le Prince de Bismarck est persuadé que l'esprit de conciliation continuera à inspirer le Congrès, et que tous les membres de la haute assemblée se rencontrent dans le même sentiment de devoir suprême, celui de conserver et de consolider la paix de l'Europe. Les progrès obtenus dans les travaux du Congrès font espérer à son Altesse Sérénissime que les Représentants des Puissances atteindront le but que les deux illustres hommes d'état viennent d'indiquer, en exposant l'un et l'autre leurs intentions pacifiques, avec des restrictions dictées par le sentiment de l'honneur national. Ces restrictions, son Altesse Sérénissime n'en doute pas, ne sauraient toucher au fond de l'œuvre du Congrès, et l'honneur national de part et d'autre s'accordera parfaitement avec les dispositions conciliantes. Le Prince de Bismarck fait observer que les États moins directement intéressés dans les questions qui pourraient troubler le repos du monde sont naturellement appelés à faire entendre une voix impartiale en toute circonstance où, pour des motifs secondaires aux yeux de l'Europe, l'objet pacifique des réunions du Congrès se trouverait compromis. C'est dans ce sens que la France, l'Italie, et l'Allemagne feraient appel, s'il était nécessaire, à la sagesse de celles des Puissances amies dont les intérêts se trouvent plus particulièrement engagés. Le Prince de Bismarck termine en disant qu'il serait heureux si dans ses paroles il avait bien rendu la pensée des Gouvernements neutres et impartiaux.

L'ordre du jour appelle la proposition de M. le Premier Plénipotentiaire de Turquie ainsi conçue:—

"Indépendamment du tribut, la Principauté de Bulgarie supportera une part des dettes de l'Empire proportionnelle à ses revenus."

Carathéodory Pacha, pour expliquer l'esprit de sa proposition, donne lecture du document suivant :—

" En proposant qu'indépendamment du tribut la Principauté de Bulgarie supporte une part des dettes de l'Empire proportionnelle à ses revenus, j'ai tenu à remplir ce que je considère comme un devoir vis-à-vis des créanciers de la Turquie.

" Je ne puis nier que les revenus des localités qui constituent la nouvelle Principauté soient affectés explicitement d'une manière générale à toute la dette publique de la Turquie. Pour certains emprunts quelques uns de ces revenus sont même engagés d'une manière spéciale.

" Dans le document porté sur la liste des pétitions adressées au Congrès sous le No. 16, et qui m'a été envoyé directement aussi, les créanciers de la Turquie ont invoqué des précédents puisés dans la pratique du droit public Européen.

" Je m'empresse de reconnaître que l'analogie n'est pas parfaite, puisque les précédents qu'on invoque concernent les territoires qui ont été annexés à des États indépendants ou bien des territoires qui ont été déclarés indépendants, tandis que tout au contraire la Principauté de Bulgarie est seulement autonome. Mais quoique privée des prérogatives de l'indépendance, la Principauté de Bulgarie n'en aura pas moins, en vertu du principe même de son autonomie intérieure, un régime financier, et par conséquent un budget de recettes et de dépenses distinct et séparé, et c'est précisément à raison même de la non-indépendance de la Principauté que peut-être le Congrès croira utile de lever les doutes qui pourraient exister à cet égard.

" La participation de la Principauté de Bulgarie à la dette publique de l'Empire ne saurait se confondre avec le tribut que la Principauté doit payer. Les deux choses sont distinctes. La participation à la dette est simplement la conséquence de la reconnaissance ou plutôt de la simple admission d'un droit du créancier.

" Le tribut, par contre, concerne la Cour Suzeraine. Il représente le lien qui rattache la Principauté à l'Empire ; il est le prix du rachat de la sujétion directe, et il est indépendant de l'existence d'autres dettes passées ou futures. A l'appui de cette manière de voir, je me permets de rappeler aussi que le Gouvernement Impérial de Russie, en stipulant simplement un tribut, avait pensé qu'il n'y avait pas lieu de préciser davantage, pour la raison, disait-il, qu'il aurait peut-être empiété sur des intérêts de tiers.

" La proposition que j'ai eu l'honneur de soumettre au Congrès est formulée dans le même ordre d'idées. Elle laisse intacte la question du tribut; elle ne préjuge rien, elle n'a pour but que la constatation d'un principe."

Le Premier Plénipotentiaire d'Italie demande à soumettre au Congrès une addition au premier alinéa de l'Article IX du Traité de San Stéfano, cette motion étant destinée à compléter la proposition des Plénipotentiaires Ottomans. Voici le texte de cette addition :—

"Lorsqu'on règlera le tribut à payer par la Bulgarie à la Sublime Porte, on prendra en considération la partie de la dette publique qui pourrait être attribuée à la Principauté sur la base d'une équitable proportion."

Le Président reconnaît la justesse de cette proposition, car c'est, en effet, de la question du tribut que dépendra la quotité des obligations de la Bulgarie relativement à la dette publique. Son Altesse Sérénissime considère au surplus que ces deux points connexes devront être traités ultérieurement dans la Commission chargée de régler ces détails qui ne sont pas compris dans la tâche assignée au Congrès.

Le Comte Schouvaloff dit que ces deux objets de discussion étant réservés, il n'a pas d'objections à présenter en ce moment.

M. le Premier Plénipotentiaire de France fait remarquer que la question est extrêmement délicate au point de vue des porteurs de titres de la dette Ottomane. La proposition de Carathéodory Pacha lui paraît préférable à celle du Comte Corti; M. le Plénipotentiaire de Turquie indique clairement en effet son intention de faire supporter à la Bulgarie une part proportionnelle de la dette. M. Waddington prie le Comte Corti de développer sa pensée : M. le Premier Plénipotentiaire Italien entend-il diminuer la garantie proposée par Carathéodory Pacha, ou bien présenter l'équivalent pur et simple de la première proposition ?

Le Comte Corti déclare que son intention est de poser en principe que la Bulgarie doit assumer une part de la dette Turque, mais qu'en même temps il a voulu indiquer—et il se rencontre d'ailleurs sur ce point avec la pensée exprimée par le Prince de Bismarck—qu'il y a une connexité entre la dette publique et le tribut. Son Excellence n'insiste pas quant à la rédaction, cette question étant réservée à une Commission spéciale.

M. Waddington est disposé sans doute à ajourner la question tout entière, mais son Excellence, qui représente ici les intérêts considérables d'un grand nombre de porteurs de titres, persiste à considérer le texte Ottoman comme plus clair que celui de M. le Plénipotentiaire Italien.

Le Président ne voit pas au fond de grandes différences entre les deux projets: la proposition Ottomane pose un principe reconnu également par le Comte Corti, et le Plénipotentiaire Italien se borne à exprimer le désir que la question du tribut soit examinée en même temps que celle de la dette.

Le Comte Schouvaloff préfère accepter le texte Italien, qui laisse à l'Europe la faculté de se prononcer en temps et lieu et en pleine connaissance de cause, tandis que le texte Ottoman se borne à poser un principe que son Excellence ne croit pas acceptable pour tout le monde. Le principe de "la part proportionnelle aux revenus" lui paraît vicieux. Les dépenses n'étant point mentionnées, il s'en suivrait que plus la Bulgarie aurait de dépenses, moins elle participerait à la dette. La proportionnalité aux revenus n'est donc pas une base sûre ; car s'il n'y avait pas d'excédant de revenu, il n'y aurait point de participation.

Le Comte Corti constate qu'il était disposé à voter la proposition Ottomane, et qu'il n'a présenté la sienne que dans le but de réunir les voix de la majorité des Puissances.

M. Waddington ayant demandé si les Plénipotentiaires Russes admettent le principe qu'une part à déterminer ultérieurement sera appliquée à la dette, le Comte Schouvaloff répond que si la volonté de l'Europe le trouvait équitable, la Russie ne s'y opposerait point.

En présence de cette déclaration M. Waddington accepte la rédaction Italienne.

Le Président procède au vote sur la proposition du Comte Corti.

Le Marquis de Salisbury désire qu'il soit constaté au Protocole que l'Angleterre vote pour la proposition Turque, et ne se rallie à la proposition Italienne que si le projet Ottoman n'obtient pas de majorité.

Carathéodory Pacha dit qu'en présence de l'intention du Congrès de tenir compte de la situation qu'il a eu l'honneur de signaler à son attention, il n'insiste pas pour le texte de sa proposition, et accepte le projet Italien, qui ne contient d'ailleurs rien de contraire à sa pensée, puisque, s'agissant de chiffres, l'équité signifie une proportionnalité.

La proposition du Comte Corti est acceptée.

Le Congrès passe à la proposition Austro-Hongroise relative aux chemins de fer Ottomans et dont le texte suit :—

" Les Plénipotentiaires d'Autriche-Hongrie proposent de substituer à la dernière partie de l'alinéa 2 de l'Article IX les dispositions suivantes :

" La Principauté de Bulgarie est substituée pour sa part aux engagements que la Sublime Porte a contractés tant envers l'Autriche-Hongrie qu'envers la compagnie pour l'exploitation des chemins de fer de la Turquie d'Europe, par rapport à l'achèvement et au raccordement ainsi qu'à l'exploitation des lignes ferrées situées sur son terrain.

"Les Conventions nécessaires pour régler ces questions seront conclues entre l'Autriche-Hongrie, la Porte, la Serbie, et la Principauté de Bulgarie immédiatement après la conclusion de la paix.

"Il s'entend que les droits et les obligations de la Sublime Porte par rapport aux chemins de fer dans la Roumélie Orientale restent intacts."

Cette proposition est acceptée sans discussion.

Le Président soumet au Congrès l'Article Additionnel présenté par les Plénipotentiaires Français dans une séance précédente, et relatif aux religieux Catholiques étrangers en Bulgarie et en Roumélie Orientale.

M. Waddington expose qu'en présence de la déclaration faite hier par M. le Plénipotentiaire de Turquie, et d'où il résulte que la liberté du culte Catholique demeure garantie dans la Roumélie Orientale par les lois générales de l'Empire, les Traités et Conventions, les Plénipotentiaires de France se bornent à présenter les considérations suivantes :—

"En ce qui concerne l'Article Additionnel qu'ils ont présenté relativement aux religieux Catholiques étrangers, les Plénipotentiaires de France s'en rapportent aux principes d'entière liberté consacrés hier par le Congrès en faveur de toutes les communions et de tous les cultes en Bulgarie, ainsi qu'à la déclaration faite dans la même séance par M. le Premier Plénipotentiaire de Turquie, à savoir, qu'aucune atteinte ne sera portée dans la Roumélie Orientale aux droits acquis aux étrangers dans l'Empire Ottoman."

Lord Salisbury regrette que les Plénipotentiaires de France ne donnent pas suite à leur proposition en étendant sa portée à toute la Turquie d'Europe. Son Excellence y aurait vu un important progrès réalisé.

M. Waddington répond que le progrès dont parle Lord Salisbury a été obtenu par l'acceptation, dans la séance d'hier, de la première proposition Française qui consacre l'entière liberté des cultes.

Lord Salisbury ayant fait remarquer que cette proposition ne concernait que la Bulgarie, le Président dit que, pour sa part, il s'associe au désir que la liberté des cultes soit réclamée pour toute la Turquie, tant en Europe qu'en Asie, mais il se demande si l'on obtiendrait sur ce point l'assentiment des Plénipotentiaires Ottomans.

Carathéodory Pacha déclare, qu'en répondant hier à M. Waddington, il s'en est simplement rapporté à la législation générale de l'Empire Ottoman ainsi qu'aux Traités et Conventions. Son Excellence ajoute que la tolérance dont jouissent tous les cultes en Turquie ne fait aucun doute, et qu'en l'absence d'une proposition plus étendue sur laquelle il aurait alors à s'expliquer, il se croit en droit de considérer comme superflue une mention spéciale pour la Roumélie Orientale.

Le Président constate que l'unanimité du Congrès s'associe au désir de la France de prendre acte des déclarations données par la Turquie en faveur de la liberté religieuse. Tel était le but des Plénipotentiaires Français, et il a été atteint. Lord Salisbury désirerait aller au delà, et faire étendre la proposition primitive non-seulement à la Bulgarie et la Roumélie, mais à tout l'Empire Ottoman. En ce qui concerne l'Allemagne, le Prince de Bismarck, qui a donné son adhésion à la proposition Française, aurait aussi volontiers admis celle de Lord Salisbury, mais la discussion d'une question aussi complexe détournerait le Congrès de l'objet de sa séance présente. Son Altesse Sérénissime demande toutefois à Lord Salisbury s'il entend présenter à cet égard une motion spéciale.

M. le Second Plénipotentiaire de la Grande Bretagne se réserve de revenir sur ce point à propos de l'Article XXII du Traité de San Stéfano.

Le Comte Schouvaloff ajoute que le désir de Lord Salisbury de voir étendre la liberté religieuse autant que possible en Europe et en Asie lui semble très justifié. Son Altesse désirerait qu'il fût fait mention au Protocole de son adhésion au vœu de M. le Plénipotentiaire d'Angleterre, et fait observer que le Congrès ayant cherché à effacer les frontières ethnographiques, et à les remplacer par des frontières commerciales et stratégiques, les Plénipotentiaires de Russie souhaitent d'autant plus que ces frontières ne deviennent point des barrières religieuses.

Le Président résume la discussion en disant qu'il sera inscrit au Protocole que l'unanimité du Congrès s'est ralliée à la proposition Française, et que la plupart des Plénipotentiaires ont formé des vœux pour l'extension de la liberté des cultes. Ce point sera compris d'ailleurs dans la discussion de l'Article XXII du Traité de San Stéfano.

L'ordre du jour appelle un amendement présenté par Lord Salisbury sur l'Article VII du Traité, mais M. le Second Plénipotentiaire d'Angleterre fait savoir qu'à la suite des arrangements convenus dans une réunion particulière entre les Représentants de l'Autriche-Hongrie, de la Russie, et de la Grande Bretagne, cette proposition a été fondue dans un texte nouveau dont il sera donné lecture au Congrès. En conséquence son Excellence la retire.

Le Comte Andrássy annonce qu'un échange d'idées ayant eu lieu, conformément au désir exprimé par le Congrès dans la séance précédente, entre les Cabinets d'Autriche-Hongrie, de Grande Bretagne, de Russie, et d'Italie au sujet des Articles VII, VIII,

IX, X, et XI du Traité de San Stéfano, les Plénipotentiaires de ces Puissances sont tombés d'accord sur une rédaction nouvelle.

Le Baron de Haymerle expose ces modifications. En ce qui concerne l'Article VII les alinéas 1 et 2 sont maintenus; l'alinéa 3 est désormais ainsi rédigé, " Une assemblée de notables de la Bulgarie convoquée à Tirnowo élaborera, avant l'élection du Prince, l'organisation de l'administration future." L'alinéa 4 est maintenu avec omission des mots " Koutzo-Vlachs." L'alinéa 5 est supprimé et remplacé par le suivant :—

" L'administration provisoire de la Bulgarie sera dirigée jusqu'à l'introduction de la nouvelle organisation par un Commissaire Impérial Russe. Un Commissaire Impérial Ottoman et les Consuls délégués *ad hoc* par les autres Puissances seront appelés à l'assister pour contrôler le fonctionnement de ce régime provisoire.

" En cas de dissentiment entre les Consuls délégués la majorité décidera, et en cas de divergence entre cette majorité et le Commissaire Impérial Russe, les Représentants des Puissances à Constantinople, réunis en Conférence, prononceront.

" Une fois le Prince élu et institué, la nouvelle organisation sera mise à exécution, et la Bulgarie entrera en pleine jouissance de son autonomie.

" Immédiatement après la conclusion de la paix, une Commission Européenne sera instituée pour l'organisation de la Roumélie Orientale, et pour son administration financière jusqu'à l'achèvement de l'organisation."

Le Comte Schouvaloff constate que l'entente s'est faite entre les Puissances sur un objet longuement discuté dans la séance d'hier. Son Excellence s'est réservé uniquement le droit de présenter quelques modifications de pure forme que la rapidité de la rédaction n'a pas permis de faire immédiatement.

Carathéodory Pacha donne son adhésion à l'alinéa sous le bénéfice de la meme réserve.

Tous les Plénipotentiaires votent l'alinéa, mais il demeure entendu, à la suite d'une courte discussion, qu'il sera détaché de l'Article, et deviendra un Article spécial dans l'instrument diplomatique ultérieur.

Le Baron de Haymerle reprend la lecture de la nouvelle rédaction de l'Article VIII, dont le 1er alinéa devra être désormais ainsi conçu :—

" L'armée Ottomane ne séjournera plus en Bulgarie, et toutes les anciennes forteresses seront rasées aux frais du gouvernement local, qui sera tenu de les raser dans le plus bref délai possible et de ne pas en faire construire d'autres. La Sublime Porte, &c."

Le reste de l'alinéa est maintenu.

Le 2e alinéa, remplacé déjà par une proposition acceptée en

Congrès, devra être ultérieurement modifié par la Commission de Rédaction dans le sens de cette proposition.

Le 3ᵉ alinéa est réservé.

Le Baron de Haymerle fait observer que le 1ᵉʳ alinéa de l'Article IX est réglé par l'amendement du Comte Corti. Quant au 2ᵉ, il est remplacé, à partir des mots "le règlement relatif aux voies ferrées," par la proposition Austro-Hongroise sur les chemins de fer.

Le Comte Schouvaloff et M. d'Oubril déclarent que l'Article X est désormais inutile et doit être supprimé. Quant à l'Article XI, les Plénipotentiaires sont d'avis qu'il est du ressort de la Commission de Rédaction. Carathéodory Pacha fait remarquer que dans tous les cas l'alinéa 2 de l'Article XI devra être maintenu.

Le Président constate que la totalité de la lecture fait par le Baron Haymerle ayant réuni l'adhésion unanime du Congrès, la haute assemblée a terminé la question Bulgare, et se trouve maintenant en mesure de procéder à une autre partie de sa tâche.

Son Altesse Sérénissime exprime l'espoir que les Plénipotentiaires voudront bien, pour les objets qui resteront à discuter, procéder d'une manière plus générale et plus rapide que dans la question Bulgare. Le Congrès, tel qu'il est actuellement composé, ne saurait, en effet, siéger assez longtemps pour entrer dans des détails nombreux : il ne peut que poser les bases et laisser élaborer les détails par une assemblée qui se réunirait après lui et terminerait l'examen des questions secondaires.

Parmi les questions importantes qui, dans son opinion, devraient désormais occuper le Congrès, le Président cite en premier lieu celles du remaniement territorial touchant la Bosnie, le Monténégro, la Serbie, et la Roumanie. Il restera ensuite l'examen des questions des provinces Grecques, du Danube, des Détroits, de l'Asie, de l'indemnité de guerre. Son Altesse Sérénissime demande si la haute assemblée est d'avis de mettre à l'ordre du jour de la prochaine séance, fixée à Vendredi, 28 Juin, la discussion des questions territoriales, comprenant la rectification des frontières et l'indépendance des pays indiqués.

Une conversation s'étant engagée entre les Plénipotentiaires au sujet de différentes questions d'un ordre religieux ou commercial qui devraient être traitées en connexité avec celles de l'indépendance et des frontières, Lord Beaconsfield pense, d'accord avec le Président, que toutes ces questions qui forment groupe peuvent être discutées ensemble sans grande difficulté.

L'ordre du jour de la séance prochaine est ainsi fixé : Bosnie, Monténégro, Serbie, et Roumanie.

Mehemed Ali Pacha demande ensuite à lire une proposition relative aux frontières Serbes et dont voici le texte :—

"D'après les Bases de la Paix signées à Andrinople, une rectification de frontière doit être assurée à la Principauté de Serbie.

"Les Plénipotentiaires Ottomans proposent à la haute assemblée de vouloir bien admettre pour le tracé de cette rectification les principes généraux qui suivent :

"1. Que la nouvelle ligne frontière soit dans la mesure du possible une ligne naturelle et stratégique.

"2. Que la grande route de Bosnie qui de Mitrovitza se dirige par Novi-Bazar à Sjenitza et s'y bifurque pour aller d'un côté par Novi-Varoch à Vichigrad et de l'autre côté par Prepol et Tachlidjé à Tchaïnitza, ainsi que le chemin de fer qui reliera Mitrovitza à la Bosnie, ne soient pas détachés du territoire Ottoman, et qu'ils se trouvent assez éloignés de la frontière pour que la sécurité de ces deux grandes lignes de communication soit garantie.

"3. Que les villes et bourgs Ottomans de Vichigrad, Novi-Varoch, Sjenitza, Novi-Bazar, Mitrovitza, et Prichtina, soient placés à une distance telle de la nouvelle frontière que les conditions de leur existence ne soient pas compromises.

"4. Que les cazas Albanais de Vitchitren, Kourchoumli, Urkup (Prokoplje), et Leskovdja, ne soient pas détachés de l'Empire, et que dans le cas où le Congrès déciderait d'en séparer une partie, le défilé de Prépolac (Takhtali Khan Getchidi), entre Kourchoumli et Prichtina, et celui de Grdelica-Dzeva situé entre Leskovdja et Vranja, restent, en tout cas, à la Turquie, étant indispensables pour la défense des districts de Prichtina et de Vranja, qui, alors, formeraient de ce côté la frontière nord de l'Empire."

La proposition sera imprimée et distribuée.

La séance est levée à 4 heures.

[Suivent les Signatures.]

Protocole No. 8.—Séance du 28 Juin, 1878.

Étaient présents :

Pour l'Allemagne—le Prince de Bismarck, M. de Bülow, le Prince de Hohenlohe-Schillingsfürst ;

Pour l'Autriche-Hongrie—le Comte Andrássy, le Comte Károlyi, le Baron de Haymerle ;

Pour la France—M. Waddington, le Comte de Saint-Vallier, M. Desprez ;

Pour la Grande Bretagne—le Comte de Beaconsfield, le Marquis de Salisbury, Lord Odo Russell ;

Pour l'Italie—le Comte Corti, le Comte de Launay ;

Pour la Russie—le Prince Gortchacow, le Comte Schouvaloff, M. d'Oubril ;

Pour la Turquie—Alexandre Carathéodory Pacha, Mehemed Ali Pacha, Sadoullah Bey.

La séance est ouverte à 2 heures et demie.

Les Protocoles 6 et 7 sont adoptés.

Après avoir fait mention de la liste des pétitions No. 7, le Président annonce que M. Rangabé, Ministre de Grèce à Berlin, lui a fait savoir que le Gouvernement de Sa Majesté Hellénique a désigné M. Théodore Delyannis, Ministre des Affaires Étrangères, pour son Représentant auprès du Congrès. M. Rangabé a été nommé Second Plénipotentiaire de Grèce.

Le Prince de Bismarck fait ensuite au Congrès la communication suivante :—

"La haute assemblée se rappelle que le Protocole No. 6 de la séance du 25 Juin est resté ouvert pour recevoir ultérieurement le vote définitif de la proposition de son Excellence M. Waddington, relatif au passage des troupes Turques par la Roumélie Orientale.

"MM. les Plénipotentiaires de Russie ayant informé le Président qu'ils adhèrent à la rédaction de l'alinéa 3, telle qu'elle se trouve consignée dans le Protocole 6, il sera donné acte de cette déclaration au Protocole."

Son Altesse Sérénissime informe le Congrès de la composition de la Commission de Rédaction constituée en vertu d'une décision prise par la haute assemblée dans une séance précédente. Voici les noms des membres de cette Commission :—

Pour l'Allemagne, son Altesse Sérénissime le Prince Hohenlohe ; pour l'Autriche-Hongrie, son Excellence le Baron Haymerle ; pour la France, son Excellence M. Desprez ; pour la Grande Bretagne, son Excellence Lord Odo Russell ; pour l'Italie, son Excellence le Comte de Launay ; pour la Russie, son Excellence M. d'Oubril ; pour la Turquie, son Excellence Carathéodory Pacha.

Le Président ajoute que la Commission a tenu aujourd'hui même sa première séance.

Le Congrès passe à l'ordre du jour, qui appelle dans sa généralité les remaniements territoriaux, et le Président soumet à la discussion du Congrès en premier lieu l'Article XIV du Traité de San Stéfano relatif à la Bosnie et à l'Herzégovine.

Le Comte Andrássy donne lecture de la communication suivante :—

"Tous les Gouvernements s'accordent à reconnaître que l'Autriche-Hongrie, en sa qualité de Puissance limitrophe, est intéressée plus que toute autre Puissance au règlement de l'état de choses en Bosnie et dans l'Herzégovine.

"Les belligérants ont tenu compte de ce point de vue en réservant à l'entente avec l'Autriche-Hongrie, par l'Article XIV du

Traité de Paix Préliminaire, la solution définitive de cette question. En précisant les objections contre l'Article précité qui découlent de la particularité des intérêts Austro-Hongrois, les Plénipotentiaires de Sa Majesté Impériale et Royale se croient en devoir de relever que la question Bosno-Herzégovienne, tout en concernant le plus directement l'Autriche-Hongrie, ne cesse pas d'être une question éminemment Européenne.

"On ne saurait perdre de vue que le mouvement qui a conduit à la guerre en Orient a eu son origine en Bosnie et Herzégovine.

"Les maux et les dangers qui en ont résulté pour l'Europe sont connus,—l'Autriche-Hongrie en a été atteinte en première ligne.

"Le nombre considérable de troupes échelonnées sur nos frontières n'a pas suffi pour arrêter le passage des insurgés et les incursions réciproques. Les forces Turques concentrées en Bosnie au commencement des troubles n'ont pas été en mesure, quelque nombreuses qu'elles fussent, de mettre un terme à une insurrection et émigration permanentes. Plus de 200,000 hommes ont ainsi abandonné leurs foyers. Depuis trois années le Gouvernement Impérial et Royal a dû prendre à sa charge les frais de leur entretien. Dix millions de florins ont déjà été affectés à cet usage. Se méfiant du sort qui les attend à leur retour, les émigrés se refusent à rentrer dans leur patrie. Ainsi jour par jour de nouveaux et lourds sacrifices nous sont imposés, et rien n'en fait présager la fin prochaine. Nos populations limitrophes souffrent des dommages incalculables de cette immigration incessante et prolongée.

"En présence de cet état de choses qu'il ne lui a pas été possible de prévenir, le Gouvernement Impérial et Royal ne peut avoir d'autre but que d'y voir mis fin une fois pour toutes par une solution offrant des garanties de stabilité.

"L'Article XIV du Traité Préliminaire de San Stéfano propose pour solution l'introduction d'une autonomie, telle qu'elle a été communiquée aux Plénipotentiaires Ottomans dans la première séance de la Conférence de Constantinople.

"Le Gouvernement de Sa Majesté l'Empereur et Roi serait prêt à accepter toute solution qui laisserait entrevoir la pacification prompte et définitive des provinces dont il s'agit. Toutefois, considérant leurs conditions nationales, religieuses et géographiques rendues plus compliquées encore par les changements territoriaux résultant de la guerre, nous devons considérer la solution indiquée comme tout-à-fait irréalisable. Des obstacles insurmontables s'y opposent tant en principe que dans l'exécution.

"La population de ces pays se compose de Musulmans, d'Orthodoxes et de Catholiques, fanatiques dans l'antagonisme qui les divise, et ne vivant pas dans des circonscriptions différentes mais pêle-mêle dans les mêmes districts, les mêmes villes, les mêmes villages.

"La Sublime Porte aurait pour tâche de réunir tous ces éléments opposés dans le moule d'un même régime autonome. Elle devrait procéder au rapatriement des réfugiés dispersés en Autriche-Hongrie et dans le Monténégro, subvenir à leur entretien, et, afin de rendre possible la reprise du travail paisible, les munir de grains pour l'ensemencement des terres et de matériaux pour la reconstruction de leurs maisons. Elle devrait mettre en œuvre le règlement de la question agraire, source principale des secousses périodiques qui ont agité ces contrées, problème hérissé d'obstacles au milieu d'une population déchirée par les haines religieuses et les rancunes sociales, problème qu'un pouvoir fort et impartial seul peut résoudre dans un pays où toute la propriété foncière se trouve dans les mains des Musulmans, pendant que les Chrétiens laboureurs ou fermiers forment la majorité des habitants.

"En même temps que la Sublime Porte serait appelée à des sacrifices dépassant ses moyens, l'Article XIV dispose qu'elle ne pourra pas recouvrer les arriérés et devra renoncer pendant deux ans encore aux revenus courants de ces provinces.

"Assurément ce n'est pas faire un reproche à la Turquie, ni mettre en doute sa bonne volonté, que d'affirmer qu'elle ne serait pas en mesure de suffire à cette tâche.

"Il lui serait impossible de l'accomplir dans des circonstances normales. Elle est d'autant plus irréalisable à l'issue d'une guerre à peine achevée, en présence surtout de la recrudescence de l'antagonisme qui se manifeste avec plus de vivacité même qu'au commencement des désordres, depuis que des districts habités par des Musulmans se trouvent, ou devront être placés, sous la domination Serbe et Monténégrine. L'appréhension que l'autonomie dans de pareilles conditions, loin d'amener la pacification de ces contrées, n'en ferait qu'un foyer permanent de troubles, n'est que trop fondée.

"Il appert de l'exposé succinct qui précède qu'un règlement durable de cette question ne saurait être atteint sur la base de l'Article XIV. Toute tentative infructueuse d'installer une organisation autonome dans ces provinces y donnerait un nouvel essor aux agitations, et nous serions ainsi sous peu exposés de nouveau aux dommages intolérables que nous ont causés et nous causent les ébranlements dans ces provinces.

"Le Gouvernement Austro-Hongrois doit de plus se préoccuper de la situation géographique qui résultera pour la Bosnie et l'Herzégovine à la suite des remaniements territoriaux qu'entraîne une délimitation nouvelle de la Serbie et du Monténégro. Le rapprochement de frontières de ces Principautés placerait dans ces parages les voies de communication avec le reste de l'Orient dans des conditions préjudiciables aux intérêts commerciaux de la Monarchie.

"Pour ces motifs les Plénipotentiaires de Sa Majesté Impériale et Royale Apostolique se croient en devoir d'appeler la sérieuse attention du Congrès sur les dangers qu'entraînerait toute solution dépourvue de garanties de durée. Intéressée en première ligne, comme Puissance limitrophe, l'Autriche-Hongrie a l'obligation de déclarer franchement et ouvertement que ses intérêts les plus vitaux ne lui permettent d'accepter qu'une solution de la question Bosno-Herzégovienne qui serait apte à amener la pacification durable des dites provinces et à empêcher le retour d'événements qui ont fait courir de si graves dangers à la paix de l'Europe et créé à l'Autriche-Hongrie, tout en lui imposant de grands sacrifices et de graves pertes matérielles, une situation intolérable dont elle ne saurait accepter la prolongation."

Lord Salisbury lit la proposition ci-après :—

"La condition sociale et la position géographique de la Bosnie et de l'Herzégovine méritent dans la même proportion l'attention du Congrès.

"Ce sont les seules provinces de la Turquie où les propriétaires du sol aient, presque sans exception, une croyance religieuse autre que celle des paysans.

"L'insurrection qui a résulté de cet antagonisme a donné lieu à la guerre qui vient de dévaster la Turquie, et les animosités qui séparent les deux classes de la population ne sont pas moins vives qu'elles ne l'étaient il y a trois ans.

"Elles ont été exaspérées par les passions de la guerre civile, et l'opposition au Gouvernement sera stimulée par les succès récents des deux Principautés voisines.

"Il n'est guère probable que la Porte soit capable de lutter aujourd'hui contre les agitations qu'elle n'était pas assez forte pour empêcher ou pour supprimer avant même que les tristes événements de ces deux dernières années ne fussent survenus.

"A cet effet il faudrait un Gouvernement qui eût non seulement les moyens nécessaires pour établir une bonne administration, mais qui possédât également des forces assez prépondérantes pour supprimer toute espèce de trouble.

"Si les Puissances ne réussissent pas, dès à présent, à pourvoir à l'établissement d'une administration stable et forte dans ces regions, elles seront responsables du renouvellement inévitable des souffrances qui ont invoqué les vives sympathies de l'Europe, et qui ont donné lieu à de si graves événements.

"La position géographique de ces provinces est aussi d'une importance politique. Dans le cas où il en tomberait une partie considérable entre les mains de l'une des Principautés voisines, une chaîne d'États Slaves serait formée qui s'étendrait à travers la presqu'île des Balcans, et dont la force militaire menacerait les populations d'autre race occupant les territoires au sud. Un pareil état de choses serait sans doute plus dangereux à l'indépendance de la Porte qu'aucune autre combinaison. Il est cependant très probable qu'un tel résultat se produise dans le cas où la Porte restera chargé de la défense de ces deux provinces éloignés. De grands dangers seraient à craindre tant pour les provinces que pour la Porte, si cette dernière continuait à les occuper et à les administrer.

"D'autre part la Bosnie et l'Herzégovine ne prêtent rien à la richesse ni à la force de la Porte. On a constaté dans la Conférence de Constantinople que leurs revenus n'égalaient pas les dépenses qui se faisaient pour leur compte. La dépense nécessaire pour les défendre serait énorme, et elles n'ont aucune valeur stratégique pour la Turquie.

"Or, la Porte ferait preuve de la plus haute sagesse si elle refusait de se charger plus longtemps d'une tâche qui dépasse ses forces, et, en la confiant à une Puissance capable de la remplir, elle détournerait de l'Empire Turc des dangers formidables.

"Par ces motifs le Gouvernement de la Reine propose aux Puissances réunies que le Congrès statue que les provinces de la Bosnie et de l'Herzégovine seront occupées et administrées par l'Autriche-Hongrie."

Le Prince de Bismarck déclare s'associer, au nom de l'Allemagne, à la proposition que le Marquis de Salisbury vient de lire, et explique son vote par les considérations suivantes :—

"L'Europe désire créer un état de choses stable et assurer d'une manière efficace le sort des populations en Orient.

"C'est à ce point de vue que les Représentants des Puissances réunis en Congrès ont un intérêt tout spécial à s'occuper des provinces de Bosnie et d'Herzégovine.

"Il est notoire que les secousses périodiques qui ont ébranlé l'Orient, et notamment le dernier mouvement qui a menacé d'embrasser l'Europe, ont pris leur origine dans cette province. Ce n'est donc pas un intérêt Austro-Hongrois seulement, mais un devoir général que de rechercher des moyens efficaces pour prévenir le retour de pareils événements.

"L'Allemagne, qui n'est liée par aucun intérêt direct dans les affaires d'Orient, partage pourtant le désir de mettre fin à un état de choses qui, en se prolongeant, contiendrait le germe de nouveaux désordres ayant à leur suite des désaccords entre les Cabinets Européens. Il serait dangereux de garder l'illusion que, pour remédier à cette situation, il suffirait d'introduire des réformes en

Bosnie et Herzégovine sur la base des institutions actuelles. Seul un état puissant et disposant des forces nécessaires à portée du foyer des désordres pourra y rétablir l'ordre et assurer le sort et l'avenir de ces populations.

"Partant de ces considérations, je m'associe, au nom de l'Allemagne, à la proposition de M. le Plénipotentiaire de la Grande Bretagne, et je la recommande vivement à l'acceptation de la haute assemblée."

Le Premier Plénipotentiaire d'Italie rappelle que son Excellence le Comte Andrássy a donné lecture d'un exposé sur les conditions de la Bosnie et de l'Herzégovine, et sur les intérêts qui se rattachent à cette situation. Son Excellence le Marquis de Salisbury a proposé de confier à l'Autriche-Hongrie l'occupation militaire et l'administration de ces provinces, comme étant de nature à résoudre les difficultés existantes. Son Altesse Sérénissime le Prince de Bismarck a appuyé la proposition de l'Angleterre au nom de l'Allemagne. Les Plénipotentiaires Italiens voudraient demander au Premier Plénipotentiaire Austro-Hongrois si son Excellence est à même de fournir, à l'égard de cette combinaison, quelques explications ultérieures, au point de vue de l'intérêt général de l'Europe.

Le Premier Plénipotentiaire d'Autriche-Hongrie, se référant aux considérations qu'il a exposées, a l'espoir et même la conviction que le point de vue Européen qui a inspiré le Gouvernement Austro-Hongrois ne sera pas moins apprécié par le Cabinet Italien que par les autres Cabinets de l'Europe.

Le Premier Plénipotentiaire Ottoman expose l'opinion de son Gouvernement dans les termes suivants :—

"Le désir très-ferme du Gouvernement Ottoman a été dès l'origine de fournir, en ce qui le concerne, toutes les facilités possibles à l'œuvre de paix et de conciliation qui constitue la mission des Grandes Puissances de l'Europe réunies, en ce moment, en Congrès.

"L'attitude des Plénipotentiaires Ottomans au sein de cette haute assemblée a été constamment conforme à ce principe fondamental de la politique de leur Gouvernement. Pendant les délibérations qui se sont succédé jusqu'ici, et dans lesquelles on a agité et résolu des questions de la plus haute importance pour le présent, aussi bien que pour l'avenir de l'Empire, ils se sont toujours fait un devoir—leurs collègues leur rendront certainement cette justice—de témoigner la plus haute déférence aux désirs exprimés par les Grandes Puissances, en vue de mettre un terme aux difficultés pendantes.

"Ils n'en regrettent que plus vivement de se trouver aujourd'hui dans la nécessité de faire connaître au sujet de l'occupation de la Bosnie et de l'Herzégovine, une opinion différente de celle qui vient d'être émise.

"Les Plénipotentiaires Ottomans avouent, tout d'abord, qu'ils ne voient aucune nécessité urgente à donner suite à cette proposition d'occupation. La gravité des motifs qui ont été allégués en faveur d'une mesure de ce genre n'est pas ressentie par eux au même degré que par leurs Excellences les membres du Congrès, qui semblent y attacher une importance décisive. Le but de cette occupation ne peut être évidemment que de rétablir l'ordre et la tranquillité dans ces deux provinces, et de procéder au rapatriement des réfugiés. La Sublime Porte ne poursuivant également que ce même but, et disposant, d'un autre côté, de moyens suffisants pour le réaliser, ne peut vouloir laisser à aucune autre Puissance le soin et la charge de remplir une tâche qui lui revient toute naturellement et de droit.

"Les Plénipotentiaires Ottomans s'empressent, d'ailleurs, de faire connaître à cette haute assemblée que la Sublime Porte s'engage à procéder immédiatement à la mise en œuvre des moyens propres à amener le résultat désiré en envoyant immédiatement sur les lieux des Hauts Commissaires qui seront chargés d'organiser une gendarmerie, de pourvoir à l'installation et à l'entretien des réfugiés jusqu'au commencement des travaux des champs, et de mettre à exécution le système d'administration qui sera adopté pour ces deux provinces, ainsi que d'autres mesures d'amélioration.

"Les Plénipotentiaires Ottomans espèrent que le Congrès voudra bien apprécier l'étendue et l'importance de cet engagement qu'ils n'hésitent pas à lui donner au nom de leur Gouvernement; ils osent également croire qu'il ne leur sera pas difficile de convaincre cette haute assemblée de l'efficacité des mesures que la Sublime Porte mettrait en application sans le moindre délai.

"Le principal motif de doute qui s'est fait jour ici même est tiré de ce que, dit-on, l'ordre n'a pu être rétabli en Bosnie et en Herzégovine depuis bientôt trois ans. On en conclut que ces provinces se trouvent déjà placées en quelque sorte au delà du rayon dans l'étendue duquel s'exerce l'influence normale du pouvoir de la Sublime Porte.

"Cependant que leurs Excellences les membres du Congrès veuillent bien prendre en considération que si les désordres en Bosnie se sont prolongés pendant un laps de temps relativement assez long, cette persistance s'explique bien facilement si l'on tient compte des difficultés tout à fait exceptionnelles avec lesquelles le Gouvernement Ottoman s'est trouvé aux prises pendant ce temps. L'état d'hostilité ouverte dans lequel se trouvent depuis environ trois ans les deux Principautés limitrophes de la Bosnie contre la Sublime Porte, la grande et douloureuse guerre qui a désolé l'Empire en Europe et en Asie, ne pouvaient manquer d'absorber les forces et l'attention de l'État, et de fournir un aliment toujours nouveau aux velléités de révolte et d'agression qui persistent en Bosnie. Aussi bien loin de fournir une preuve de la faiblesse du pouvoir du Sultan dans ce pays, les circonstances auxquelles il a été fait allusion donnent lieu à une conclusion tout à fait différente. La force et l'influence de la Sublime Porte doivent être bien puissantes en Bosnie pour que, pendant trois années de guerre et de calamités sur toute l'étendue de l'Empire, l'autorité Ottomane se soit maintenue intact dans cette province. Est-ce donc aujourd'hui, au retour de la paix et juste au moment où la Sublime Porte va pouvoir concentrer toutes ses forces et tous ses soins au rétablissement de l'ordre dans ce pays, qu'on voudrait croire qu'elle est impuissante à remplir cette tâche ?

"Le Gouvernement Impérial a pleine conscience de l'efficacité de son pouvoir sur ces provinces ; et, malgré les accroissements territoriaux qu'on semble décidé à donner aux Principautés voisines, accroissements qui sans nul doute augmenteraient, le cas échéant, leurs moyens agressifs, la Turquie est d'avis qu'elle se trouve toujours à même de réprimer ces convoitises si jamais elles venaient à se manifester, surtout si l'appui moral du Cabinet de Vienne ne lui faisait pas défaut. C'est à cet appui moral que le Gouvernement Ottoman attache le plus grand prix ; c'est cet appui qu'il tient à se concilier dans cette circonstance.

"On a pensé que la Bosnie n'étant pas une province de grand rapport pour le trésor Ottoman, son occupation par les armées Austro-Hongroises ne saurait, par conséquent, présenter pour la Sublime Porte de grands inconvénients. Qu'il soit permis aux Plénipotentiaires Ottomans de prendre note de cette déclaration, d'après laquelle tous les revenus de la province de Bosnie sont dépensés dans la province elle-même. Mais ils ne peuvent, d'un autre côté, s'empêcher de faire remarquer que de ce qu'une province ne fournit pas au trésor des sommes considérables, il n'en résulte pas que son occupation par des troupes d'une Puissance étrangère doive être indifférente au Souverain qui la possède.

"Sans insister davantage sur les considérations de cet ordre d'idées, les Plénipotentiaires Ottomans ont l'honneur de réitérer à leurs Excellences les membres de cette haute assemblée que la Sublime Porte offre de s'engager à remplir d'elle-même, immédiatement, le programme de réformes qui sembleraient, en ce moment, les mieux appropriées aux exigences des circonstances.

"Pour ce qui est de la question agraire, il serait peut-être inopportun de s'engager ici dans de longs développements ; il serait également inutile de rappeler les diverses solutions que cette question a reçues dans bien des pays où elle avait causé des difficultés analogues à celles qu'on signale dans la Bosnie. La Sublime Porte serait-elle seule dans l'impuissance d'y appliquer des remèdes de même nature ? D'ailleurs, la question agraire subsiste encore dans plusieurs contrées pour lesquelles néanmoins on n'a guère songé à avoir recours à des moyens de la nature de ceux qui sont, aujourd'hui, proposés pour la Bosnie.

"Aussi, sans vouloir donner un plus grand développement à leurs idées, les Plénipotentiaires Ottomans pensent que ce qui vient d'être dit est suffisant pour persuader la haute assemblée que si elle voulait bien prendre acte de l'engagement qu'ils offrent au nom de leur Gouvernement, elle assurerait bien mieux et bien plutôt la pacification de ces contrées que si elle donnait son assentiment à une proposition d'occupation pouvant provoquer des inconvénients beaucoup plus graves que ceux auxquels on se propose de remédier."

Son Excellence ajoute qu'en s'exprimant ainsi, elle se conforme aux instructions de son Gouvernement.

Le Premier Plénipotentiaire de France voudrait expliquer brièvement les motifs de son adhésion à la proposition du Marquis de Salisbury. Le Gouvernement Français n'a pas d'intérêt immédiat dans la question Bosniaque, mais il a intérêt à ce que l'œuvre du Congrès soit utile et durable : c'est là l'ordre d'idées où il se place pour toute affaire qui ne le touche pas directement. Son Excellence regarde la combinaison indiquée par le Cabinet Anglais comme la seule qui puisse assurer une existence paisible aux populations de la Bosnie et de l'Herzégovine, si profondément déchirées par des haines politiques, religieuses et sociales ; il estime que seule une Puissance voisine, assez forte pour être impartiale, peut établir la paix dans ces provinces désolées : en un mot, il considère l'intervention du Gouvernement d'Autriche-Hongrie comme une mesure de police Européenne.

Lord Beaconsfield, après avoir rappelé l'importance de la question et la mission du Congrès, qui est d'établir, s'il est possible, la paix en Europe, reconnaît que si, de l'avis de tous, l'une des bases principales de cette paix est l'indépendance du Sultan comme Souverain Européen, on ne saurait cependant se dissimuler que les troubles survenus dans les contrées dont il s'agit ont été l'origine de tous les lamentables événements des dernières années. Son Excellence est convaincue que si le Sultan n'a pas pu, avant la guerre, lorsque ses ressources étaient considérables, maintenir l'ordre et la stabilité en Bosnie et Herzégovine, et préserver ainsi la paix générale, il n'y a aucune raison de croire qu'aujourd'hui, après une lutte qui lui a fait d'ailleurs le plus grand honneur, le Gouvernement Ottoman soit en mesure de donner à la paix de l'Europe les sécurités qu'elle est en droit de demander. Les Puissances doivent donc rechercher des moyens de garantie plus efficaces, et elles espèrent les rencontrer dans l'action d'un grand Gouvernement limitrophe, puissant, d'opinions conservatrices, et qui n'a jamais cherché à troubler les intérêts de personne sur aucun point du monde. Est-ce là un sacrifice matériel à demander à la Turquie ? Le noble Lord regarde au contraire que ces provinces, ainsi que l'a constaté la Conférence de Constantinople, n'ont jamais donné à la Porte un revenu égal à la dépense qu'elles lui causent. N'est-il pas en outre de haute importance, lorsque les Grandes Puissances s'efforcent de faire justice à toutes les races, de prévenir dans ces contrées la prédominance d'une seule race ? Si le Congrès laissait les provinces dont il s'agit dans l'état où elles se trouvent actuellement, on verrait reparaître la prédominance de la race Slave, race qui est peu disposée à faire justice aux autres. On doit reconnaître que la proposition de Lord Salisbury n'est pas faite dans l'intérêt de l'Angleterre, mais en vue de la paix de l'Europe entière. Aucune nation n'est mieux en état que l'Autriche-Hongrie d'accomplir en ce moment, par l'occupation de ces provinces, le grand devoir de maintenir l'ordre, de l'assurer, d'établir la prospérité, et en définitive de fortifier la Porte Ottomane, en augmentant son poids dans les affaires Européennes.

Le Prince Gortchacow dit que la Russie est désintéressée dans la question, mais que les considérations développées par le Comte Andrássy, la proposition de Lord Salisbury, appuyée par l'Allemagne, la France, l'Italie, et par les explications si nettes de Lord Beaconsfield, lui prouvent l'efficacité de la résolution préparée pour le but pacifique que le Congrès désire atteindre. En réalité, il s'agit de préserver les populations Chrétiennes contre des abus séculaires : la motion Anglaise rentre dans les vues générales de la Russie, et son Altesse Sérénissime lui donne son entière adhésion. Quant à l'observation de Carathéodory Pacha, qui attribue à des influences étrangères la dernière insurrection, son Altesse Sérénissime ne saurait l'admettre : les troubles ont été amenés par l'état des provinces de Bosnie et d'Herzégovine, et ce n'est que par des modifications radicales qu'on peut en empêcher le retour.

Le Premier Plénipotentiaire de Turquie, répondant à cette assertion, rappelle qu'il n'a pas entendu examiner l'origine de l'insurrection Bosnaique, mais seulement affirmer que si l'ordre n'a pas été rétabli plutôt, les événements qui se sont produits depuis un an en ont seuls été la cause. Le Gouvernement Ottoman prend aujourd'hui envers le Congrès l'engagement de pacifier la province à bref délai. Il indique les moyens qu'il compte employer pour arriver à ce but, et qui semblent de nature à calmer toute appréhension. Comme le Gouvernement Ottoman est plus à même que tout autre de connaître l'état des choses dans ces provinces, il est évident que s'il prend cet engagement c'est qu'il est convaincu qu'il pourra le remplir.

Le Comte Andrássy désirerait présenter quelques objections au document lu par Carathéodory Pacha. Le Premier Plénipotentiaire Ottoman a dit que la mesure proposée était inutile, puisque la Porte est prête à remédier aux maux qui sont signalés et serait notamment en état de pourvoir au rapatriement des réfugiés, dont le nombre n'est pas inférieur à 200,000 âmes. Le Comte Andrássy fait remarquer sur ce point que, depuis trois ans, des mesures sont réclamées de la Sublime Porte ; tantôt promises, tantôt éludées, ces dispositions, en définitive, n'ont jamais été prises. Quant à l'observation de Carathéodory Pacha que la Turquie a conservé, jusqu'à présent, ces provinces intactes, le Premier Plénipotentiaire d'Autriche-Hongrie pense que son Excellence voudra bien admettre que ce résultat est dû en grande partie à la position des troupes Austro-Hongroises sur la frontière pendant les trois années qui viennent de s'écouler. Le Comte Andrássy ajoute que l'Autriche-Hongrie, sans cesse préoccupée du principe de stabilité qui dirige sa politique, ne saurait faire dépendre l'avenir des illusions que la Porte peut conserver, mais que les événements des dernières années n'ont que trop démenties. Son Excellence déclare donc que—

"La proposition de MM. les Plénipotentiaires de la Grande Bretagne et de l'Allemagne paraissant la solution la plus apte à amener la pacification prompte, complète et durable de la Bosnie et de l'Herzégovine, et répondant ainsi le mieux au but commun que toutes les Puissances ont en vue, à savoir, de créer un ordre de choses stable, les Plénipotentiaires d'Autriche-Hongrie ont l'honneur d'y donner leur adhésion et de déclarer que le Gouvernement Austro-Hongrois est prêt à se charger de l'occupation et de l'administration de ces provinces.

"Le territoire du Sandjak de Novi-Bazar, qui s'étend entre la Serbie et le Monténégro dans la direction sud-est jusqu'au delà de Mitrovitza et qui fait partie de l'ancien Vilayet de Bosnie, ne confinant pas directement avec le territoire Austro-Hongrois, les Plénipotentiaires de Sa Majesté Impériale et Royale déclarent que l'Autriche Hongrie ne désire pas se charger de l'administration de ce sandjak, où l'administration Ottomane pourrait être continuée. Néanmoins, afin d'assurer le maintien du nouvel état politique, la liberté et la sécurité des voies de communication, l'Autriche-Hongrie doit se réserver le droit de garnison et de routes militaires et commerciales sur toute l'étendue de la partie indiquée de l'ancien Vilayet de Bosnie."

Le Président, tout en faisant remarquer que l'opinion des divers membres du Congrès est indiquée par les discours qui viennent d'être prononcés, croit devoir, néanmoins, demander le vote formel des Représentants des Puissances.

L'Autriche-Hongrie, la France, la Grande Bretagne, l'Italie

adhèrent à la proposition Anglaise : la Russie l'accepte également, en faisant remarquer que son vote s'applique exclusivement aux termes de la motion de Lord Salisbury.

Les Plénipotentiaires Ottomans refusent leur adhésion en se déclarant liés par les instructions de leur Gouvernement.

Le Président, s'exprimant au nom de la majorité du Congrès et surtout des Puissances neutres, croit de son devoir de rappeler aux Plénipotentiaires de Turquie que le Congrès est réuni, non pas pour sauvegarder les positions géographiques dont la Porte désirerait le maintien, mais pour préserver la paix de l'Europe dans le présent et dans l'avenir. Son Altesse Sérénissime fait remarquer aux Représentants Ottomans que, sans l'intervention du Congrès, ils se trouveraient en présence de la totalité des Articles du Traité de San Stéfano ; que cette intervention leur rend une province beaucoup plus grande et plus fertile que la Bosnie, c'est-à-dire le territoire qui s'étend de la Mer Égée aux Balcans. Les résolutions de la haute assemblée forment un ensemble dont il est impossible d'accepter le bénéfice en répudiant les désavantages. La Porte n'a donc aucun intérêt à faire échouer les travaux du Congrès, en refusant son assentiment et en mettant les Puissances dans les cas d'aviser en dehors d'elle à leurs propres intérêts. Son Altesse Sérénissime constate que les Six Grandes Puissances sont d'accord en ce qui concerne la Bosnie et Herzégovine, et maintient l'espoir qu'une œuvre dont la Turquie est appelée à retirer de grands avantages ne sera pas interrompue par l'opposition de la Porte. Son Altesse Sérénissime demeure persuadée que le Gouvernement Ottoman adressera bientôt de nouvelles instructions à ses Plénipotentiaires, et termine en disant que le Protocole reste ouvert pour les recevoir.

Le Comte Schouvaloff demande à présenter une observation sur un point du discours de M. le Premier Plénipotentiaire d'Autriche-Hongrie. Le Comte Andrássy, en disant que les intérêts Austro-Hongrois n'exigeaient pas l'occupation et l'administration de la partie appelée généralement "l'enclave," a demandé cependant les routes militaires et quelques points stratégiques. Les Plénipotentiaires de Russie, qui ont adhéré à la proposition du Marquis de Salisbury, se trouvent ici en présence d'une pensée nouvelle, qui n'est pas encore très-claire pour eux, et dont le développement pourrait affecter les frontières et agrandissements territoriaux réservés au Monténégro et à la Serbie. Son Excellence désire donc prendre cette dernière partie du discours du Comte Andrássy *ad referendum* jusqu'à ce qu'il ait eu à ce sujet une explication avec le Premier Plénipotentiaire d'Autriche-Hongrie.

Le Président déclare que le Protocole reste également ouvert pour les observations subséquentes que voudraient présenter les Plénipotentiaires de Russie.

Le Congrès, suivant son ordre du jour, aborde la question de Serbie, et le Président donne lecture des premiers mots de Article III du Traité de San Stéfano, ainsi conçu :—

"La Serbie est reconnue indépendante."

Son Altesse Sérénissime demande si ce principe est admis par la haute assemblée.

Carathéodory Pacha lit les considérations suivantes :—

"A la première occasion qui s'offre au Congrès de se prononcer sur les stipulations d'indépendance insérées dans le Traité de San Stéfano, Carathéodory Pacha prie le Congrès de lui permettre d'accompagner son opinion de quelques mots. C'est en vue d'un grand intérêt Européen aussi bien que dans l'intérêt de la Serbie elle-même que l'Europe avait consacré le lien de vassalité qui unissait jusqu'à présent cette Principauté à la Cour Suzeraine. Que la Turquie ait fait usage du droit qui lui était conféré par les Traités avec une modération qui ne s'est démentie, pas même au milieu des plus rudes épreuves, que ce droit ait présenté une utilité réelle pour le règlement facile des difficultés qui, à différentes époques, ont vivement intéressé l'Europe, que cette suzeraineté, ainsi entendue, ait assuré une indépendance réelle à la Serbie, et que celle-ci en ait reconnu à plusieurs reprises la haute valeur, ce sont là des faits incontestables.

"Le Traité de San Stéfano inaugurait un nouveau système pour ce pays bien que pour d'autres, qui se trouvaient placés à peu près dans les mêmes conditions en les détachant du centre qui leur avait été assigné. Si l'idée de l'indépendance prévaut aujourd'hui dans les conseils de l'Europe, la Turquie ne s'y opposera pas ; car elle est persuadée que cette indépendance, qu'il s'agit pour le Congrès de sanctionner, sera réelle, sérieuse, qu'elle sera assumée par les pays dans la pleine conscience des droits aussi bien que des devoirs qu'elle leur impose, parceque dès lors elle sera respectée et qu'elle ne diminuera pas les garanties d'ordre public Européen que le lien de suzeraineté avait su créer et maintenir."

Le Président fait remarquer que l'énonciation de l'Article III est absolue, et il ne croit pas admissible que la Turquie retire l'assentiment qu'elle a donné à San Stéfano sur ce point.

Son Altesse Sérénissime procède au vote.

Lord Salisbury reconnaît l'indépendance de la Serbie, mais pense qu'il serait opportun de stipuler dans la Principauté le grand principe de la liberté religieuse.

M. Waddington admet également l'indépendance de la Serbie, mais sous le bénéfice de la proposition suivante identique à celle que le Congrès a acceptée pour la Bulgarie :—

"Les habitants de la Principauté de Serbie, quelle que soit leur religion, jouiront d'une complète égalité de droits. Ils pourront concourir à tous les emplois publics, fonctions et honneurs, et exercer toutes les professions, et la différence de croyance ne pourra leur être opposée comme un motif d'exclusion.

"L'exercice et la pratique extérieure de tous les cultes seront entièrement libres, et aucune entrave ne pourra être apportée soit à l'organisation hiérarchique des différentes communions, soit à leurs rapports avec leurs chefs spirituels."

Le Prince Gortchacow craint que cette rédaction ne s'applique surtout aux Israélites, et sans se montrer contraire aux principes généraux qui y sont énoncés, son Altesse Sérénissime ne voudrait pas que la question Israélite, qui viendra plus tard, fût préjugée par une déclaration préalable. S'il ne s'agit que de la liberté religieuse, le Prince Gortchacow déclare qu'elle a toujours été appliquée en Russie; il donne pour sa part à ce principe l'adhésion la plus complète et serait prêt à l'étendre dans le sens le plus large. Mais s'il s'agit de droits civils et politiques, son Altesse Sérénissime demande à ne pas confondre les Israélites de Berlin, Paris, Londres, ou Vienne, auxquels on ne saurait assurément refuser aucun droit politique et civil, avec les Juifs de la Serbie, de la Roumanie, et de quelques provinces Russes, qui sont, à son avis, un véritable fléau pour les populations indigènes.

Le Président ayant fait remarquer qu'il conviendrait peut-être d'attribuer à la restriction des droits civils et politiques ce regrettable état des Israélites, le Prince Gortchacow rappelle qu'en Russie, le Gouvernement, dans certaines provinces, a dû, sous l'impulsion d'une nécessité absolue et justifiée par l'expérience, soumettre les Israélites à un régime exceptionnel pour sauvegarder les intérêts des populations.

M. Waddington croit qu'il est important de saisir cette occasion solennelle pour faire affirmer les principes de la liberté religieuse par les Représentants de l'Europe. Son Excellence ajoute que la Serbie, qui demande à entrer dans la famille Européenne sur le même pied que les autres États, doit au préalable reconnaître les principes qui sont la base de l'organisation sociale dans tous les États de l'Europe, et les accepter comme une condition nécessaire de la faveur qu'elle sollicite.

Le Prince Gortchacow persiste à penser que les droits civils et politiques ne sauraient être attribués aux Juifs d'une manière absolue en Serbie.

Le Comte Schouvaloff fait remarquer que ces observations ne constituent pas une opposition de principe à la proposition Française : l'élément Israélite, trop considérable dans certaines provinces Russes, a dû y être l'objet d'une règlementation spéciale, mais son Excellence espère que, dans l'avenir, on pourra prévenir les inconvénients incontestables signalés par le Prince Gortchacow sans toucher à la liberté religieuse dont la Russie désire le développement.

Le Prince de Bismarck adhère à la proposition Française, en déclarant que l'assentiment de l'Allemagne est toujours acquis à toute motion favorable à la liberté religieuse.

Le Comte de Launay dit qu'au nom de l'Italie il s'empresse d'adhérer au principe de la liberté religieuse, qui forme une des bases essentielles des institutions de son pays, et qu'il s'associe aux déclarations faites à ce sujet par l'Allemagne, la France, et la Grande Bretagne.

Le Comte Andrássy s'exprime dans le même sens, et les Plénipotentiaires Ottomans n'élèvent aucune objection.

Le Prince de Bismarck, après avoir constaté les résultats du vote, déclare que le Congrès admet l'indépendance de la Serbie, mais sous la condition que la liberté religieuse sera reconnue dans la Principauté. Son Altesse Sérénissime ajoute que la Commission de Rédaction, en formulant cette décision, devra constater la connexité établie par le Congrès entre la proclamation de l'indépendance Serbe et la reconnaissance de la liberté religieuse.

Lord Salisbury désirerait également que le Congrès insistât en faveur de la liberté commerciale et se déclarât contre l'introduction éventuelle d'un droit de transit en Serbie.

Le Comte de Launay fait savoir qu'il a prévenu le vœu de M. le Plénipotentiaire d'Angleterre, et qu'il a préparé, de concert avec ses collègues d'Autriche-Hongrie et de France, la motion suivante :—

"Les Plénipotentiaires d'Autriche-Hongrie, de France et d'Italie proposent d'ajouter aux stipulations relatives à la Serbie ce qui suit :

"Jusqu'à la conclusion de nouveaux arrangements, rien ne sera changé dans la Principauté de Serbie aux conditions actuelles des relations commerciales de ce pays avec les pays étrangers, aucun droit de transit ne sera prélevé en Serbie sur les marchandises traversant ce pays.

"Les immunités et privilèges des sujets étrangers, ainsi que les droits de juridiction et de protection Consulaires tels qu'ils existent aujourd'hui, resteront en pleine vigueur tant qu'ils n'auront pas été modifiées d'accord avec les Parties Contractantes."

Le Président regarde comme de droit commun qu'une province séparée d'un État ne puisse s'affranchir des Traités auxquels elle a été jusqu'alors soumise. C'est aux yeux de son Altesse Sérénissime un principe de droit des gens qui ne peut, d'ailleurs, qu'être corroboré par une déclaration du Congrès.

La motion présentée par le Comte de Launay est accepté en

principe, sauf à la demande du Comte Schouvaloff d'une révision des détails de rédaction.

Le Congrès continue l'examen de l'Article III relatif à la frontière Serbe, et le Président pense que cette délimitation ne peut être tracée que par un Comité spécial.

Le Baron de Haymerle présente, sur ce point, le projet suivant :—

"La Serbie recevra un agrandissement territorial.

"Une définition exacte des frontières ne pouvant se faire dans le plenum du Congrès, une Commission dans laquelle un Plénipotentiaire entrerait pour chaque Puissance serait chargée de formuler et de soumettre au Congrès un tracé de frontières.

"L'annexe contient des propositions plus détaillées des Plénipotentiaires Austro-Hongrois sur le tracé des frontières "*

Le Comte Schouvaloff accepte la proposition d'un Comité spécial.

Mehemed Ali Pacha ayant fait allusion aux intérêts de la Turquie dans la délimitation de la frontière et rappellé les considérations qu'il a lues dans la dernière séance, le Président insiste pour la formation d'un Comité chargé spécialement de ces questions qui ne sauraient être réglées en réunion générale.

Le Congrès accepte cette proposition : les Plénipotentiaires devront désigner au Secrétariat les Délégués qui feront partie du Comité.

L'Article IV du Traité de San Stéfano, relatif à la Serbie, est ensuite examiné ; les alinéas 1 et 2 sont renvoyés à la Commission de Rédaction.

Sur le 3ᵉ alinéa, relatif à l'évacuation du territoire Ottoman par les troupes Serbes, Lord Salisbury exprime le désir de voir intervenir une décision du Congrès : le Comte Schouvaloff ayant fait remarquer qu'une décision précise ne peut être prise sur ce point avant que la frontière ait été délimitée, le Congrès renvoie également à la Commission de Rédaction le dernier alinéa de l'Article IV.

Le Baron de Haymerle lit la proposition ci-dessous relative aux chemins de fer en Serbie :

"La Principauté de Serbie est substituée pour sa part aux engagements que la Sublime Porte a contractés tant envers l'Autriche-Hongrie qu'envers la compagnie pour l'exploitation des chemins de fer de la Turquie d'Europe, par rapport à l'achèvement et au raccordement ainsi qu'à l'exploitation des lignes ferrées à construire sur le territoire nouvellement acquis.

"Les Conventions nécessaires pour régler ces questions seront conclues entre l'Autriche-Hongrie, la Porte, la Serbie, et—dans les

---

* Voir Annexe 1 au Protocole. Page 964.

limites de sa compétence—avec la Principauté de Bulgarie, immédiatement après la conclusion de la paix."

Cette motion, identique à celle que le Congrès a votée sur les voies ferrées en Bulgarie, est accueillie à l'unanimité.

Carathéodory Pacha présente les observations suivantes sur le tribut de la Principauté Serbe :—

"Le tribut de la Serbie sera capitalisé et le montant versé dans les caisses du Trésor Ottoman dans un délai de . . . .

"La Serbie supportera une part de la dette publique Ottomane proportionnelle au revenu des districts qui lui seront définitivement annexés."

Le Président fait remarquer qu'il n'est pas question du tribut dans le Traité, et, le Comte Schouvaloff ayant dit qu'en effet l'indépendance implique naturellement la fin du tribut, Lord Salisbury répond que le tribut était une propriété qui était, comme tous les autres revenus de la Turquie, grevée du paiement de la dette Ottomane.

Le Prince Gortchacow n'est pas disposé à s'intéresser aux souscripteurs des emprunts Turcs. Son Altesse Sérénissime considère cette affaire comme un triste agiotage. Le Gouvernement Russe a refusé son concours à ses nationaux porteurs de titres Ottomans.

Le Comte Schouvaloff, revenant à la question du tribut, dit qu'il n'est pas en mesure de la discuter actuellement et demande qu'elle soit renvoyée à la Commission de Rédaction.

Le Président pense qu'on pourrait peut-être faire supporter à la Serbie une part de la dette équivalente au tribut.

M. Waddington ne saurait admettre les paroles de M. le Premier Plénipotentiaire de Russie au sujet des emprunts Turcs. Son Excellence ne pense pas que ces emprunts puissent être qualifiés d'agiotage : qu'il y ait eu une part de spéculation dans ces affaires on ne peut le nier, mais actuellement les titres se trouvent en général entre les mains de détenteurs dignes d'intérêt. M. Waddington n'insiste pas aujourd'hui, mais il maintient ses observations en faveur de droits sérieux, et que plusieurs de ses collègues, aussi bien que lui-même, se feront un devoir de défendre.

Le Prince Gortchacow répond qu'il n'a pas voulu parler de tous les emprunts, mais de la majorité d'entr'eux, et, en outre, constater que son Gouvernement a refusé tout appui politique aux détenteurs Russes de fonds Turcs.

Il demeure entendu que la proposition de Carathéodory Pacha est renvoyée à la Commission pour la Délimitation des Frontières.

Le Congrès se préoccupe ensuite de fixer l'ordre du jour de la prochaine séance. Sur les observations du Comte Andrássy et du

Comte Schouvaloff, la question du Monténégro est remise à une séance ultérieure. Le Congrès décide de passer demain à la discussion des affaires Grecques, puis des affaires Roumaines, et examine la procédure à suivre en ce qui concerne l'admission des Représentants Grecs.

Le Comte de Saint-Vallier fait remarquer que les Ministres Grecs doivent, dans la première séance où il seront admis, se borner à présenter au Congrès les demandes et les observations de leur Gouvernement; le Congrès se concerterait ensuite en dehors de leur présence et discuterait avec eux dans une séance suivante. Il y a là, en effet, deux ordres d'idées: d'abord l'exposé des vues et des désirs de la Grèce, puis la discussion elle-même en Congrès.

Le Président accepte cette procédure, et, avec l'assentiment unanime de la haute assemblée, annonce qu'il va faire savoir aux Représentants de la Grèce qu'ils seront entendus demain par le Congrès.

Lord Salisbury et le Comte Corti demandent si la Roumanie ne sera pas également admise à plaider sa cause devant la haute Assemblée.

Le Président répond que, les affaires Roumaines étant à l'ordre du jour de la séance de demain, la question soulevée par les Plénipotentiaires d'Angleterre et d'Italie pourra y être discutée.

Mehemet Ali Pacha présente une motion relative aux frontières du Monténégro qui sera imprimée et annexée au Protocole.*

La séance est levée à 5 heures.

[Suivent les Signatures.]

Annexe 1 au Protocole No. 8.—Frontière pour la Serbie.—(Carte de l'État-Major Autrichien.)

LE tracé suivra la frontière actuelle par le thalweg de la Drina, laissant à la Principauté le Mali-Zwornik et Sakhar.

Elle continuera ensuite à longer l'ancienne limite de la Principauté jusqu'au Kopaonik, dont elle se détachera à la sommité du Kanilug. De là elle se confondra avec la limite occidentale du Sandjak de Nisch jusqu'au village Konçul sur la Morava, passant d'abord par la crête du contrefort sud du Kopaonik, puis par celle de la Maritza et Mrdar Planina (formant le partage des eaux entre le bassin de l'Ibar et de la Sitnica d'un côté, et de celui de la Toplica de l'autre)—laissant le défilé de Prepolac à la Turquie—jusqu'au mont Djak, tournant ensuite vers le sud par la crête du partage des eaux entre la Brveniça et la Medvedja-Rjeka, d'où elle descendra dans une direction est entre les villages Petrilja et Dukat, pour y traverser la rivière Medvedja et monter sur la crête de la Goljak-Planina (formant le partage des eaux entre

* Voir Annexe 2 au Protocole. Page 965.

la Kriva-Djeka d'un côté et la Poljanica, la Veternica et la Morava de l'autre), d'où elle descendra dans une direction sud à Konçul sur la Morava—laissant ce village à la Serbie. De ce point la frontière suivra le thalweg de la Morava jusqu'à Lusan, laissant ce village à la Turquie, d'où elle se dirigera par Borovce et Novoselo, laissant ces villages à la Turquie, jusqu'à la sommité du mont Kujan. De ce point la frontière se confondra de nouveau avec la limite administrative méridionale et orientale du Sandjak de Nisch, formant le partage des eaux entre les bassins de Vardar, du Strouma, de l'Isker et du Lom d'un côté et de celui de la Morava et du Timok de l'autre.

Cette limite administrative et particulièrement marquée par la crête de la S. Ilia-Planina, le sommet de mont Kljuc, la crête de la Babina glava, le sommet des monts Crni vhi, Streser, Vilo golo, Mesid, Ravna siba et Ogórelica, la crête des montagnes Kosturnica-, Ljubas-Grloska- et Visker-Planina. Elle traverse ensuite le col de la route Sophia-Nisch près du village Soline, d'où elle passe par les environs des villages Malovo, Murgas et Gedic, et puis dans une ligne droite jusqu'au col Ginci (Ginci Pass), qui resterait à la Bulgarie. A partir de ce point elle suit la crête des montagnes Kodza et Ciprovac-Balkan, puis de la Stara-Planina jusqu'à l'ancienne frontière orientale de la Principauté, près de la Kula-"Smiljova çuka."

Annexe 2 au Protocole No. 8.

D'APRÈS les bases de la paix signées à Andrinople un accroissement de territoire équivalent à celui que le sort des armes avait fait tomber entre les mains des Monténégrins leur devait être accordé.

Ce territoire se compose—

1. Des nahiés de Zúbci, Banjani, Piva, Drobniak, Sáran, Yezéré et de la partie du district de Bihor qui se trouve entre le Lim et le district Monténégrin de Vassovik. Tous ces nahiés sont depuis longtemps connus sous le nom de "districts insurgés," vu que les situations topographiques et le mauvais état des routes rendant très-difficile l'action des troupes Impériales, leurs habitants se trouvaient, même en temps de paix, plus ou moins en état d'insurrection.

2. Du district de Niksic tombé entre les mains des Monténégrins après la capitulation de la place de Niksic et l'évacuation par nos troupes des blockhaus en pierre qui défendraient le défilé de Duga.

3. Du district de Kuçi habité par des Slaves Orthodoxes et situé entre le territoire des Albanais Clementi et le Monténégro. Jadis

les Kuçiotes faisaient toujours cause commune avec les Albanais, mais, dès le début de la dernière guerre, ils se sont déclarées pour leurs frères de race, les Monténégrins.

4. De la ville d'Antivari et d'une partie du district de ce nom.

Lors de la conclusion de l'armistice cette partie eut pour limites le cours de la Bojana depuis son embouchure jusqu'au lac de Sass et ensuite une ligne tirée perpendiculairement de la pointe ouest de ce lac vers le lac de Scutari sur le village de Skla.

Les pays mentionnés dans ces quatre paragraphes forment évidemment le territoire dont a voulu parler le seconde paragraphe des Bases de la Paix, comme devant être cédé au Monténégro. Si une partie en était exclue il faudrait accorder un équivalent à la Principauté.

Or, d'après les Préliminaires de San Stéfano non seulement tous les pays dont il s'agit, à l'exception du petit district de Zúbci, furent cédés au Monténégro, mais on y ajouta encore une énorme étendue de pays qui n'ont jamais été foulés par aucun Monténégrin en armes, voire les cazas Bosniaques de Foca, Plevlje (Tachlidjé), Prjepolje (Prepol), Bjelopolje (Akova), et Berana, ainsi que les cazas Albanais de Rozai et Gussinije avec les monts habités par les clans Albanais de Hotei et Clementi.

Les cazas frontières de Kolachein du côté de Novi-Bazar, et de Spouz et Podgoritza du côté de l'Albanie, furent aussi compris dans le territoire qui serait donné au Monténégro, quoiqu'il y eut dans les chefs-lieux fortifiés de ces cazas des garnisons nombreuses qui n'avaient rien à craindre en cas d'attaque.

Les Plénipotentiaires Ottomans signalent à l'appréciation de cette haute assemblée, en ce qui concerne la ligne frontière du Monténégro, la contradiction existant entre les Bases de la Paix et les Préliminaires de San Stéfano. Animés du désir que la ligne qui séparera l'Empire du Monténégro soit, dans la mesure du possible, tracée de manière à empêcher par des obstacles naturels, pour l'une et l'autre partie, les violations de frontière et les déprédations, ils soumettent à l'approbation du Congrès la rectification suivante de la ligne frontière actuelle :—

(*a.*) Pour le côté nord les districts de Banjani, Niksic, Piva, Drobniak, Saran, et Yezéré, seraient cédés au Monténégro : entre la Piva et la Tara la caserne fortifiée de Crkvica, qui est une garde avancée de la ville de Fotza et par conséquent toujours occupée par un bataillon d'infanterie, resterait à la Turquie, et la ligne frontière passerait près du village de Nedvina, étant à peu près perpendiculaire aux deux rivières susmentionnées.

(*b.*) Pour le côté est, la ligne frontière remonterait d'abord la rive gauche de la Tara et ensuite le ruisseau qui du Mont Starac descend vers Prosçen et suivrait autour de Kolachein l'ancien tracé, jusqu'au point désigné sur la carte par le nom de Sisko-yézéro. Elle descendrait de ce point vers le village de Djoriza et remonterait de Lim jusqu'à Sekulare. La petite forteresse de Berana étant de ce côté la clef de l'Albanie, les hauteurs qui se trouvent vis-à-vis sur la rive gauche du Lim nous resteraient et feraient partie du rayon de cette forteresse.

(*c.*) Pour le côté sud, vu que les districts de Gussinié et de Plava ne sont habités que par des Albanais, et que ces districts ainsi que les villes Musulmanes de Spouj et Podgoritza n'ont jamais été occupés par les Monténégrins, il n'y aurait rectification de frontière qu'à partir du Mont Ziva, d'où le nouveau tracé descendrait le cours du ruisseau de Ripniça, jusqu'au village de Fundina, tournerait autour de Podgoritza, de manière que les hauteurs environnantes du côté nord-est feraient partie du rayon de cette place, et rencontrerait l'ancien tracé au confluent de la Zeta avec la Moraca.

Le district d'Antivari étant exclusivement habité par des Albanais, resterait sous la domination Ottomane, et il n'en serait cédé aux Monténégrins que le port de Spiça, au moyen d'une petite rectification de frontière, laquelle, du point Milujevic, se dirigerait en ligne droite vers le village de St. Pettka situé au bord de la mer.

Cette haute assemblée aurait à statuer si, pour la partie du district d'Antivari occupée actuellement par les Monténégrins, un équivalent devait leur être donné sur un autre point quelconque.

Protocole No. 9.—Séance du 29 Juin, 1878.

Étaient présents :

Pour l'Allemagne—le Prince de Bismarck, M. de Bülow, le Prince de Hohenlohe-Schillingsfürst ;

Pour l'Autriche-Hongrie—le Comte Andrássy, le Comte Károlyi, le Baron de Haymerle ;

Pour la France—M. Waddington, le Comte de Saint-Vallier, M. Desprez ;

Pour la Grande Bretagne—le Comte de Beaconsfield, le Marquis de Salisbury, Lord Odo Russell ;

Pour l'Italie—le Comte Corti, le Comte de Launay ;

Pour la Russie—le Prince Gortchacow, le Comte Schouvaloff, M. d'Oubril ;

Pour la Turquie—Alexandre Carathéodory Pacha, Mehemed Ali Pacha, Sadoullah Bey.

La séance est ouverte à 2 heures et demie.

Le Président annonce que la Commission de Délimitation des Frontières s'est constituée, et se compose de la manière suivante :—

Pour l'Allemagne, le Prince de Hohenlohe ; pour l'Autriche, le Baron de Haymerle ; pour la France, le Comte de Saint Vallier ; pour la Grande Bretagne, Lord Odo Russell ; pour l'Italie, le Comte de Launay ; pour la Russie, le Comte Schouvaloff ; pour la Turquie, Mehemed Ali Pacha.

La Commission a tenu sa première séance aujourd'hui.

Avant de procéder à l'ordre du jour, le Président rappelle que les diverses propositions présentées dans la dernière séance ont été remises aux Commissions respectives.

L'ordre du jour appelle en premier lieu l'Article XV du Traité de San Stéfano, concernant l'Ile de Crète et les provinces limitrophes du Royaume de Grèce. Conformément à la décision prise par le Congrès, le Président a invité MM. les Représentants du Gouvernement de Sa Majesté le Roi de Grèce à vouloir bien faire à la haute assemblée, dans la séance de ce jour, les communications dont ils seraient chargés.

Le Président donne lecture de l'Article XV du Traité de San Stéfano.

Lord Salisbury demande une modification au dernier alinéa ainsi conçu : "Des Commissions Spéciales, dans lesquelles l'élément indigène aura une large participation, seront chargées dans chaque province d'élaborer les détails du nouveau règlement. Le résultat de ces travaux sera soumis à l'examen de la Sublime Porte, qui consultera le Gouvernement Impérial de Russie avant de les mettre à exécution."

Son Excellence désirerait que les mots "le Gouvernement Impérial de Russie" fussent remplacés par ceux-ci : "la Commission Européenne."

Le Comte Schouvaloff, faisant allusion au danger qu'il a déjà signalé d'étendre trop les attributions des Commissions Européennes, est d'avis qu'il serait préférable de substituer aux mots indiqués par Lord Salisbury, "les Grandes Puissances de l'Europe."

M. le Plénipotentiaire d'Angleterre ayant insisté pour les termes qu'il a proposés, et le Prince de Bismarck ayant fait remarquer qu'au fond la divergence entre les deux opinions est peu sensible, le Comte Schouvaloff accepte la rédaction proposée par l'Angleterre, à laquelle le Congrès donne également son adhésion.

MM. Delyannis, Ministre des Affaires Étrangères de Grèce, et Rangabé, Ministre de Grèce à Berlin, sont ensuite introduits.

Le Président dit que le Congrès a voulu entendre les vœux et les appréciations du Gouvernement Hellénique avant de prendre une décision sur l'Article XV, qui forme en ce moment l'objet de ses délibérations. Son Altesse Sérénissime prie MM. les Représentants de la Grèce de faire connaître leurs opinions et leurs désirs à la haute assemblée.

M. Delyannis exprime au Congrès la reconnaissance du Gouvernement Hellénique pour l'admission des Représentants Grecs au sein de la haute assemblée. Son Excellence espère que le Congrès voudra examiner avec la même bienveillance la cause que son collègue et lui ont mission de défendre. Il donne ensuite lecture de la communication suivante :—

"Les seuls et véritables vœux du Gouvernement Hellénique ont été toujours identiques aux aspirations de la nation entière, dont la Grèce libre ne constitue qu'une petite partie.

"Ces mêmes aspirations animaient le peuple Hellène quand il entreprit en 1821 la longue guerre de son indépendance.

"Quant à leur réalisation complète, le Gouvernement Hellénique ne saurait se faire illusion sur les nombreuses difficultés qu'elle rencontre.

"La ferme résolution de l'Europe d'établir la paix en Orient sans trop ébranler l'état des choses existant, indique au Gouvernement Hellénique les limites qu'il doit imposer à ses aspirations.

"Ainsi, le Gouvernement doit limiter ses vœux et voir dans l'annexion de Candie et des provinces limitrophes au Royaume, tout ce qui, pour le moment, pourrait être fait pour la Grèce.

"Les vœux du Gouvernement du Roi ne s'opposent ni aux intérêts de l'Europe, ni à ceux de l'État voisin. Leur satisfaction serait l'accomplissement de la volonté ferme et tenace des populations de ces provinces, et donnerait le calme et une existence tenable au Royaume.

"Nous croyons que l'accomplissement des vœux ci-dessus énoncés est dans les intérêts de l'Europe. Sa volonté étant d'amener et de consolider la paix en Orient, l'annexion de ces provinces serait le moyen le plus efficace et le seul possible pour écarter toutes les causes qui pourraient dans l'avenir faire péricliter l'œuvre pacificatrice de l'Europe. On n'aurait qu'à se rappeler le passé de ces provinces, les causes qui les ont tant de fois agitées, et les moyens extrêmes auxquels ces contrées ont eu recours pour améliorer leur sort, pour être pleinement convaincu que les mêmes causes amèneraient, dans un avenir plus ou moins prochain, les mêmes tristes résultats.

"D'ailleurs, l'Europe ayant vu dans la création du Royaume Hellénique une œuvre extrêmement civilisatrice, son agrandissement ne serait que le complément de cette œuvre.

"L'annexion de ces provinces serait aussi dans l'intérêt de la Turquie. Elle lui éviterait dans l'avenir toute cause de troubles, qui ont tant de fois épuisé son budget, compromis ses intérêts politiques, et aigri ses relations de bon voisinage, dont le Royaume Hellénique a été de tout temps si soigneux.

"Quant à l'intérêt capital que ces provinces mêmes trouveraient dans leur annexion, il est généralement connu que, depuis au demi-siècle déjà, elles réclament leur union à la Grèce. Elles ont bien des fois, et hautement, manifesté ce désir. Elles n'ont pas hésité même de prendre les armes à plusieurs reprises, et de s'attirer tous les malheurs de la guerre pour le réaliser. Il y a quelques mois à peine une d'elles n'a pu être pacifiée que sur l'assurance formelle d'une grande Puissance que 'la cause Hellénique ne serait point lésée,' et que cette Puissance même dirait explicitement au Congrès 'que cette pacification est due à son intervention.'

"Une autre province, l'Ile de Candie, est encore en pleine insurrection, et d'après les dernières nouvelles le sang y coule en abondance.

"Ne serait-ce pas une œuvre de justice et d'humanité que de satisfaire aux aspirations nationales de ces pays, de combler leurs vœux, tant de fois manifestés, et de leur épargner à l'avenir les destructions et les catastrophes auxquelles ils s'exposent pour parvenir à une existence nationale ?

"Quant au Royaume Hellénique, toutes les manifestations des vœux nationaux des Hellènes de la Turquie ne peuvent naturellement que produire une profonde émotion dans le Royaume Hellénique.

"Les originaires des provinces Grecques de l'Empire Ottoman y comptent par milliers ; un grand nombre en occupent des places distinguées dans toutes les branches de l'Administration, dans la marine, et dans l'armée ; d'autres non moins nombreux s'y distinguent par leur activité industrielle et commerciale. Le contre-coup que la nouvelle d'une insurrection Hellénique en Turquie produit dans leurs cœurs est trop puissant pour ne pas les remuer. Il pousse les uns à passer les frontières pour s'unir aux combattants ; les autres à vider leur bourse pour la cause commune. Cette commotion est vite communiquée à tous les habitants du pays, quoique non originaires des provinces combattantes, et la population entière du Royaume, qui ne peut oublier ce qu'elle doit aux combats antérieurs de ces frères déshérités, ni rester impassible vis-à-vis de leur lutte de délivrance, court se mettre dans leurs rangs pour les aider à reconquérir leur liberté.

"Un état de choses pareil fait naître chaque fois des crises sérieuses dans le Royaume Hellénique, qui rendent très-difficile la position de son Gouvernement. Ne pouvant refuser ses sympathies aux Hellènes des provinces en question unis à la Grèce libre par des liens d'histoire, d'origine et de malheurs communs ; ne devant afficher une indifférence qui lui frustrerait de la confiance de l'Hellénisme et étoufferait les justes espérances que les Hellènes de la Turquie ont de tout temps fondées sur la Grèce libre ; tout Gouvernement Hellénique serait impuissant de résister au courant.

"Crût-il même devoir le faire au sacrifice des intérêts les plus précieux du Royaume, il serait renversé par le courant qui entraînerait le pays tout entier dans la lutte des provinces insurgées. Dans le cas même où le Gouvernement aurait la force d'opposer une digue au courant national, tous ces efforts resteraient sans effet, à cause de l'étendue et de la conformation de la ligne frontière du Royaume, qu'une armée de 100,000 hommes même ne serait pas en état de garder de manière à pouvoir empêcher la sortie clandestine des volontaires.

"La situation créée au Gouvernement Hellénique par ces mouvements insurrectionnels n'est pas moins difficile et intenable sous le point de vue financier. Le Budget du Royaume a bien des fois subi, et subit encore, l'influence de pareils événements. Aussi grande et éclatante que soit la différence entre le Budget des recettes publiques dressé en 1829 par le Président de la Grèce, et celui de l'exercice de l'année dernière, il n'en est pas moins vrai que les secours pécuniaires alloués chaque fois aux réfugiés des provinces insurgées et aux combattants rapatriés, et les armements motivés par cette situation anormale et par les relations tant soit peu tendues avec l'État limitrophe qui en ont été toujours la conséquence, ont bien des fois englouti plusieurs millions, augmenté la dette publique et affecté à des dépenses infructueuses la plus grande part des recettes publiques, qui, déversées au développement matériel du pays, en auraient bien plus encore augmenté les ressources et le bien-être.

"Si de grandes et riches nations avec lesquelles la petite Grèce ne saurait jamais se mesurer ont toujours, en des circonstances analogues, ressenti les suites onéreuses de dépenses de même nature, il est bien naturel que le pauvre Royaume Hellénique, qui plus d'une fois s'est trouvé dans le cas de faire face à de pareilles obligations, qui aujourd'hui encore entretient sur son territoire 80,000 réfugiés, et doit s'occuper de préparatifs au-dessus de ses forces, il est bien naturel que non-seulement il se ressent de tout le poids de pareilles dépenses, mais qu'il en soit écrasé.

"Le Gouvernement de Sa Majesté est pénétré de la conviction inébranlable qu'un pareil état de choses ne pourrait se prolonger. Il croit remplir un devoir qu'il ne lui est point permis de négliger en s'empressant d'exposer au Congrès cette situation, et de le prier de bien vouloir y remédier en écartant les causes qui l'ont préparée."

Le Président dit que l'exposé que le Congrès vient d'entendre sera imprimé et distribué, et que la haute assemblée l'examinera avec attention.

M. Rangabé présente ensuite quelques considérations complémentaires, et insiste notamment sur les progrès réalisés en Grèce depuis la proclamation de l'indépendance, sur les difficultés que l'exiguïté du territoire, l'absence de frontières naturelles, les agitations permanentes de provinces voisines de même race, ont sans cesse opposées à la prospérité et au développement du Royaume Hellénique. Son Excellence affirme de nouveau que les accroissements demandés par son collègue sont nécessaires, non-seulement à l'existence même de la Grèce, mais à la paix do l'Orient.

Le Président répond que le Congrès, lorsqu'il aura étudié les considérations présentées par MM. les Représentants Helléniques, leur communiquera le résultat de ses délibérations. Il annonce que leur concours leur sera alors de nouveau demandé et les remercie de s'être rendus à l'invitation du Congrès.

MM. Delyannis et Rangabé s'étant retirés, le Congrès reprend son ordre du jour, qui indique l'examen de l'Article V et de l'Article XIX du Traité de San Stéfano, relatifs à la Roumanie.

Lord Salisbury, rappelant la question qu'il a posée dans la séance précédente, propose de décider si les Représentants de la Roumanie seront entendus par le Congrès. Aux yeux de son Excellence, la haute assemblée, après avoir écouté les Délégués d'une nation qui réclame des provinces étrangères, agirait équitablement en écoutant les Représentants d'un pays qui demande à garder des contrées qui lui appartiennent.

Le Comte Corti déclare s'associer entièrement à l'opinion que vient d'exprimer son collègue d'Angleterre.

Le Prince de Bismarck ne regarde pas que l'admission des Roumains présente, au point de vue de la réussite des travaux du Congrès, le même intérêt que l'admission des Grecs, dont les demandes, quelqu'en soit le résultat, ne sauraient exercer une influence très-considérable dans l'issue des délibérations du Congrès. Son Altesse Sérénissime hésite à penser qu'il soit bon d'accroître les difficultés de la tâche pacifique dévolue à la haute assemblée en introduisant les Délégués Roumains, dont les réclamations, connues d'avance, ne semblent pas de nature à faciliter la bonne entente ; toutefois, la question ayant été posée, il doit la soumettre au suffrage de ses collègues.

Le Comte Schouvaloff établit la différence qui existe entre la Grèce, État indépendant, et la Roumanie, dont l'indépendance n'est pas encore reconnue par l'Europe. Il y aurait plus d'analogie entre la Grèce et la Serbie, que la déclaration du Congrès a affranchie des liens de vassalité, et cependant la haute assemblée n'a pas admis les Délégués Serbes.

Le Président ayant demandé au Secrétariat si la demande d'admission adressée au Congrès émane du Gouvernement de la Principauté de Roumanie, le Comte Corti constate que la pétition est signée par deux Ministres du Prince Charles, et que, conformément à la procédure adoptée par le Congrès, ce document est introduit et recommandé par Lord Salisbury et les Plénipotentiaires Italiens.

Le Président procède au vote.

Le Comte Andrássy accepte la proposition de Lord Salisbury et du Comte Corti, mais dans l'espoir qu'elle pourrait amener une solution qui donne des garanties à la paix.

M. Waddington est d'avis d'admettre les Représentants Roumains, et espère que cette marque d'intérêt facilitera l'adhésion de la Roumanie à la décision du Congrès quelle qu'elle soit.

Les votes de l'Angleterre et de l'Italie étant acquis, le Président demande leurs sentiments à MM. les Plénipotentiaires de Russie.

Le Prince Gortchacow déclare partager l'opinion que M. le Prince de Bismarck a exprimée sur cette question. Le but de la Russie est d'arriver le plus tôt possible à une paix durable, et son Altesse Sérénissime pense que la présence des Représentants Roumains est de nature à provoquer de vives discussions. Sans voter contre leur admission, le Prince Gortchacow demande expressément l'insertion de son opinion au Protocole.

Le Président ayant insisté pour avoir le vote précis des Plénipotentiaires Russes, le Comte Schouvaloff dit, qu'aux yeux de son Gouvernement, les observations des Délégués Roumains ne peuvent qu'augmenter les difficultés de la discussion; car, assurément, la Russie ne se laissera pas accuser par eux sans se défendre. Cependant, si la majorité du Congrès se prononce pour l'admission, les Plénipotentiaires Russes ne sauraient être seuls à vouloir éloigner des contradicteurs, et ils ne s'opposent point à la proposition de Lord Salisbury.

Les Plénipotentiaires Ottomans n'ayant point élevé d'objection, le Prince de Bismarck dit qu'il a voulu subordonner son vote à celui des Puissances spécialement intéressées, et consent également, au nom de l'Allemagne, à l'admission des Représentants Roumains.

Le Comte Andrássy, avec l'assentiment de la haute assemblée, exprimé le désir que les Délégués de Roumanie soient entendus dans les mêmes conditions que les Ministres de Grèce.

Le Président annonce qu'en conséquence il invitera les Représentants Roumains pour la séance de Lundi prochain.

Le Congrès commence la discussion des Articles du Traité de San Stéfano relatifs à la Roumanie. Le Président donne lecture du 1er alinéa de l'Article V ainsi conçu :—

"La Sublime Porte reconnaît l'indépendance de la Roumanie, qui fera valoir ses droits à une indemnité à débattre entre les deux parties."

Le Président demande si le Congrès est disposé à maintenir, sans condition, le principe posé dans cet alinéa, ou bien à le subordonner à l'acceptation par la Roumanie des remaniements territoriaux qu'elle paraît vouloir repousser. Son Altesse Sérénissime n'a pas d'avis personnel sur ce point, mais désire savoir si les Représentants d'autres Puissances considèrent que l'indépendance de la Roumanie est liée à la reconnaissance par cette Principauté de la totalité du Traité de San Stéfano, et s'ils ne regardent point, par conséquent, comme connexes les deux questions de l'indépendance et des changements territoriaux.

Le Comte Corti fait remarquer que les Préliminaires de San Stéfano ont été conclus entre la Russie et la Turquie, et que la Roumanie n'a pu y prendre part, étant placée sous la suzeraineté de la Porte. Son Excellence ne jugerait pas équitable d'admettre que la Principauté soit liée au même degré que le Gouvernement Ottoman. Il ne croit pas opportun de faire dépendre l'indépendance de la Roumanie de son adhésion aux stipulations qui la concernent.

Le Comte Schouvaloff ne partage point cette opinion. La Roumanie a proclamé, il est vrai, elle-même, son indépendance, mais cette indépendance ne peut être effective sans l'assentiment de l'Europe; et le Congrès est en droit de statuer, sans rechercher si la Roumanie est engagée ou non par les autres Articles du Traité de San Stéfano.

Lord Beaconsfield a vu avec le plus vif regret les stipulations de l'Article XIX du Traité de San Stéfano relatives à la Bessarabie. D'abord cette combinaison est une immixtion dans le Traité de 1856, et il n'y avait qu'une extrême nécessité qui pût autoriser un changement dans un acte aussi solennel; au surplus, cette nécessité n'a même pas été alléguée. En second lieu, ce serait aux yeux de son Excellence une grave erreur que de considérer cette stipulation comme un simple échange de territoire entre deux États. Les Articles IV et XX du Traité de Paris constituent un engagement pris entre les Puissances Européennes et la Russie, dans le but d'assurer la liberté de la navigation du Danube, et son Excellence ne trouve aucune garantie pour cette liberté dans le Traité de San Stéfano. Dans l'Article IV du Traité de 1856, les Puissances alliées se sont engagées à restituer à l'Empereur de Russie tous les territoires occupés par leurs troupes, mais sous la condition, indiquée dans l'Article XX, qu'une rectification de la frontière Russe aurait lieu en Bessarabie "pour mieux assurer la liberté de la navigation du Danube." C'était un engagement pris envers l'Europe. Aujourd'hui, cependant, le Gouvernement Russe se propose de retenir les territoires restitués sans remplir les conditions sous lesquelles ils étaient restitués. Le Premier Plénipotentiaire d'Angleterre appelle sur une situation aussi grave toute la sollicitude de la haute assemblée. Lord Beaconsfield déplore cette ingérence dans le Traité de Paris et proteste contre elle sans avoir même à se préoccuper de savoir si l'échange dont il s'agit est ou non sanctionné par le possesseur actuel. Les autres signataires du Traité de Paris ayant décliné toute intervention dans cette affaire, le Premier Plénipotentiaire de la Grande Bretagne ne saurait conseiller au Gouvernement de la Reine d'employer la force pour maintenir les stipulations de ce Traité; mais il proteste contre ce changement, et attend les explications que ses collègues de Russie seront en mesure de donner sur les engagements que leur Souverain entendrait prendre pour la sauvegarde de la liberté du Danube.

Le Prince Gortchacow pense, comme Lord Beaconsfield, que la libre navigation du Danube est un intérêt Européen, mais son Altesse Sérénissime ne voit pas quelle influence la cession de la Bessarabie peut exercer sur la libre navigation du Danube. La Roumanie, en effet, n'est absolument pour rien dans les améliorations dont le cours du fleuve a été l'objet. Sans doute, le Traité de Paris a donné à la Moldavie une partie de la Bessarabie et le delta du Danube; mais, en 1857, les mêmes Puissances ont restitué le delta aux Turcs, et elles ont rendu ainsi service à la Moldavie, qui était hors d'état d'exécuter les travaux nécessaires pour le libre accès de la bouche de Soulina. C'est depuis lors que la Commission Européenne du Danube a exécuté les grands travaux d'où sont résultés de si importants avantages pour le commerce du monde.

Son Altesse Sérénissime, envisageant la question à un autre point de vue, rappelle qu'en 1856 la Bessarabie n'a été adjointe qu'à la seule Moldavie, à une époque où les Principautés devaient rester séparées. Plus tard, la Valachie et la Moldavie se sont réunies malgré le Traité de Paris, et nonobstant l'opposition des Cabinets Européens, les Principautés-Unies ont élu un Prince étranger pour lequel, d'ailleurs, son Altesse Sérénissime professe le plus grand respect: la situation n'est donc plus la même qu'autrefois. Le Prince Gortchacow déclare, d'ailleurs, que son Gouvernement ne saurait reculer dans cette question, et espère que Lord Beaconsfield ne persistera pas dans ses objections lorsque son Excellence aura reconnu que la liberté du Danube n'aura rien à souffrir de la rétrocession de la Bessarabie.

Le Comte Schouvaloff dit que, s'il a bien compris les observations de M. le Premier Plénipotentiaire d'Angleterre, le noble Lord a regretté que le Traité de San Stéfano constitue une immixtion dans le Traité de 1856 par laquelle la Russie a contracté des engagements envers l'Europe. M. le Plénipotentiaire de Russie croit devoir rappeler que le Traité de San Stéfano est une Convention préliminaire, n'ayant de force obligatoire qu'entre les deux parties contractantes et par laquelle la Russie a entendu faire connaître d'avance au Gouvernement Turc les demandes qu'elle formulerait plus tard devant l'Europe. C'est dans cette intention que la Russie est venue au Congrès à la suite d'une guerre longue et victorieuse. Le noble Lord a ajouté qu'il ne regarde pas la rétrocession de la Bessarabie comme nécessaire. Le Comte Schouvaloff pense que Lord Beaconsfield ne saurait éviter de reconnaître que, lorsqu'une nation est rentrée en possession d'une partie de territoire qu'une guerre précédente lui a fait perdre, il est difficile de faire abandonner à cette même nation le territoire qu'elle a reconquis. En ce qui concerne la libre navigation du Danube, M. le Plénipotentiaire de Russie présentera quelques explications qui lui semblent de nature à satisfaire Lord Beaconsfield. La question de Bessarabie pouvait être envisagée par la Russie comme une question d'ambition et d'intérêt ou comme une question d'honneur. La Russie a voulu la réduire à une question d'honneur, et c'est pourquoi elle ne redemande pas les parties du territoire dont la possession aurait pu constituer une menace ou du moins une ingérence dans la libre navigation du fleuve. Enfin, elle offre, en retour à la Roumanie, un territoire plus vaste, conquis au prix de son sang, et qui doit être considéré comme de bonne prise. Le Comte Schouvaloff a la conviction que la Roumanie ne perd point au change. Quant au principe de l'intégrité et de l'indépendance de la Roumanie, son Excellence pense, avec Lord Beaconsfield, que de tels principes ne doivent pas seulement être exprimés par des mots, mais doivent être une réalité. Or, la Roumanie ne saurait sauvegarder réellement son indépendance et son intégrité tant qu'elle persisterait à vivre sur les dépouilles d'un grand Empire qui se croit en droit de revendiquer au lambeau de son ancien territoire. Le Comte Schouvaloff est fermement persuadé que la Roumanie elle-même, que toute l'Europe, est intéressée à ce que cette question soit résolue dans le sens des aspirations légitimes de la Russie.

Le Prince Gortchacow désire ajouter une observation relative à la valeur de l'échange.

La Roumanie n'obtiendrait pas seulement à la suite de la guerre à laquelle elle a pris part la reconnaissance de son indépendance et la destruction des forteresses qui menaçaient sa sécurité. Il a été stipulé en sa faveur des annexions éventuelles qui augmenteraient son territoire dans la proportion de 3,500 kilomètres carrés en étendue, de 80,000 âmes comme population, comparativement à ce qu'elle aurait à céder, et qui lui assureraient, en outre, le delta du Danube, que l'Europe lui a enlevé en 1857, certains districts fertiles, comme celui de Babadagh, et un bon port de commerce sur la Mer Noire.

Le Gouvernement Impérial de Russie a donc la conviction, non-seulement de maintenir un droit, mais de se placer sur un terrain d'équité en réglant sur des bases mutuellement avantageuses avec le

Gouvernement Roumain une question sans la solution de laquelle il serait impossible d'établir entre la Russie et la Roumanie les bons rapports nécessaires à la consolidation de la paix en Orient.

Son Altesse Sérénissime considère que ces indications démontrent suffisamment que la Russie ne demande pas plus qu'elle ne donne. Le Prince Gortchakow veut, en outre, rappeler qu'en réalité tous les droits et privilèges de la Roumanie lui ont été assurés au prix du sang Russe. Il n'y a aucun Traité conclu par la Russie avec la Turquie, depuis un siècle, qui ne contienne des stipulations favorables aux Roumains. Son Altesse Sérénissime désire ajouter une observation psychologique et regrette d'avoir à constater que si, dans la vie privée, il arrive souvent qu'en rendant service à un ami on le transforme en adversaire, cette vérité est encore plus applicable à la politique. Le Prince Gortchakow se borne à citer l'exemple des Roumains, et son observation lui paraît de nature à rassurer pleinement ceux qui semblent redouter que la Russie n'acquière le dévouement absolu des populations pour lesquelles elle s'est imposé les plus grands sacrifices.

Le Prince de Bismarck déclare que, quant à la nécessité d'assurer la libre navigation sur le Danube, il partage complètement les idées de M. le Premier Représentant de l'Angleterre, mais il ne voit point de connexité entre la liberté du Danube et la rétrocession de la Bessarabie. Il s'associe, pour ce qui est de la Bessarabie, à l'opinion des Plénipotentiaires Russes en se plaçant moins au point de vue des intérêts de la Russie qu'à celui de la paix durable de l'Europe. Son Altesse Sérénissime croit, en effet, que le Traité de Paris eût été plus solide si l'on eût écarté cette question d'amour-propre, cette diminution de territoire qui, d'ailleurs, n'affectait en rien la force d'un si grand Empire. Le Prince de Bismarck pense que l'œuvre du Congrès serait incomplète si la haute assemblée laissait subsister une disposition à laquelle se rattacherait pour l'avenir un souvenir pénible à la nation Russe tandis que les intérêts de la Roumanie ne paraissent pas contraires à l'échange proposé. Il craint que le Congrès, en se refusant à satisfaire au sentiment historique de la Russie, n'atténue les chances de durée de son œuvre.

Le Président croit, d'ailleurs, qu'il serait préférable d'ajourner la discussion jusqu'au moment où les Représentants Roumains auront été entendus dans la séance de Lundi prochain. Il ajoute qu'il désire mettre à l'ordre du jour pour la prochaine séance, s'il y a lieu, la question du Monténégro après avoir terminée celle de la Roumanie.

Cette proposition est acceptée par le Congrès et la séance est levée à 4 heures et demie.

[Suivent les Signatures.]

Protocole No. 10.—*Séance du* 1er *Juillet,* 1878.

Étaient présents :

Pour l'Allemagne—le Prince de Bismarck, M. de Bülow, le Prince de Hohenlohe-Schillingsfürst ;

Pour l'Autriche-Hongrie — le Comte Andrássy, le Comte Károlyi, le Baron de Haymerle ;

Pour la France—M. Waddington, le Comte de Saint Vallier, M. Desprez ;

Pour la Grande Bretagne—le Comte de Beaconsfield, le Marquis de Salisbury, Lord Odo Russell ;

Pour l'Italie—le Comte Corti, le Comte de Launay ;

Pour la Russie—le Prince Gortchakow, le Comte Schouvaloff, M. d'Oubril ;

Pour la Turquie—Alexandre Carathéodory Pacha, Mehemed Ali Pacha, Sadoullah Bey.

La séance est ouverte à 2 heures et demie.

Les Protocoles 8 et 9 sont adoptés.

Le Président fait mention des pétitions résumées dans la liste No. 8.

Le Comte Schouvaloff rappelle que, dans une séance précédente, il a pris *ad referendum* la question du passage et du droit de garnison de l'Autriche-Hongrie dans l'enclave : à la suite d'une entente avec le Comte Andrássy, M. le Plénipotentiaire de Russie retire ses objections et adhère à la proposition de M. le Plénipotentiaire d'Autriche-Hongrie.

L'ordre du jour appelle en premier lieu l'audition des Représentants de Roumanie. Le Président, en se conformant à la décision prise par le Congrès dans la dernière séance, a invité MM. Bratiano et Cogalniceano, Ministres du Prince Charles de Roumanie, à faire, dans la séance de ce jour, les communications dont ils seraient chargés.

Les Délégués Roumains, MM. Bratiano et Cogalniceano, sont introduits, et le Président les prie de prendre la parole pour expliquer les opinions et appréciations de leur Gouvernement sur les points du Traité de San Stéfano qui les concernent.

M. Cogalniceano remercie le Congrès d'avoir bien voulu admettre les Représentants Roumains et donne lecture du Mémorandum suivant :—

" Messieurs les Plénipotentiaires,

" Nous avons, tout d'abord, à cœur de remercier le Congrès de vouloir bien entendre les Délégués Roumains au moment de délibérer sur la Roumanie. C'est un nouveau titre ajouté par l'Europe à ceux qui lui ont valu dès longtemps la reconnaissance de la nation Roumaine, et ce gage d'unanime bienveillance nous paraît être d'un heureux augure pour le succès de la cause que nous sommes appelés à défendre devant vous.

"Nous n'insisterons pas sur les événements dans lesquels nous avons été entraînés par des nécessités de force majeure. Nous passerons également sous silence soit l'action militaire à laquelle nous avons participé, soit l'action diplomatique à laquelle il ne nous a pas été donné de prendre part. Nous avons eu occasion de constater déjà que la période des négociations nous a été moins propice que la fortune des armes.

"Nous nous bornerons à exposer les droits et les vœux de notre pays, sur la base du résumé présenté dans le Mémoire que nous avons eu l'honneur de soumettre récemment au Congrès.

"1. Nous croyons qu'en bonne justice aucune partie du territoire actuel ne doit être détachée de la Roumanie.

"La restitution par le Traité de 1856 d'une partie de la Bessarabie à la Principauté de Moldavie a été un acte d'équité de l'Europe. Le morcellement de 1812 ne pouvait pas se justifier par le fait ou le droit de conquête.

"En 1812, la Bessarabie relevait d'une Principauté dont l'autonomie avait été attestée solennellement par tous les Traités antérieurement conclus entre les Empires Russe et Ottoman. Le Traité de Kutchuk-Kaïnardji, particulièrement, reconnaissait aux Princes de Moldavie et de Valachie la qualité de Souverains, et établissait que la Bessarabie faisait partie de la Moldavie.

"C'était donc là un pays Roumain, avec des institutions et des lois Roumaines, explicitement maintenues par Sa Majesté l'Empereur Alexandre I. Ce respect de l'ancienne nationalité était formulé dans le rescrit Impérial promulguant l'organisation administrative et judiciaire de cette province après son incorporation à la Russie, sans qu'il fût posé la moindre distinction entre la Basse et la Haute Bessarabie.

"On a semblé vouloir conclure que la Bessarabie était une région Turque ou Tatare du simple fait que les Ottomans y occupaient trois forteresses.

"Mais l'histoire de la Valachie présente une anomalie analogue; des forteresses Turques y ont longtemps subsisté; il n'en résulte pas pourtant que la Valachie ait jamais été un pays Turc.

"En 1878, pas plus qu'en 1812, la Bessarabie ne peut être revendiquée de la Roumanie en vertu du droit de conquête. Elle appartient à une Principauté que la Russie elle-même, pendant tout le cours de sa récente guerre avec l'Empire Ottoman, a considérée et traitée comme un état indépendent et allié.

"D'ailleurs, dès son entrée en campagne, la Russie a signé avec la Roumanie une Convention par laquelle elle a expressément garanti l'intégrité actuelle du territoire Roumain.

"Cette garantie avait été demandée et accordée quand il ne s'agissait encore que du passage des armées Impériales par la Roumanie. Il semblait qu'elle dût redoubler d'énergie du jour où, sur l'appel de Russie même, le concours de la nation Roumaine devenait plus positif et se transformait en coopération militaire effective, en complète alliance. Nos troupes ont, en effet, combattu côte à côte avec les armées Russes. Si ce n'est pas là un titre pour nous agrandir, ce n'en est certes pas un pour nous diminuer. A défaut d'autres droits, la Convention du $\frac{4}{16}$ Avril, 1877, qui porte les signatures et les ratifications du Cabinet Impérial, suffirait seule pour nous conserver une région importante du Danube, à laquelle se rattache si étroitement la prospérité commerciale de la Roumanie.

"On a invoqué, à l'appui de la rétrocession de la Bessarabie, des considérations de reconnaissance et des souvenirs de gloire et de valeur militaires. Mais, durant une longue série de guerres, les armes Russes se sont illustrées sur bien des champs de bataille, et ont promené leur gloire jusque sous les murs d'Andrinople. Ce n'est pas là pourtant un titre à la propriété de la région des Balcans.

"On a invoqué encore des considérations de reconnaissance. La Roumanie sait pratiquer les devoirs de la gratitude, et l'a maintes fois prouvé. Elle n'oublie pas son histoire ni le nom de ses bienfaiteurs; elle vénère en Catherine la Grande et en Nicolas I les généreux auteurs des Traités de Kaïnardji et d'Andrinople.

"Mais elle garde aussi la mémoire des sacrifices qu'elle s'est imposés pour l'agrandissement, la fortune et la gloire de la Russie. Elle se rappelle que, depuis Pierre le Grand jusqu'à nos jours, elle a été tour-à-tour ou simultanément la base des opérations militaires de la Russie, le grenier où s'alimentaient ses armées, alors même qu'elles agissaient au delà du Danube, et le théâtre trop souvent préféré des plus terribles collisions.

"Elle se souvient aussi qu'en 1812 elle a perdu, au profit de la Russie, la moitié de la Moldavie, c'est-à-dire la Bessarabie du Pruth au Dnièstr.

"2. Nous demandons que le sol Roumain ne soit pas assujetti à un droit de passage pendant l'occupation de la Bulgarie par les armées Russes. Le Danube et la mer leur offrent les voies de transport et de communication les plus faciles et les moins coûteuses. La Roumanie, après toutes ses épreuves, aspire à un repos absolu, nécessaire à la réparation des dommages causés par la guerre : ce serait une mauvaise condition, pour l'accomplissement de l'œuvre réparatrice et pour la tranquillité de notre pays, que la circulation de troupes étrangères.

"3. Il nous paraît juste que la Roumanie, en vertu de ses titres séculaires, rentre en possession des îles et des bouches du Danube, y compris l'Ile des Serpents. Il y aurait dans cette restitution un retour équitable aux dispositions originaires par lesquelles les Grandes Puissances avaient confié en 1856 aux Principautés Danubiennes la garde de la liberté du Danube à son embouchure.

"4. Nous avons le ferme espoir que la Roumanie recevra du Gouvernement Impérial de Russie une indemnité de guerre en proportion des forces militaires qu'elle a mises en ligne. Nous croyons légitime, à tous égards, que les dédommagements stipulés et obtenus par la Russie au nom des divers États alliés soient répartis en raison de l'appoint militaire de chacun des belligérants. Le Gouvernement Impérial a reconnu le principe de cette répartition en faveur de la Serbie et du Monténégro, et insiste sur son application.

"La Roumanie est fondée à en demander à son tour le bénéfice. En effet, obligée de tenir longtemps son armée mobilisée pour parer à des éventualités imminentes, elle a eu sous les drapeaux, tant comme armée active que comme armée de réserve, plus de 70,000 hommes. De plus, elle a subi des pertes considérables : ses villes et toute sa rive du Danube ont été saccagées par le bombardement, ses voies de communication détériorées, son matériel de guerre endommagé.

"Les compensations dues de ces différents chefs seraient prélevées sur l'indemnité totale allouée au Gouvernement Impérial de Russie, et fournies en telle forme que le Congrès jugerait plus expédient.

"5. La Roumanie a confiance que son indépendance sera définitivement et pleinement reconnu par l'Europe.

"A son droit primordial, dont le principe avait été faussé par des équivoques historiques, s'ajoutent aujourd'hui les titres dont elle a régénéré, ou plutôt rajeuni, la conquête sur les champs de bataille. Dix mille Roumains sont tombés autour de Plevna pour mériter à leur patrie la liberté et l'indépendance.

"Mais tous ces sacrifices ne suffiraient pas à assurer à la Roumanie la pacifique disposition de ses destinées. Elle serait heureuse et reconnaissante de voir couronner ses efforts qui ont manifesté son individualité, par un bienfait Européen. Ce bienfait serait la garantie réelle de sa neutralité, qui la mettrait en mesure de montrer à l'Europe qu'elle n'a d'autre ambition que d'être la fidèle gardienne de la liberté du Danube à son embouchure, et de se consacrer à l'amélioration de ses institutions et au développement de ses ressources.

"Tels sont, MM. les Plénipotentiaires, succinctement exposés, les vœux d'un petit État qui ne croit pas avoir démérité de l'Europe, et qui fait, par notre organe, appel à la justice et à la bienveillance des Grandes Puissances, dont vous êtes les éminents Représentants."

M. Bratiano lit ensuite les considérations ci-après :—

"L'exposé que mon collègue, en son nom et au mien, vient de tracer des droits et des intérêts de la Roumanie n'a pas besoin de plus longs développements.

"La haute assemblée, qui a pour mission de régler la situation de l'Orient, possède amplement toutes les données nécessaires à l'accomplissement de son œuvre.

"Nous sommes persuadés que les sentiments de justice et de bienveillance qui nous ont ouvert un accès auprès de vous détermineront aussi l'adoption des résolutions relatives à la Roumanie.

"Je me permettrai simplement d'ajouter que la dépossession d'une partie de notre patrimoine ne serait pas seulement une profonde douleur pour la nation Roumaine, elle détruirait en elle sa confiance dans l'efficacité des Traités et dans l'observation tant de l'équité absolue que du droit écrit.

"Le trouble qu'éprouverait sa foi dans l'avenir paralyserait son pacifique développement et son élan vers le progrès.

"Je prends, en terminant, la respectueuse liberté de soumettre ces réflexions à la haute appréciation du grand Conseil Européen, et particulièrement aux illustres Représentants de Sa Majesté l'Empereur de Toutes les Russies, dont nous avons eu si souvent l'occasion d'apprécier l'esprit élevé et le cœur magnanime pendant son séjour parmi nous."

Le Président dit que le Congrès examinera consciencieusement les observations présentées par les Délégués de Roumanie.

Les Représentants Roumains s'étant retirés, l'ordre du jour appelle la continuation de l'examen du 1er alinéa de l'Article V du Traité de San Stéfano.

Le Prince de Bismarck fait remarquer qu'il s'agit de savoir si les Puissances entendent reconnaître l'indépendance de la Roumanie Son Altesse Sérénissime rappelle qu'en 1856 l'union des Principautés n'avait pas été admise ; que depuis lors la situation s'est modifiée, puisque la Valachie et la Moldavie se sont réunies en un seul État ; plusieurs Puissances ont reconnu cet état de choses en concluant avec la Roumanie des Conventions Commerciales. Toutefois, l'Europe seule a le droit de sanctionner l'indépendance ; elle doit donc se demander sous quelles conditions elle prendra cette importante décision, et si elle regarde que les conditions seront les mêmes que celles déjà établies par le Congrès pour la Serbie.

M. Waddington déclare que, fidèles aux principes qui les ont inspirés jusqu'ici, les Plénipotentiaires de France demandent que le Congrès pose à l'indépendance Roumaine les mêmes conditions qu'à l'indépendance Serbe. Son Excellence ne se dissimule pas les difficultés locales qui existent en Roumanie, mais, après avoir mûrement examiné les arguments qu'on peut faire valoir dans un sens et dans l'autre, les Plénipotentiaires de France ont jugé préférable de ne point se départir de la grande règle de l'égalité des droits et de la liberté des cultes. Il est difficile, d'ailleurs, que le Gouvernement Roumain repousse, sur son territoire, le principe admis en Turquie pour ses propres sujets. Son Excellence pense qu'il n'y a pas à hésiter que la Roumanie, demandant à entrer dans la grande famille Européene, doit accepter les charges et même les ennuis de la situation dont elle réclame le bénéfice, et que l'on ne trouvera, de longtemps, une occasion aussi solennelle et décisive d'affirmer de nouveau les principes qui font l'honneur et la sécurité des nations civilisées. Quant aux difficultés locales, M. le Premier Plénipotentiaire de France estime qu'elles seront plus aisément surmontées lorsque ces principes auront été reconnus en Roumanie et que la race Juive saura qu'elle n'a rien à attendre que de ses propres efforts et de la solidarité de ses intérêts avec ceux des populations indigènes. M. Waddington termine en insistant pour que les mêmes conditions d'ordre politique et religieux indiquées pour la Serbie soient également imposées à l'État Roumain.

Le Prince de Bismarck faisant allusion aux principes du droit public en vigueur d'après la Constitution de l'Empire Allemand, et à l'intérêt que l'opinion publique attache à ce que les mêmes principes suivis dans la politique intérieure soient appliqués à la politique étrangère, déclare s'associer, au nom de l'Allemagne, à la proposition Française.

Le Comte Andrássy adhère à la proposition Française.

Lord Beaconsfield dit qu'il donne une complète adhésion au nom du Gouvernement Anglais à la proposition Française. Son Excellence ne saurait supposer un instant que le Congrès reconnaîtrait l'indépendance de la Roumanie en dehors de cette condition.

Les Plénipotentiaires Italiens font la même déclaration.

Le Prince Gortchacow, se référant aux expressions par lesquelles a été motivée la proposition Française et qui donnent la plus grande extension à la liberté religieuse, se rallie entièrement à cette proposition.

Le Comte Schouvaloff ajoute que l'adhésion de la Russie à l'indépendance est cependant subordonnée à l'acceptation par la Roumanie de la rétrocession réclamée par le Gouvernement Russe.

Les Plénipotentiaires Ottomans n'élèvent aucune objection contre les principes présentés par les Plénipotentiaires Français, et le Président constate que le Congrès est unanime à n'accorder l'indépendance à la Roumanie qu'aux mêmes conditions posées à la Serbie. Mais Son Altesse Sérénissime appelle l'attention de ses collègues sur la réserve que le Comte Schouvaloff vient de formuler, et d'après laquelle la reconnaissance de l'indépendance Roumaine ne serait unanimement consentie par le Congrès que sous la condition que la Roumanie admettrait l'échange de territoire stipulé dans l'Article XIX.

M. Waddington, sans faire à ce sujet de proposition formelle, s'adresse à l'esprit d'équité et de bienveillance du Gouvernement Russe et demande s'il ne serait pas possible de donner quelque satisfaction à la Roumanie. En entrant dans cette voie les Plénipotentiaires de Russie apporteraient un grand soulagement aux préoccupations de conscience de plusieurs de leurs collègues. Les paroles prononcées hier par le Prince de Bismarck ont indiqué sans doute l'intérêt qui s'attache, pour le succès de l'œuvre du Congrès, à la conclusion prompte et définitive de l'échange dont il est question : il est opportun, en effet, de ne point prolonger un état de choses qui engage l'amour-propre d'un grand Empire ; mais, si tel est le sentiment des Plénipotentiaires Français, ils considèrent en même temps que les Roumains ont été traités un peu durement, et que la compensation qui leur est offerte n'est pas suffisante. Depuis la réunion du Congrès, la France a toujours conseillé à la Roumanie d'accepter la rétrocession de la Bessarabie, mais M. Waddington croit devoir faire entendre, au nom de son Gouvernement, un appel aux sentiments équitables de la Russie, et exprime le désir qu'il soit accordé à la Principauté une extension de territoire au midi de la Dobroutscha qui comprendrait Silistrie et Mangalia.

Le Comte Andrássy a souvent rappelé que le Gouvernement Austro-Hongrois a principalement en vue la recherche de solutions définitives susceptibles de prévenir des complications ultérieures. C'est dans cet ordre d'idées qu'il a été d'avis que le Congrès entendît les Délégués Roumains ; c'est encore dans la même pensée que son Excellence, en se réservant d'insister, lorsqu'il sera question de la navigation du Danube, sur le principe de la liberté la plus complète, désirerait aujourd'hui que le Congrès prononçât l'annexion de la Dobroutscha à la Roumanie, et en même temps, conformément à l'opinion exprimée par M. Waddington, fût en mesure d'accorder une extension de frontière de la Dobroutscha entre Silistrie et la Mer Noire. Cette décision faciliterait une solution de la question présente.

Le Comte Corti désire joindre l'appel de l'Italie à celui que les Plénipotentiaires Français ont fait entendre. Son Excellence exprimant l'espoir que les Roumains se résigneront à la rétrocession de la Bessarabie, soutient qu'il serait équitable de leur donner une plus grande extension des frontières méridionales de la Dobroutscha.

Le Prince Gortchacow fait observer que dans une séance précédente il a déjà démontré que le dédommagement offert à la Principauté était suffisant, que la Dobroutscha compensait amplement la cession de la Bessarabie, et que, d'ailleurs, la Roumanie gardait le delta du Danube. Son Altesse Sérénissime s'explique difficilement dans quel sens la générosité de la Russie pourrait s'exercer, puisque la Dobroutscha serait agrandie aux dépens de la Principauté Bulgare, déjà considérablement réduite. Le Prince Gortchacow désirerait du moins connaître quels territoires on aurait en vue.

Le Président demande si la haute assemblée pense que la discussion de la ligne à tracer doit avoir lieu en séance plénière.

Le Prince Gortchacow exprime le désir que cette question soit terminée dans la présente séance. Une discussion poursuivie en détail dans le sein d'une Commission serait bien lente : il serait préférable de décider sur le champ, même au prix de quelque acte de générosité de la part de la Russie.

Le Comte Schouvaloff, en réponse à la demande d'une concession plus large qui a été adressée à son Gouvernement par M. le Premier Plénipotentiaire de France, d'accord avec ses collègues d'Autriche-Hongrie et d'Italie, et appuyée par le reste de l'Europe, croit devoir déclarer que la Russie a déjà largement agi en offrant une province qui dépasse de 3,500 kilomètres carrés l'étendue de la Bessarabie, et qui de plus présente 150 kilomètres de rive du Danube et un littoral important de la Mer Noire ; si toutefois la Roumanie désire obtenir encore quelques localités où l'élément Roumain se trouverait, sinon en majorité, du moins assez compact, les Plénipotentiaires de Russie ont quelque latitude pour une semblable combinaison. De Rassova à Silistrie il y a une bande de terrain sur laquelle la population Roumaine est assez nombreuse ; et son Excellence estime que dans un triangle partant de l'est de Silistrie et rejoignant la frontière actuelle, un certain agrandissement de territoire pourrait être consenti par son Gouvernement.

Le Prince de Bismarck désirerait, comme le Prince Gortchacow, que cette question pût être terminée aujourd'hui ; il serait heureux que l'agrandissement proposé et dont l'acceptation garantirait l'unanimité du Congrès en faveur de l'indépendance Roumaine, satisfît la Principauté. D'autre part, l'œuvre du Congrès ne saurait, à son avis, être durable, ainsi qu'il l'a déjà fait remarquer, si un sentiment de dignité blessée subsistait dans la politique à venir d'un grand Empire ; et quelle que soit sa sympathie pour l'État de Roumanie, dont le Souverain appartient à la famille Impériale d'Allemagne, son Altesse Sérénissime ne doit s'inspirer que de l'intérêt général, qui conseille de donner une nouvelle garantie à la paix de l'Europe.

M. Waddington exprime de nouveau le désir que Mangalia sur la Mer Noire soit comprise dans la nouvelle frontière ; une discussion s'engage entre les Plénipotentiaires sur le tracé de la ligne, dans laquelle le Comte Corti désirerait que Silistrie fût incluse, ainsi que sur les termes qui pourraient en déterminer exactement l'étendue.

Le Comte Schouvaloff, pour donner suite au vœu de M. le

Premier Plénipotentiaire de France, donne lecture de la rédaction suivante :—

"Vu la présence d'éléments Roumains, les Plénipotentiaires Russes consentent à prolonger la frontière de la Roumanie le long du Danube, à partir de Rossova dans la direction de Silistrie. Le point frontière sur la Mer Noire ne devrait pas dépasser Mangalia."

Ce texte, qui implique que Mangalia est placée en deçà de la frontière Roumaine, est accepté par le Congrès.

M. le Premier Plénipotentiaire de France remercie MM. les Plénipotentiaires de Russie d'être entrés dans la voie qu'il avait indiquée.

Lord Salisbury ayant demandé que l'Ile des Serpents soit ajoutée à l'agrandissement concédé à la Roumanie, les Plénipotentiaires de Russie déclarent y consentir.

Le Président, résumant les résultats de la discussion, constate que l'unanimité de la haute assemblée reconnaît l'indépendance de la Roumanie sous les conditions analogues à celles imposées à la Serbie, et, en outre, sous la condition que la Roumanie accepte en échange de la Bessarabie, la Dobroutscha, augmentée de la ligne dont le tracé vient d'être déterminé.

Carathéodory Pacha lit les propositions suivantes :—

"I. Le tribut actuel de la Roumanie sera capitalisé et le montant en sera versé dans les caisses du Trésor Ottoman dans un délai de . . . .

"II. La Roumanie supportera une part de la dette publique Ottomane proportionnelle aux revenus du territoire qui lui sera définitivement annexé.

"III. Pour tout le territoire cédé, la Roumanie est substituée aux droits et obligations de la Sublime Porte en ce qui concerne les entreprises de travaux publics et autres du même genre."

Le Président fait observer que le Congrès n'a pas à discuter ces questions en séance plénière, et le Congrès décide le renvoi des propositions de M. le Premier Plénipotentiaire de Turquie à la Commission de Rédaction.

Carathéodory Pacha, visant la question de l'indemnité indiquée dans le 1er alinéa de l'Article V du Traité de San Stéfano, fait remarquer que les Articles du Traité n'ayant pas été acceptés comme obligatoires pour la Roumanie, qui ne peut, par conséquent, en réclamer le bénéfice, il y aurait lieu de supprimer les clauses éventuellement insérées en sa faveur. Celle de l'indemnité est de ce nombre, ainsi que le 2e alinéa du même Article relatif aux droits des Roumains dans l'Empire Ottoman. Son Excellence demande donc que l'Article V soit réduit à la première phrase, c'est-à-dire, à la reconnaissance de indépendance de la Principauté.

Lord Salisbury approuve cette proposition, et le Président pense qu'en effet ces questions particulières ne faisant point partie de l'objet des discussions du Congrès, restent à débattre entre la Turquie et la Principauté Roumaine.

Le Congrès décide que la fin du 1er alinéa de l'Article V est supprimée.

Un échange d'idées a lieu sur le 2e alinéa entre Lord Salisbury, M. Desprez, et le Comte de Saint-Vallier, d'où il résulte que le but de cette disposition serait d'assurer le bénéfice de la juridiction et de la protection Consulaires aux sujets Roumains dans l'Empire Ottoman. La haute assemblée est d'avis de renvoyer cet alinéa à la Commission de Rédaction.

Le Congrès passe à la question du Monténégro.

Le Président donne lecture de l'Article 1er du Traité de San Stéfano, et demande si les Puissances spécialement intéressées se sont mises d'accord en vue d'éviter une discussion sur le tracé des frontières.

Le Comte Andrássy propose de remettre ce point à la Commission de Délimitation, et le Baron de Haymerle donne lecture de la motion qui suit:—

"Le Monténégro recevra un agrandissement territorial dont l'étendue sera établie par une définition ultérieure des frontières.

"Cette définition ne pouvant pas se faire dans le plenum du Congrès, la Commission de Délimitation, nommée par le Congrès, sera chargée de formuler et de soumettre au Congrès un tracé de frontières.

"Les deux Annexes ci-jointes* contiennent les propositions des Plénipotentiaires d'Autriche-Hongrie pour le tracé des frontières et pour les réserves relatives à Antivari et à son littoral."

Le Comte Schouvaloff fait connaître que les Plénipotentiaires Russes se sont entendus avec leurs collègues d'Autriche-Hongrie sur tous les principes de la délimitation: quant aux détails c'est à la Commission qu'il appartiendra de les fixer.

Le Président dit que le Congrès apprend avec plaisir que l'entente se soit établie entre les Puissances particulièrement intéressées sur la question des limites du Monténégro, et constate le désir unanime de la haute assemblée de renvoyer les détails à la Commission de Délimitation.

Le Prince de Hohenlohe ayant demandé si la Commission de Délimitation devra soumettre son travail au Congrès avant de le transmettre à la Commission de Rédaction, le Comte de Saint-Vallier émet l'avis, partagé par la haute assemblée, que le Congrès devra en effet sanctionner au préalable le travail de la Commission

* Voir les Annexes de Protocole. Page 991.

de Délimitation, qui sera ultérieurement renvoyé à la Commission de Rédaction pour les questions de forme.

Carathéodory Pacha relève l'importance considérable que son Gouvernement attache à la question des frontières du Monténégro, et développe les motifs qui engagent la Porte à désirer que la ligne ne soit pas trop étendue du côté de l'Albanie. Son Excellence indique, à l'appui de cette opinion, diverses raisons stratégiques et ethnographiques. Passant ensuite à la question des ports, le Premier Plénipotentiaire Ottoman insiste contre la cession d'Antivari au Monténégro. La Porte n'aurait pas l'objection contre Spizza, mais elle maintient qu'Antivari est Albanais ; que les Monténégrins ne pourront y demeurer que par la force contre le vœu des populations. Son Excellence, faisant allusion aux attaques réciproques qui se produisent sans cesse entre Albanais et Monténégrins, annonce que son Gouvernement a reçu, à cet égard, des télégrammes inquiétants. Carathéodory Pacha rappelle la clause insérée dans les Bases de la Paix, et dont les stipulations du Traité de San Stéfano ne devaient être que le développement ; son Excellence affirme que les Plénipotentiaires à San Stéfano n'ont pu être exactement renseignés sur l'état des choses ; qu'il y a eu erreur, et termine en appelant expressément l'attention du Congrès sur l'ordre des considérations qu'il vient de développer et qui présente un intérêt majeur pour la Turquie.

Le Président, tout en affirmant que le Congrès ne saurait manquer d'apprécier les raisons invoquées par Carathéodory Pacha, considère qu'on doit toujours compter que la Sublime Porte maintiendra les engagements qu'elle a prise à San Stéfano, sauf modification acceptée par l'Europe.

Le Comte Schouvaloff fait observer que le Premier Plénipotentiaire Ottoman ne connaît pas encore la délimitation proposée par l'Autriche-Hongrie et la Russie. Son Excellence espère que la Porte en sera satisfaite, car cette délimitation lui rend une partie du territoire qu'elle a concédé à San Stéfano.

Les trois premiers alinéas de l'Article I sont réservés à la Commission de Délimitation, et le quatrième relatif à la navigation de la Boiana renvoyé à la Commission de Rédaction.

Sur le 1er alinéa de l'Article II ainsi conçu : "La Sublime Porte reconnaît définitivement l'indépendance de la Principauté de Monténégro,"

Lord Salisbury dit que son Gouvernement n'a jamais reconnu cette indépendance, et demande la suppression du mot "définitivement."

Il résulte de l'échange d'idées qui s'établit à ce sujet que l'Allemagne a en principe reconnu l'indépendance de la Principauté, et que l'Autriche-Hongrie l'a déjà reconnue antérieurement d'une manière formelle. Le Comte de Saint-Vallier, sur une question posée par le Président, répond que la France l'a reconnue implicitement. Les Plénipotentiaires de Russie déclarent que leur Gouvernement n'a jamais cessé de la reconnaître, puisque les Princes du Monténégro n'étaient point confirmés par le Sultan et ne payaient point de tribut. Leurs Excellences demandent le maintien du texte de l'Article. Le Comte de Launay ayant fait remarquer qu'on peut laisser l'Article dans le Traité et que le Protocole indiquera les opinions respectives, le Président déclare l'incident clos, et, de l'avis de la haute assemblée, prononce le renvoi de l'Article à la Commission de Rédaction.

Le Baron de Haymerle lit une motion relative à la liberté des cultes dans le Monténégro :—

"Tous les habitants du Monténégro jouiront d'une pleine et entière liberté de l'exercice et de la pratique extérieure de leurs cultes, et aucune entrave ne pourra être apportée soit à l'organisation hiérarchique des différentes communions, soit à leurs rapports avec leurs chefs spirituels."

Carathéodory Pacha lit une proposition sur l'attribution à la Principauté d'une part de la dette publique Ottomane :—

"Le Monténégro prendra à sa charge une partie de la dette publique de l'État proportionnelle aux revenus des territoires qui lui seraient définitivement annexés."

Sur une observation du Comte Schouvaloff, le Premier Plénipotentiaire Ottoman dit que la proposition ne vise que les districts nouvellement annexés au Monténégro.

Lord Salisbury lit le projet d'Article Additionnel suivant :—

"Tous les habitants du territoire annexé au Monténégro conserveront leurs propriétés, et ceux qui fixeraient leur résidence personnelle hors de la Principauté pourront y conserver leurs immeubles en les faisant affermer ou administrer par d'autres.

"Une Commission Turco-Monténégrine sera chargée de régler, dans le courant de trois années, toutes les affaires relatives au mode d'aliénation, d'exploitation, ou d'usage, pour le compte de la Sublime Porte, des propriétés de l'État et des fondations pieuses (Vakouf)."

Le Comte Schouvaloff demande dans cet Article la suppression de la stipulation relative aux propriétés, qui ne se trouve point dans les documents analogues qui concernent les autres Principautés. Le Président ayant fait observer qu'en effet le Congrès doit traiter également des situations semblables, Lord Salisbury pense que sa proposition pourrait être soumise à la Commission de Rédaction, qui recevrait pour instruction de la généraliser.

Le Congrès approuve cette procédure et passe au 2ᵉ alinéa de l'Article II.

Le Comte Andrássy fait remarquer que cet alinéa et ceux qui suivent n'ont plus de raison d'être, une fois l'indépendance proclamée. Ils concernent les rapports du Monténégro avec la Porte, qui ne sauraient être réglés par le Congrès. Ce sont des affaires spéciales à la Principauté, et dans lesquelles, pour ce qui la regarde, l'Autriche-Hongrie n'est nullement disposée à accepter l'arbitrage éventuel que lui défère le 4e alinéa. Son Excellence ajoute qu'il est d'un intérêt général que les États reconnus indépendants deviennent maîtres de leurs destinées et apprennent à vivre de leur propre existence. Ce n'est qu'en acquérant la conviction qu'ils sont responsables de leur politique et qu'ils recueilleront les fruits de bonnes relations comme ils subiraient les conséquences de mauvais rapports, qu'il sera donné à ces pays et aux États limitrophes la garantie d'une coexistence possible. Son Excellence demande donc la suppression de tous ces alinéas.

Les Plénipotentiaires de Russie y consentent.

Carathéodory Pacha désire le maintien en principe du 2e alinéa, qui astreint aux lois et autorités locales les Monténégrins séjournant dans l'Empire Ottoman, et fait ressortir les nécessités pratiques spéciales qui rendent indispensables, pour l'avantage même des habitants du Monténégro établis en Turquie, les dispositions dont ils sont l'objet.

Le Congrès, s'étant rallié à cette opinion, décide que le 2e alinéa est renvoyé à la Commission de Rédaction, et que les 3e et 4e sont supprimés.

Le 5e alinéa relatif à l'évacuation du territoire Ottoman par les troupes du Monténégro est l'objet de diverses observations de la part des Plénipotentiaires Français, qui en demandent le maintien, et du Comte Schouvaloff, qui, tout en désirant vivement la prompte évacuation du territoire Turc, est contraire, en principe, aux délais indiqués avec une précision souvent irréalisable.

Mehemed Ali Pacha objecte que les Monténégrins, n'ayant point de bagages et autres "impedimenta," peuvent très-aisément quitter le territoire Ottoman dans le terme fixé.

Le Plénipotentiaire de Russie ayant insisté, le Comte de Launay propose de remplacer le délai de 10 jours indiqué dans l'Article par ces mots : "dans le plus bref délai possible." Le Comte Andrássy suggère " 20 jours ou plus tôt si faire se peut."

Le Congrès décide le renvoi à la Commission de Rédaction.

Le Président constate que la haute assemblée a terminé tout son ordre du jour. Pour la prochaine séance fixée à demain, Mardi, 2 Juillet, l'ordre du jour est la navigation du Danube, l'indemnité de guerre, et, s'il y a lieu, rapport de la Commission de Délimitation.

La séance est levée à 5 heures.

[Suivent les Signatures.]

Annexe 1 au Protocole No. 10.

Frontière pour le Monténégro.—(*Carte de l'État-Major Autrichien.*)

La nouvelle frontière partira de la sommité du Mont Ilino-brdo, au nord de Klobuk, et suivra les hauteurs qui bordent la Trebisnica, dans la direction de Pilatova, laissant ce village au Monténégro. De là la frontière ira par les hauteurs dans la direction nord, à une distance d'environ 6 kilomètres de la route ; Bilek, Korito, Gacko, jusqu'au col entre la Somina-Planina et le Mont Curilo. Elle continuera ensuite vers l'est par Vratkovici, laissant ce village à l'Herzégovine, jusqu'à la montagne Laticno, d'où elle tournera vers le nord, passant entre les villages Ravno et Zanjevina, et puis par les contreforts orientaux du Lebersnik et du Volujak, laissant le bassin de la Sutjeska à l'Herzégovine, jusqu'à la Piva à environ 10 kilomètres en amont de sa jonction avec la Tara. De ce point la frontière remontera la Piva, et traversera la montagne près du village Nedvino pour rejoindre la Tara, qu'elle remontera jusqu'à Mojkovac. Puis elle suivra la crête du contrefort jusqu'à Siskojezero, d'où elle se confondra avec l'ancienne frontière jusqu'au village Zabrdje. De ce point la nouvelle frontière se dirigera par les crêtes des montagnes au Paklen, d'où elle longera la crête de la grande chaîne des montagnes Albanaises, formant le partage des eaux entre le Lim d'un côté et le Drin, ainsi que la Cievna (Zem) de l'autre. Elle suivra ensuite les limites actuelles entre la tribu des Kuci-Drekalovici d'un côté et la Kucka-Kraina, ainsi que les tribus des Klementi et Grudi de l'autre, jusque dans la Plaine de Podgorica, d'où elle se dirigera sur Plavnica, laissant à l'Albanie les tribus montagnardes des Klementi, Grudi, et Hoti. Ensuite, traversant le lac, la frontière passera près de l'îlot Gorice Topal, d'où elle traversera la montagne, pour aboutir à la mer, à la pointe de Kruci, laissant à l'Albanie le district de Dulcigno.

Au nord-ouest ce littoral sera limité par une ligne qui passera de la côte entre les villages Susana et Zubci, pour aboutir à la pointe extrême sud-est de la frontière actuelle du Monténégro sur la Vrsuta-Planina.

Annexe 2 au Protocole No. 10.

L'ANNEXION d'Antivari et de son littoral au Monténégro sera consentie aux conditions suivantes :—

Les contrées situées au sud de ce territoire, d'après la délimitation contenue dans l'Annexe No. 1, jusqu'à la Boyana, y compris Dulcinjo, seront restituées à la Turquie.

La Commune de Spizza jusqu'à la limite septentrionale du territoire précisé dans la description détaillée des frontières sera incorporée à la Dalmatie.

Le Monténégro jouira de la liberté de navigation sur la Boyana.

Le Monténégro ne pourra avoir des bâtiments de guerre, ni de pavillon de guerre maritime.

Le port d'Antivari, et toutes les eaux Monténégrines, resteront fermées aux bâtiments de guerre étrangers.

Les fortifications existantes sur le territoire Monténégrin seront rasées, et il ne pourra y en être élevé de nouvelles.

La police maritime et sanitaire, tant à Antivari que tout le long de la côte du Monténégro, sera exercée par l'Autriche-Hongrie moyennant de légers bâtiments garde-côtes.

Le Monténégro adoptera la législation maritime en vigueur en Dalmatie. De son côté, l'Autriche-Hongrie s'engage d'accorder sa protection Consulaire au pavillon marchand Monténégrin.

Le Monténégro devra s'entendre avec l'Autriche-Hongrie sur le droit de construire et d'entretenir à travers le nouveau territoire Monténégrin une route et un chemin de fer.

Sur ces voies une entière liberté de communication sera assurée.

Protocole No. 11.—Séance du 2 Juillet, 1878.

Étaient présents :

Pour l'Allemagne—le Prince de Bismarck, M. de Bülow, le Prince de Hohenlohe-Schillingsfürst.

Pour l'Autriche-Hongrie—le Comte Andrássy, le Comte Károlyi, le Baron de Haymerle.

Pour la France—M. Waddington, le Comte de Saint-Vallier, M. Desprez.

Pour la Grande Bretagne—le Comte de Beaconsfield, le Marquis de Salisbury, Lord Odo Russell.

Pour l'Italie—le Comte Corti, le Comte de Launay.

Pour la Russie—le Prince Gortchakow, le Comte Schouvaloff, M. d'Oubril.

Pour la Turquie—Alexandre Carathéodory Pacha, Mehemed Ali Pacha, Sadoullah Bey.

La séance est ouverte à 3 heures moins ¼.

Le Comte Schouvaloff demande au Congrès de décider une question relative aux travaux de la Commission de Délimitation. La fixation des frontières de la Serbie et du Monténégro a été remise à cette Commission, qui espère être, très-prochainement, en état de présenter les résultats de ses études; mais la délimitation de la Bulgarie, indiquée, pour ses grandes lignes, dans le document lu par Lord Salisbury dans la 4ᵉ séance et accepté par le Congrès, n'a pas été renvoyée à la Commission de Délimitation. Son Excellence exprime le désir que la Commission soit saisie de ce document et autorisée à statuer sur les détails, puis à soumettre au Congrès le résultat de ses délibérations.

Après un échange d'idées d'où il résulte que la Commission est prête à se charger de ce travail, qui n'est d'ailleurs qu'une question de forme, le Président constate que le Congrès remet à la Commission le soin de préparer la délimitation de la frontière Bulgare.

L'ordre du jour appelle la discussion des Articles XII et XIII du Traité de San Stéfano relatifs au Danube et aux forteresses. Le Président donne lecture de l'Article XII, et le Baron de Haymerle présente à la haute assemblée le projet suivant d'une nouvelle rédaction de cet Article :—

"1. Afin d'assurer, par une nouvelle garantie, la liberté de navigation sur le Danube, toute la partie du fleuve à partir des Portes de Fer jusqu'aux embouchures dans la Mer Noire est déclarée neutre. Les îles situées dans ce parcours et aux embouchures (l'Ile des Serpents), ainsi que les bords de la rivière, sont compris dans cette neutralité.

" En conséquence, les fortifications qui s'y trouvent seront rasées, et il ne sera pas permis d'en ériger de nouvelles. Tous les bâtiments de guerre sont exclus de la partie susdite du fleuve, à l'exception des bâtiments légers destinés à la police fluviale et au service des douanes. Les stationnaires aux embouchures sont maintenus, mais ils ne pourront pas remonter la rivière au delà de Galatz.

" 2. La Commission Européenne du Bas-Danube est maintenue dans ses fonctions, qu'elle exercera à partir de Galatz jusqu'à la mer. Sa durée s'étendra au delà de 1883, jusqu'à la conclusion d'un nouvel accord. Ses droits, obligations, et prérogatives sont conservés intacts. Les immunités dont jouissent ses établissements, ses ouvrages, et son personnel, en vertu des Traités existants, sont confirmées.

" Dans l'exercice de ses fonctions, la Commission Européenne sera indépendante de l'autorité de l'État au territoire duquel appartient le delta du Danube ; elle aura ses propres signaux et insignes sur ses bâtiments et établissements ; elle nommera et paiera elle-même ses fonctionnaires. Ses obligations financières seront l'objet d'un nouveau règlement, et le statut de son organisation sera soumis à une révision pour le mettre en harmonie avec les circonstances nouvelles.

" Outre les États qui prennent part à la Commission Européenne, en vertu du Traité de Paris, la Roumanie y sera représentée par un délégué.

" 3. Les règlements de navigation et de police fluviale en aval des Portes de Fer seront conformes à ceux qui ont été ou qui seront introduits par la Commission Européenne pour le parcours en aval de

Galatz. Un Commissaire délégué par la Commission Européenne veillera à l'exécution de ces règlements. Dans le parcours entre les Portes de Fer et Galatz, le commerce et la navigation ne seront frappés d'aucune taxe spéciale qui aurait pour effet de favoriser le commerce et les communications par terre, au préjudice de celles par le fleuve.

" 4. En modification de l'Article VI du Traité de Londres du 13 Mars, 1871, l'exécution des travaux destinés à faire disparaître les obstacles que les Portes de Fer et les cataractes opposent à la navigation est confiée à l'Autriche-Hongrie. Les États riverains de cette partie du fleuve accorderont toutes les facilités qui pourraient être requises dans l'intérêt des travaux.

" Les dispositions de l'Article VI du Traité précité relatives au droit de percevoir une taxe provisoire destinée à couvrir les frais des travaux en question sont maintenues à l'égard de l'Autriche-Hongrie."

Lord Salisbury adhère aux principes généraux développés dans cette proposition, mais il fait observer que ce texte constitue une législation entière qu'on ne peut accepter dans ses détails à la première lecture. Son Excellence considère la question comme fort importante, et désirerait qu'elle fût discutée par le Congrès, mais dans une séance ultérieure.

Le Président croit que les nombreux détails visés par la proposition qui vient d'être lue sont en dehors de la tâche du Congrès. Les Plénipotentiaires sont assemblés pour accepter, rejeter, ou remplacer les Articles du Traité de San Stéfano; mais une réglementation aussi développée d'un point spécial—bien qu'autant qu'il en peut juger à première vue il soit disposé à en accepter les dispositions —lui semble n'être pas dans les attributions de la haute assemblée.

Le Baron de Haymerle fait remarquer que la proposition Austro-Hongroise contient plusieurs principes essentiels :—1. Neutralisation du Danube jusqu'aux Portes de Fer; 2. Permanence de la Commission Européenne; 3. Participation de la Roumanie aux travaux de cette Commission; 4. Attributions à l'Autriche-Hongrie seule des travaux à accomplir aux Portes de Fer.

Le Comte Schouvaloff considère comme le Président que cette législation ne saurait être discutée au Congrès dans ses détails, mais il croit devoir signaler sur le champ qu'il n'en comprend pas l'idée capitale. Que faut-il entendre par neutralisation? Quelle en serait l'étendue, et dans quel but cette mesure est-elle demandée?

Lord Salisbury pense que la Russie étant désormais riveraine du Danube, un élément nouveau se trouve introduit dans les questions qui touchent à la navigation du fleuve. Des dispositions spéciales sont nécessaires au commerce, et son Excellence désire que le Congrès retienne la question en ajournant toutefois la discussion jusqu'à ce que les Puissances se soient mises d'accord sur la procédure à suivre.

Le Président croit pouvoir maintenir à l'ordre du jour la discussion sur les Articles XII et XIII, et le Comte Andrássy est d'avis qu'en effet il n'y a point de contradiction entre la proposition Austro-Hongroise et ces Articles : son Excellence la considère comme un amendement nécessité par la situation nouvelle qui résulte de l'attribution de la Dobroutcha aux Roumains, de la Bessarabie aux Russes, &c.

Le Président émet la pensée que plusieurs grands principes pourraient être extraits de la proposition et présentés au vote du Congrès.

Le Prince Gortchacow rappelle que le Traité de Paris a confirmé les actes du Traité de Vienne sur la liberté de la navigation fluviale, et que, d'après des déclarations des Plénipotentiaires de Russie dans une séance précédente, la rétrocession de la Bessarabie ne saurait exercer aucune influence sur la liberté du fleuve. Son Altesse Sérénissime ne s'explique donc pas la nécessité de dispositions nouvelles dans cette question.

Le Prince de Bismarck répète que le Congrès n'a pas à développer les questions de détail sur lesquelles les Puissances intéressés sont en mesure de s'entendre entre elles. Son Altesse Sérénissime persiste à penser que la proposition Austro-Hongroise devrait être renvoyée soit au Comité de Rédaction, soit aux Plénipotentiaires d'Autriche-Hongrie, qui en détacheraient les principes majeurs, seuls susceptibles d'être votés par le Congrès.

Cette dernière opinion, appuyée par M. d'Oubril, est acceptée par le Congrès, MM. les Plénipotentiaires de Russie ayant d'ailleurs fait remarquer que leur adhésion au remaniement du projet par les soins de leurs collègues d'Autriche-Hongrie n'implique nullement leur assentiment aux principes de la proposition.

Le Président reprend la lecture de l'Article XII, et le Congrès décide, sur l'observation de Lord Salisbury et du Baron Haymerle, que les mots "l'Empire Russe" doivent être ajoutés dans l'énumération des États riverains. La haute assemblée, après lecture du 2e alinéa du même Article, reconnaît que la Roumanie devra désormais être représentée dans la Commission Européenne.

Le Congrès passe à l'Article XIII.

Le Président déclare ne point voir d'intérêt Européen dans cette disposition, et en ce qui concerne notamment le dédommagement attribué aux particuliers qui ont souffert du fait de guerre, Lord Salisbury juge cette indication trop vague pour figurer dans un Traité. Son Excellence propose la suppression de l'Article.

Le Comte Schouvaloff n'y a point d'objection, sous la condition expresse qu'il n'en résultera aucune obligation pour la Russie.

Carathéodory Pacha est également d'avis de supprimer cet Article afin d'éviter des complications inutiles, et le Congrès, ayant donné son assentiment à cette proposition, passe à la discussion de l'Article XIX relatif à l'indemnité de guerre.

Le Président, avant de donner lecture de cet Article, dit qu'il demeure bien entendu que la discussion ne portera pas aujourd'hui sur les dispositions territoriales en Asie, mais uniquement sur l'indemnité proprement dite, c'est-à-dire sur les deux alinéas qui terminent l'Article. La première phrase de l'alinéa (c) étant relative à la question territoriale, est écartée, et l'ordre du jour ne s'applique qu'à la suite de l'alinéa ainsi conçue : "quant au reste de l'indemnité, sauf les 10,000,000 de roubles dûs aux intérêts et institutions Russes en Turquie, soit 300,000,000 de roubles, le mode de paiement de cette somme et la garantie à y affecter seront réglés par une entente entre le Gouvernement Impérial de Russie et celui de Sa Majesté le Sultan."

Lord Salisbury relève l'importance des mots "la garantie à y affecter," et son Excellence ajoute que si cette garantie devait être une indemnité territoriale, les Plénipotentiaires de la Grande Bretagne s'y opposeraient formellement.

Le Prince Gortchacow déclare au nom de son Gouvernement que la question de la garantie est, en effet, à régler entre la Russie et la Porte, mais que l'expression indiquée par Lord Salisbury n'implique aucune acquisition territoriale.

Le Président ayant demandé si cette déclaration, qui doit être insérée au Protocole et dont le Congrès prendrait acte, satisferait la haute assemblée, et Lord Salisbury ayant, de son côté, exprimé le désir de savoir quelle serait alors la garantie de l'indemnité, le Prince Gortchacow répète que cette garantie dépendra des arrangements de la Russie avec le Gouvernement du Sultan, mais sera réglée en dehors de toute acquisition territoriale.

Carathéodory Pacha lit les considérations suivantes :

" Les Plénipotentiaires Ottomans ont le devoir d'appeler tout particulièrement l'attention de la haute assemblée sur les stipulations du Traité de San Stéfano concernant l'indemnité de guerre. Ils prient tout d'abord le Congrès de prendre en considération que la guerre qui vient de se terminer n'a pas eu pour cause la violation par la Turquie d'un engagement que cette Puissance aurait contracté vis-à-vis de la Russie. Le Cabinet de St. Pétersbourg ayant déclaré la guerre pour obéir au sentiment auquel il tenait à donner une satisfaction, les grands et éclatants avantages qu'il a remportés et les résultats qu'il a obtenus constituent une ample compensation des efforts et des sacrifices pécuniaires que le Gouvernement Impérial de Russie avait naturellement assumés d'avance dans sa pensée.

"Sans insister sur les précédents que l'histoire la plus récente de la Russie elle-même pourrait leur fournir et qui sont présents à la mémoire de tous les membres du Congrès, les Plénipotentiaires Ottomans, en se rapportant aux dispositions du Traité de San Stéfano relatives au paiement d'une indemnité de guerre, pensent qu'ils n'auraient qu'à invoquer les explications que le Gouvernement Impérial de Russie a bien voulu donner sur ce point pour faire voir que, dans la pensée du Cabinet de St. Pétersbourg aussi, la possibilité pour la Turquie de payer l'indemnité de guerre fait l'objet de doutes très-sérieux. D'un autre côté on a signalé d'une manière frappante les graves inconvénients qui résulteraient de l'existence d'une créance dont la réalisation ne pourrait qu'être laissée dans le vague.

"De fait, la guerre qui vient de se terminer a causé à la Turquie des dommages incalculables. Sans parler des finances de l'État, dont la situation est connue, la désolation dans laquelle se trouvent plongées les villes et les campagnes de la Turquie d'Europe et d'Asie est peut-être sans exemple dans l'histoire. D'où la Turquie tirerait-elle aujourd'hui les ressources qui lui seraient indispensables pour pourvoir aux dépenses des services les plus urgents, pour ne pas laisser ses créanciers sans aucune consolation, pour remplir dans la mesure du possible un simple devoir d'humanité envers des masses privées du plus strict nécessaire et pour subvenir aussi au service d'indemnité de guerre? Nous ne parlons pas des améliorations à introduire—améliorations dont le Gouvernement Impérial Ottoman aussi bien que l'Europe reconnaissent l'extrême urgence —et qui toutes exigeraient de nouvelles dépenses. Mais, indépendamment de ces améliorations, il faut pourvoir aux dépenses inexorables de l'heure présente. Toutes les Puissances reconnaissent que la Turquie ne peut y suffire même au prix des plus grands sacrifices; comment pourrait-elle dès lors assumer le paiement d'une indemnité de guerre? Le Gouvernement Impérial de Russie, qui connaissait cette situation, a demandé des territoires en Europe et en Asie pour tenir lieu et place de la majeure partie de l'indemnité qu'il avait calculé comme lui étant due.

"Les facilités que le Congrès a trouvées pour l'arrangement d'ordre Européen concernant la Dobroutscha et la Bessarabie ont eu pour base un prélèvement important opéré sur l'indemnité de guerre. Bien que la question d'Asie n'ai pas encore été traitée dans le Congrès, on peut dire dès à présent que de ce côté aussi la Russie acquerra des territoires qui, à s'en tenir à l'estimation du Cabinet de St. Pétersbourg lui-même, représenteront des sommes énormes. Si, l'on exige d'autres paiements encore, les Plénipotentiaires Ottomans ont le devoir de déclarer qu'ils ne voient réellement pas d'où la Turquie pourrait les tirer sans porter une grave atteinte aux conditions les plus essentielles du fonctionnement de son Gouvernement.

"Ils prient le Congrès de vouloir bien prendre en considération que, si pour satisfaire au paiement d'une indemnité de guerre, l'on créait pour la Turquie une situation financière intolérable, une pareille décision non-seulement ruinerait les populations pour lesquelles l'Europe montre de l'intérêt, mais en même temps irait à l'encontre de l'idée qui a été exprimée touchant la conservation de l'autorité du Gouvernement Ottoman et à laquelle son Altesse le Premier Plénipotentiaire de Russie a donné, dans une de nos précédentes séances, une adhésion si explicite."

Le Comte Schouvaloff dit qu'il s'est efforcé de s'abstenir jusqu'à présent de revenir avec MM. les Plénipotentiaires Ottomans sur le passé, mais qu'en présence des observations lues par Carathéodory Pacha il est de son devoir de sortir du silence qu'il a gardé. M. le Premier Plénipotentiaire de Turquie a affirmé que la dernière guerre n'a été provoquée par aucune violation d'arrangements antérieurs. Le Comte Schouvaloff maintient, au contraire, que la guerre a été la conséquence de la violation constante et journalière de dispositions convenues, et notamment des obligations contractées par la Porte en 1856 au Congrès de Paris. La Russie est restée pendant longtemps la spectatrice passive de ces violations; elle a gardé le silence, mais elle a été obligée d'intervenir en présence d'événements déplorables qui l'ont émue, comme ils ont ému l'Europe entière. Quant aux sentiments auxquels Carathéodory Pacha a fait allusion, en leur attribuant les causes de la guerre, ses paroles peuvent donner lieu à une fausse interprétation. La Russie n'a pas fait une guerre d'aspirations ou de sentiments; elle n'a eu qu'un seul but, celui de venir au secours de populations Chrétiennes et de leur assurer un sort meilleur. Enfin, M. le Premier Plénipotentiaire Ottoman a énuméré les sacrifices que la guerre a coûtés à la Turquie; le Comte Schouvaloff se borne à faire observer que la Russie s'est également imposé de lourds sacrifices. L'exposé de M. le Plénipotentiaire Ottoman est tardif; il appartenait à la Turquie de calculer ses moyens et les charges qu'elle s'imposait, avant de rejeter le Protocole de Londres.

Lord Salisbury voudrait appeler l'attention de ses collègues de Russie sur les inconvénients d'une indemnité qui dépasse les ressources du débiteur. Il regarde qu'une condition qui ne peut être remplie ne saurait qu'amener des complications en Europe. Son Excellence se demande, d'ailleurs, par quels moyens la Russie espère obtenir l'exécution d'une clause à première vue irréalisable.

Le Prince Gortchacow répond qu'il n'a pas à entrer dans la discussion de ce dernier point, réservé à l'entente qui doit s'établir entre l'Empereur son auguste Maître et le Gouvernement du

Sultan. On pourrait, d'ailleurs, se poser la même question pour tous les autres créanciers de la Turquie.

Le Comte Schouvaloff reconnaît qu'il y a plusieurs intérêts Européens à sauvegarder dans la question de l'indemnité, et que l'Europe est en droit de se préoccuper de la forme du règlement. Son Excellence est en mesure de déclarer, au nom de son Gouvernement, qu'en aucun cas cette indemnité ne sera convertie en une acquisition territoriale. Ce premier point étant fixé, le Comte Schouvaloff en vient aux droits des Gouvernements Français et Anglais pour les emprunts qu'ils ont garantis. En déclarant que la situation, en ce qui concerne ces emprunts, restera la même qu'avant la guerre, M. le Plénipotentiaire de Russie croit venir encore une fois au devant des vœux de l'Europe. Quant à la question de Lord Salisbury relative aux moyens dont la Russie compte user pour le recouvrement de sa dette, il faudrait, pour y répondre, procéder à un examen complet de l'état financier de la Turquie : son Excellence se bornera à faire observer que le mode de perception des impôts en Turquie est des plus insuffisants. Il a été écrit des volumes à ce sujet, et il en appert qu'un tiers seulement de la somme payée par les contribuables rentre au Trésor Ottoman. C'est ce tiers qui forme les ressources budgétaires de la Turquie ; c'est avec ce tiers qu'elle fait face à ses dépenses. Si dans l'avenir une meilleure administration financière parvenait à faire rentrer dans le Trésor, ne fût-ce que le second tiers des impôts payés par les populations, cela doublerait les ressources de la Turquie et offrirait pour la Russie un moyen de remboursement auquel il lui serait impossible de renoncer en vue des éventualités heureuses qui pourraient se produire dans le maniement des finances Ottomanes.

Lord Salisbury déclare au nom de son Gouvernement ne pas admettre que la Russie, se trouvant créancière en vertu du Traité de San Stéfano, puisse prendre un rang de préférence à aucun des créanciers de la Turquie, dont les titres ont une date antérieure à la guerre.

Le Prince Gortchacow répond qu'il a seulement entendu parler d'une situation analogue.

Le Président prend acte au nom du Congrès des déclarations faites par les Plénipotentiaires Russes, et qui doivent être textuellement insérées au Protocole. Il pense que le réglement ultérieur de la question peut être laissé à l'entente des deux États intéressés.

Le Comte Corti rappelle que, d'après les paroles de M. le Comte Schouvaloff, si l'indemnité de 300,000,000 de roubles est confirmée par le vote du Congrès, cette somme ne jouirait d'aucun droit de préférence sur les emprunts garantis par la France et l'Angleterre. Son Excellence fait remarquer qu'il y a d'autres emprunts non garantis ou autres dettes qui ne sont pas moins dignes d'intérêt, et il croit pouvoir penser que la déclaration Russe s'étend à tous les créanciers de la Turquie.

Le Comte Schouvaloff dit qu'il n'a pas examiné cette difficulté, mais qu'il pense satisfaire le Premier Plénipotentiaire d'Italie en affirmant d'une manière générale que, dans la question financière, la Russie compte respecter la légalité, c'est-à-dire toute hypothèque antérieure.

M. le Premier Plénipotentiaire de France constate que le Comte Schouvaloff a fait deux déclarations : la première affirme, qu'en aucun cas l'indemnité ne sera convertie en accroissement territorial ; la seconde, que la Russie ne portera aucune atteinte aux intérêts des deux catégories d'emprunts, garantis ou de droit commun. M. Waddington prend acte de ces déclarations, dont il constate l'importance pour les porteurs de titres de la dette Ottomane, et il désirerait recevoir une déclaration analogue de la part des Plénipotentiaires Ottomans.

Carathéodory Pacha, rappelant les observations qu'il a présentées au Congrès au commencement de la séance sur la gravité de la situation où se trouve son Gouvernement, ajoute que, s'il y avait lieu de croire qu'une fois les prélèvements dont il s'agit opérés, la Turquie serait en mesure de payer une indemnité à la Russie, la discussion aurait une utilité pratique. Mais son Excellence doit reconnaître qu'il n'en est rien, et que, tout en tenant compte des améliorations et des ressources nouvelles qui se pourront produire, ces progrès exigeront un temps considérable. La Turquie doit cependant pourvoir aux dépenses absolument urgentes, à la suite d'une guerre qui a tari toutes ses sources de revenus. En présence d'une position aussi déplorable, comment son Gouvernement pourrait-il payer une indemnité, quelque mitigée qu'elle soit ? Comment pourrait-il être question pour lui d'assigner l'ordre dans lequel devrait figurer, dans la série des dettes de l'État, l'indemnité indiquée par le Traité de San Stéfano ? c'est pourquoi il a demandé que le Congrès reconnût l'impossibilité pour la Porte de prendre un engagement qu'elle ne pourrait pas tenir.

Le Président dit que la Turquie n'a pas maintenant d'engagement à prendre. L'engagement a été pris à San Stéfano.

M. Waddington insiste pour obtenir de M. le Premier Plénipotentiaire Ottoman une réponse précise à sa question qui avait en vue, non pas l'indemnité à débattre entre la Russie et la Turquie, mais les créanciers antérieurs. Le Premier Plénipotentiaire de France, rappelant la déclaration que le Comte Schouvaloff vient de faire en ce qui concerne la Russie, demande, de nouveau, si la Porte est disposée à donner les mêmes assurances et à déclarer qu'elle entend respecter à l'avenir tous ses engagements financiers, et notamment les hypothèques affectées à la garantie des divers emprunts.

Carathéodory Pacha dit que le Gouvernement Ottoman a toujours tenu à remplir tous ses engagements, et qu'il n'a été amené à prendre des arrangements particuliers qu'en présence de nécessités absolues. Assurément, la Porte a le plus vif désir de satisfaire aux droits acquis, et n'épargnera aucun effort pour y parvenir dans la mesure de ses pouvoirs. Mais il craint que l'idée seule d'une indemnité pécuniaire qui pèserait sur la Turquie ne paralyse ses efforts et son crédit.

Sur les observations réitérées de M. Waddington, qui désirerait recevoir une réponse sur les intentions de la Porte au sujet des hypothèques affectées aux emprunts, Carathéodory Pacha dit que la Porte fera tout son possible pour remplir des engagements, et ajoute que, pour être en mesure de donner une déclaration plus précise, il doit prendre les instructions de son Gouvernement.

Le Baron de Haymerle, au nom des créanciers Austro-Hongrois de la Turquie, s'étant associé aux observations présentées par le Premier Plénipotentiaire d'Italie, le Comte Schouvaloff fait remarquer que la Russie n'a réservé que les droits d'hypothèques, qu'elle agira comme pour une dette particulière, et n'a pas à se préoccuper de la nationalité des créanciers de la Turquie.

Le Président résume la discussion. Les Plénipotentiaires de Russie ont donné satisfaction à l'intérêt politique par une réponse dont le Congrès a pris acte. Les droits des porteurs de titres Ottomans ayant été soutenus par la Grande Bretagne et la France, les déclarations de la Russie relatives à la priorité des hypothèques ont également paru satisfaisantes. Le fond des choses est donc réglé, et il ne reste plus qu'une question de rédaction dont les Plénipotentiaires intéressés pourront se préoccuper en vue du Protocole.

Le Prince Gortchacow répète que l'indemnité de guerre n'affectera point les intérêts des créanciers de la Porte.

M. Waddington ajoute que le but principal de la discussion présente était de prendre acte des déclarations Russe et Ottomane.

Le Président, faisant allusion aux paroles prononcées dans le cours de la séance par le Comte Corti, voudrait constater que les stipulations relatives à l'indemnité de guerre n'ont pas à être " confirmées " par le Congrès.

M. le Premier Plénipotentiaire d'Italie demande si ces stipulations ne feront point parti du nouveau Traité, et le Président répond qu'elles n'y doivent pas être insérées, le Congrès ne pouvant être garant de la compatibilité de la Porte.

Le Congrès décide que le 2ᵉ alinéa (*d*), relatif aux 10,000,000 roubles réclamés comme indemnité pour les sujets et institutions Russes en Turquie, regarde les deux États intéressés et non point d'Europe. Il est donc entendu que les deux alinéas *c* et *d*, qui terminent l'Article XIX du Traité, ne seront pas insérés dans le Traité futur.

Le Prince Gortchacow désire ajouter, comme éclaircissement, que son Gouvernement a positivement interdit d'admettre au bénéfice de cette somme de 10,000,000 roubles les sujets Russes engagés dans les fonds Turcs.

L'ordre du jour est épuisé. Divers objets ayant été proposés pour l'ordre du jour suivant, le Congrès, sur la proposition du Comte de Sainte-Vallier, décide de régler ainsi la séance prochaine :—
1. Examen du résultat des travaux de la Commission de Délimitation (ce résultat soumis au vote du Congrès devra être renvoyé à la Commission de Rédaction); 2. Amendement Austro-Hongrois sur le Danube; 3. Article XXII du Traité de San Stéfano relatif aux religieux Russes et aux moines de l'Athos; 4. Affaires de Grèce.

La séance est levée à 4 heures et demie.

[Suivent les Signatures.]

Protocole No. 12.—Séance du 4 Juillet, 1878.

Étaient présents :

Pour Allemagne—le Prince de Bismarck, M. de Bülow, le Prince de Hohenlohe-Schillingsfürst.

Pour l'Autriche-Hongrie—le Comte Andrássy, le Comte Károlyi, le Baron de Haymerle.

Pour la France—M. Waddington, le Comte de Saint Vallier, M. Desprez.

Pour la Grande Bretagne—le Comte de Beaconsfield, le Marquis de Salisbury, Lord Odo Russell.

Pour l'Italie—le Comte Corti, le Comte de Launay.

Pour la Russie—le Prince Gortchacow, le Comte Schouvaloff, M. d'Oubril.

Pour la Turquie—Alexandre Carathéodory Pacha, Mehemed Ali Pacha, Sadoullah Bey.

La séance est ouverte à 2 heures et demie.

Le Protocole No. 10 est adopté.

Le Président fait mention des pétitions de la liste No. 9, et notamment de la communication adressée au Congrès par M. Ristitch, faisant savoir au Congrès que le Prince Milan l'a autorisé à déclarer que le Gouvernement Serbe saisira la première occasion, après la conclusion de la paix, pour abolir par la voie légale la dernière restriction qui existe encore en Serbie relativement à la position des Israélites. Son Altesse Sérénissime, sans vouloir entrer dans l'examen de la question, fait remarquer que les mots "la voie, égale" semblent une réserve qu'il signale à l'attention de la haute assemblée. Le Prince de Bismarck croit devoir constater qu'en aucun cas cette réserve ne saurait infirmer l'autorité des décisions du Congrès.

Le Président ayant fait appel aux communications que MM. les Plénipotentiaires croiraient devoir présenter, le Premier Plénipotentiaire de Turquie rappelle que, dans la huitième séance, le Président a déclaré que le Protocole restait ouvert pour les nouvelles instructions que le Gouvernement Ottoman adresserait à ses Représentants au sujet de l'occupation de la Bosnie et de l'Herzégovine. Ces instructions étant depuis parvenues aux Plénipotentiaires de Turquie, son Excellence se fait un devoir de les porter à la connaissance de la haute assemblée, et donne lecture de la déclaration suivante :—

"Le Gouvernement Impérial Ottoman a pris en très-sérieuse considération l'opinion émise par le Congrès relativement aux moyens propres à amener la pacification de la Bosnie et de l'Herzégovine ; il y met une confiance entière, et il se réserve de s'entendre directement et préalablement avec le Cabinet de Vienne à cet égard."

Le Président constate que l'accord établi au sein du Congrès, dans la huitième séance, au sujet de la Bosnie et de l'Herzégovine, est complet et définitif.

L'ordre du jour appelle l'examen des travaux de la Commission de Délimitation.

Le Baron de Haymerle fait connaître à la haute assemblée que l'entente s'est établie, dans la Commission de Délimitation, en ce qui concerne les frontières du Monténégro, et il donne lecture du document suivant, destiné à servir de base aux travaux de la Commission Spéciale :—

"La nouvelle frontière descend de l'Illino-brdo au nord de Klobuk sur la Trebisnica vers Grancarevo qui reste à l'Herzégovine, puis remonte le cours de cette rivière jusqu'à un point situé à un kilomètre en aval du confluent de la Cepelica et, de là, rejoint, par la ligne la plus courte, les hauteurs qui bordent la Trebisnica. Elle ira ensuite dans la direction de Pilatova, laissant ce village au Monténégro. De là elle continuera pas les hauteurs dans la direction nord à une distance autant que possible de 6 kilomètres de la route Bilek-Korito-Gacko, jusqu'au col entre la Somina-Planina et le Mont Curilo, d'où elle se dirigera vers l'est par Vratkovici, laissant ce village à l'Herzégovine, jusqu'au Mont Orline. A partir de ce point la frontière—laissant Ravno au Monténégro—se dirigera directement au nord-nord-est, traversant les sommets du Lebersnik et du Volujak, puis descendra par la ligne la plus courte sur la Piva, qu'elle traverse, et rejoint la Tara passant entre Crkvice et Nedinc. De ce point elle remontera la Tara jusqu'à Mojkovac, d'où elle suivra la crête du contrefort jusqu'à Siskojezero, duquel point elle se confondra avec l'ancienne frontière jusqu'au village Sekulare. D'ici la nouvelle frontière se dirigera par les crêtes de la Mokra-Planina, laissant le village Mokra au Monténégro, d'où elle rejoindra le point 2,166 (de la carte Autrichienne) en suivant la chaîne principale, et se conformant à la ligne du partage des eaux, entre le Lim d'un côté et le Drin, ainsi que de la Cievna (Zem) de l'autre.

"Elle suivra ensuite les limites actuelles entre la tribu des Kuci-Drekalovici d'un côté et la Kucka-Krajna, ainsi que les tribus des Klementi et Grudi, de l'autre, jusque dans la plaine de Podgoritza, d'où elle se dirigera sur Plavnica—laissant à l'Albanie les tribus montagnardes des Klementi, Grudi, et Hoti.

"Ensuite elle traversera le lac près de l'îlot Gorica-Topal, et, à partir de Gorica-Topal, la frontière gagnera directement le sommet de la crête, d'où elle suivra la ligne du partage des eaux entre Megured et Kalimed, laissant Mrkovic au Monténégro et rejoignant la Mer Adriatique à V. Kruci.

"Au nord-ouest ce littoral sera limité par une ligne qui passera de la côté entre les villages Susana et Zubci pour aboutir à la pointe extrême sud-est de la frontière actuelle du Monténégro sur la Vrsuta-Planina.

"L'annexion d'Antivari et de son littoral au Monténégro sera consentie aux conditions suivantes :—

"Les contrées situées au sud de ce territoire, d'après la délimitation contenue dans le présent Protocole, jusqu'à la Boyana, y compris Dulcinjo, seront restituées à la Turquie.

"La commune de Spizza jusqu'à la limite septentrionale du territoire précisé dans la description détaillée des frontières sera incorporée à la Dalmatie.

"Le Monténégro jouira de la liberté de navigation sur la Boyana. Il n'y aura pas de fortifications sur le parcours de la Boyana à l'exception de celles qui seraient nécessaires à la défense locale de la place de Scutari et qui ne dépasseraient pas la distance de 6 kilomètres de cette ville.

"Le Monténégro ne pourra avoir de bâtiments de guerre ni de pavillon de guerre maritime.

"Le port d'Antivari et toutes les eaux Monténégrines seront fermées aux bâtiments de guerre de toutes les nations.

"Les fortifications existantes entre le lac et le littoral sur le territoire Monténégrin seront rasées, et il ne pourra en être élevé de nouvelles.

"La police maritime et sanitaire, tant à Antivari que tout le long de la côté du Monténégro, sera exercée par l'Autriche-Hongrie au moyen de légers bâtiments garde-côtes.

"Le Monténégro adoptera la législation maritime en vigueur en Dalmatie. De son côté l'Autriche-Hongrie s'engage à accorder sa protection Consulaire au pavillon marchand Monténégrin.

"Le Monténégro devra s'entendre avec l'Autriche-Hongrie sur le droit de construire et d'entretenir à travers le nouveau territoire Monténégrin une route en un chemin de fer.

"Sur ces voies une entière liberté de communication sera assurée."

Son Excellence ajoute que, en disant que la frontière doit passer à une distance d'environ 6 kilomètres de la route Bilek, &c., la Commission a entendu que cette distance peut varier, selon les exigences géographiques, de 3 à 10 kilomètres, mais qu'on devra tenir compte de ce principe, que la ligne doit passer par la crête des montagnes et de manière à ce que la route sus-mentionnée (Bilek-Korito-Gacko jusqu'au col entre la Somina-Planina et le Mont Çurilo) ne soit pas dominée.

M. le Plénipotentiaire d'Autriche-Hongrie constate également que les Plénipotentiaires de Russie, ayant émis l'avis que la proximité de la frontière près Dinos pourrait compromettre la sécurité de Podgoritza, et qu'il serait nécessaire d'éloigner la frontière à une distance de 8 à 10 kilomètres de Podgoritza, offrent en échange une rectification de frontières à l'avantage de l'Albanie partant de Mokra ou au delà, en ligne directe, jusqu'au No. 2,166 de la Carte Autrichienne. La Commission Européenne de Délimitation serait chargée d'étudier sur place si cet éloignement de la frontière peut avoir lieu, et de régler les questions territoriales qui pourraient résulter de cette rectification au détriment des Clementi. Il est entendu que, si un accord ne s'établit pas à ce sujet au sein de la Commission, le tracé du Traité reste intact.

Le Comte de Launay rappelle que, lors de la discussion qui a eu lieu dans la Commission de Délimitation sur le paragraphe relatif à Spizza, il a demandé quels étaient les motifs et la valeur de cette adjonction. L'Italie, ayant elle aussi des intérêts majeurs à sauvegarder dans l'Adriatique, avait désiré des éclaircissements ultérieurs à ce sujet, quelque restreinte que fût l'étendue du territoire incorporée à la Dalmatie.

Le Baron de Haymerle n'hésite pas à répéter les explications qu'il a données sur ce point à M. le Plénipotentiaire d'Italie. Le territoire annexé est minime : il a environ $\frac{1}{2}$ ou $\frac{3}{4}$ de lieue carrée d'étendue et une population d'à peu près 350 familles : quant aux motifs qui ont guidé le Gouvernement Austro-Hongrois, ils consistent en cette considération, que la possession de Spizza, qui domine Antivari, peut seule assurer et faciliter le but de l'Autriche-

Hongrie, qui est de veiller à ce que le port d'Antivari et son littoral conservent un caractère purement commercial.

Mehemed Ali Pacha annonce qu'il a remis à la Commission de Délimitation le document suivant sur le même sujet :—

"Mehemed Ali Pacha a l'honneur de soumettre à son Altesse Sérénissime le Président et à leurs Excellences les membres de la Commission de Délimitation les considérations et les réserves que lui a suggérées le tracé de la nouvelle ligne frontière du Monténégro, tel qu'il a été adopté par la majorité de la susdite Commission. Il prie son Altesse le Président de vouloir bien annexer ces considérations et réserves au rapport qui sera adressé au Congrès à ce sujet. Pour que les travaux du Congrès constituent une œuvre durable de paix et de concorde, ne faudrait-il pas éviter de placer, sans nécessité absolue, des peuples de race et de religion différentes sous la domination d'une race étrangère? Le Plénipotentiaire Ottoman propose, en conséquence, que, pour agrandir le territoire actuel du Monténégro, il ne lui soit concédé que des contrées dont les habitants sont de la même race et, pour la plupart, de la même religion que les Monténégrins; il regarde comme une injustice l'annexion au Monténégro de territoires habités par des Albanais Musulmans et Catholiques, tels que les districts de Plava, de Gussinje et d'Antivari. Il croit qu'il aurait été plus équitable de se borner du côté de l'Albanie à céder au Monténégro le territoire Kuci Drekalovici et le cours de la Moraca jusqu'au lac de Scutari, laissant à la Turquie les cazas Albanais de Plava et de Gussinje, ainsi que la ville de Podgoritza avec un rayon suffisant de défense.

"Les mêmes arguments plaident pour que la ville d'Antivari ne soit pas séparée de l'Albanie.

"La Turquie n'élevant pas d'objection à ce que le littoral de Spizza soit cédé au Monténégro, cette Principauté aura, par là, un accès libre à la mer, et la possession d'Antivari, dont la perte aurait pour la Turquie de très-graves inconvénients, ne lui sera pas indispensable.

"Quant au caza de Kolaschin, habité exclusivement par des Musulmans Bosniaques, il propose de la laisser à la Turquie à cause de son importance stratégique.

"Il n'aurait aucune objection à faire si pour les cazas de Kolachin, Plava, Gussinje, Podgoritza et Antivari, un équivalent était donné aux Monténégrins du côté de l'Herzégovine.

"Le Plénipotentiaire Ottoman ajoute que ses collègues et lui ont référé à leur Gouvernement pour demander des instructions sur le tracé adopté par la majorité de la Commission."

Carathéodory Pacha prie le Congrès de prendre acte de cette déclaration. Il ajoute que, sur plusieurs points spéciaux du document Autrichien, il doit encore en référer à son Gouvernement.

Le Président dit que les Plénipotentiaires Ottomans pourront faire valoir ces observations ultérieurement auprès de la Commission de Rédaction, à laquelle le rapport de la Commission de Délimitation va être renvoyé, et son Altesse Sérénissime constate en même temps l'accord de la haute assemblée sur les frontières du Monténégro.

Le Congrès passe à la question du Danube et à l'examen du texte restreint dans lequel MM. les Plénipotentiaires Austro-Hongrois, conformément à la décision prise dans la dernière séance, ont dû condenser les principes de leur précédente proposition, insérée dans le Protocole 11.

Le Comte Schouvaloff annonce que, de leur côté, les Plénipotentiaires Russes ont préparé sur le même sujet une proposition dont son Excellence donne lecture :—

"1. Afin de revêtir d'une nouvelle garantie la liberté de la navigation sur le Danube, reconnue comme un intérêt Européen, les principes proclamés par l'Acte Final du Congrès de Vienne de 1815 et appliqués au Danube par les Traités de 1856 et 1871, sont déclarés confirmés et maintenus dans leur pleine et entière vigueur, sous la garantie de toutes les Puissances.

"2. Les fortifications qui se trouvent sur le parcours du fleuve, depuis les Portes de Fer jusqu'à ses embouchures, seront rasées, et il n'en sera pas élevé de nouvelles. Tous les bâtiments de guerre en sont exclus, à l'exception des bâtiments légers destinés à la police fluviale et au service des douanes. Les stationnaires aux embouchures du fleuve sont maintenus, mais ils ne pourront pas remonter la rivière au delà de Galatz.

"3. La Commission Européenne du Danube est maintenue dans ses fonctions. Toutes les Conventions internationales et tous les actes garantissant ses droits, prérogatives et obligations sont confirmés.

"4. L'Acte Public du 2 Novembre, 1865, relatif à son organisation sera revisé pour être mis en harmonie avec les circonstances actuelles. Ce travail sera confié à une Commission spéciale, où seront admis les Commissaires de tous les États riverains et soumis à l'examen et à la sanction définitive d'une Conférence des Représentants des Puissances signataires."

Le Président fait remarquer qu'il y a peu de différence entre cette proposition et celle que les Plénipotentiaires Austro-Hongrois ont déposée.

M. d'Oubril dit que le but des Représentants de la Russie a été d'éviter les détails et de se borner à l'exposé des principes.

Le Baron de Haymerle relève les différences entre le texte Austro-Hongrois et celui dont le Comte Schouvaloff vient de donner lecture : son Excellence signale notamment dans son travail la fixation de Galatz comme le point jusqu'où devrait s'étendre l'action de la Commission Européenne du Danube, les mesures de surveillance qu'il propose pour la police du fleuve, enfin les nouvelles dispositions relatives aux Portes de Fer. Ces modifications à un Traité solennel paraissent à son Excellence ne pouvoir être décidées par une Commission spéciale, mais devoir être consacrées par l'autorité du Congrès.

A la suite d'un échange d'idées entre les Plénipotentiaires sur le mode de discussion à adopter pour les deux textes et sur la mesure de la compétence du Congrès, la haute assemblée décide, sur la proposition du Président, appuyée par MM. Waddington et le Comte de Saint-Vallier, qu'il sera d'abord donné lecture du document renfermant les principes de la proposition Austro-Hongroise ; et que, dans le but de rechercher un accord entre les deux textes, un Plénipotentiaire Austro-Hongrois et un Plénipotentiaire Russe se réuniront avec un de leurs collègues, pendant une suspension de séance. Le Baron de Haymerle et M. d'Oubril sont désignés pour préparer cette entente, de concert avec le Comte de Saint-Vallier.

A la suite d'une observation de Lord Salisbury relative à l'intérêt que prend l'Angleterre dans les questions de la navigation du Bas Danube, le Prince de Bismarck dit, que l'opinion qui représente le Danube comme la grande artère du commerce Allemand avec l'Orient repose sur une fiction, et que les navires Allemands venant d'en amont de Ratisbonne ne descendent pas le Danube pour exporter des marchandises Allemandes en Orient.

Le Président lit ensuite les Articles résumés, présentés par M. le Baron de Haymerle :—

"Article I. Liberté de navigation. Exclusion des bâtiments de guerre du parcours du Danube entre les Portes de Fer et les embouchures." (Adopté.)

"Art. II. Prolongation de la durée de la Commission Européenne Internationale, extension de ses pouvoirs jusqu'à Galatz, son indépendance du pouvoir territorial, et admission d'un Commissaire Roumain."

M. d'Oubril ayant fait remarquer que son Gouvernement a des objections sur le passage relatif à la prolongation de la durée de la Commission Européenne, M. Desprez propose d'indiquer que la durée assignée à la Commission "pourra être prolongée," et M. Waddington, en réponse à M. d'Oubril, signale l'avantage du texte Autrichien, qui permet à la Commission d'être continuée par tacite reconduction.

La première phrase de l'Article est réservée aux délibérations du Comité sus-mentionné ; la fin de l'Article est adopté.

"Art. III. Conformité des règlements de navigation et de police fluviale sur tout le parcours en aval des Portes de Fer."

M. d'Oubril considère que cette disposition préjuge la situation des riverains.

Le Comte Andrássy insiste sur l'utilité pratique de poser le principe de l'unité des règlements de navigation.

L'Article III est également réservé à l'accord ultérieur entre les Plénipotentiaires.

"Art. IV. Substitution de l'Autriche-Hongrie aux Puissances riveraines à l'égard des dispositions de l'Article VI du Traité de Londres du 13 Mars, 1871, au sujet des travaux à exécuter aux Portes de Fer et aux cataractes." (Adopté.)

Le Président constate l'accord sur les Articles I et IV, ainsi que sur le 2e alinéa de l'Article II; le 1er alinéa de ce dernier Article et l'Article III seront discutés entre les Plénipotentiaires désignés, pendant une suspension de séance qui aura lieu après épuisement de l'ordre du jour.

Le Congrès passe à l'Article XXII du Traité de San Stéfano relatif aux ecclésiastiques Russes et aux moines de Mont Athos.

Le Marquis de Salisbury rappelle qu'avant la séance il a fait distribuer à ses collègues une proposition tendant à substituer à l'Article XXII les dispositions suivantes :—

"Tous les habitants de l'Empire Ottoman en Europe, quelle que soit leur religion, jouiront d'une complète égalité de droits. Ils pourront concourir à tous les emplois publics, fonctions et honneurs, et seront également admis en témoignage devant les Tribunaux.

"L'exercice et la pratique extérieure de tous les cultes seront entièrement libres, et aucune entrave ne pourra être apportée, soit à l'organisation hiérarchique des différentes communions, soit à leurs rapports avec leurs chefs spirituels.

"Les ecclésiastiques, les pèlerins, et les moines de toutes les nationalités, voyageant ou séjournant dans la Turquie d'Europe et d'Asie, jouiront d'une entière égalité de droits, avantages et privilèges.

"Le droit de protection officielle est reconnu aux Représentants Diplomatiques et aux Agents Consulaires des Puissances en Turquie, tant à l'égard des personnes sus-indiquées que de leurs possessions, établissements religieux, de bienfaisance, et autres dans les Lieux Saints et ailleurs.

"Les moines du Mont Athos seront maintenus dans leurs possessions et avantages antérieurs, et jouiront, sans aucune exception, d'une entière égalité de droits et prérogatives."

Lord Salisbury explique que les deux premiers alinéas de cette proposition représentent l'application à l'Empire Ottoman des principes adoptés par le Congrès, sur la demande de la France, en ce qui concerne la Serbie et la Roumanie; les trois derniers alinéas ont pour but d'étendre aux ecclésiastiques de toutes les nationalités le bénéfice des stipulations de l'Article XXII spéciales aux ecclésiastiques Russes.

Le Président fait également remarquer que la portée de la proposition Anglaise est la substitution de la Chrétienté tout entière à une seule nationalité, et commence la lecture du document par alinéas.

Sur le premier alinéa, Carathéodory Pacha dit que, sans doute, les principes de la proposition sont acceptés par la Turquie, mais son Excellence ne voudrait pas qu'ils fussent considérés comme une innovation, et donne lecture, à ce sujet, de la communication suivante qu'il vient de recevoir de son Gouvernement :—

"En présence des déclarations faites au sein du Congrès dans différentes circonstances en faveur de la tolérance religieuse, vous êtes autorisé à déclarer, de votre côté, que le sentiment de la Sublime Porte à cet égard s'accorde parfaitement avec le but poursuivi par l'Europe. Ses plus constantes traditions, sa politique séculaire, l'instinct de ses populations, tout l'y pousse. Dans tout l'Empire les religions les plus différentes sont professées par des millions de sujets du Sultan, et personne n'a été gêné dans sa croyance et dans l'exercice de son culte. Le Gouvernement Impérial est décidé à maintenir dans toute sa force ce principe, et à lui donner toute l'extension qu'il comporte."

Le Premier Plénipotentiaire de Turquie désirerait, en conséquence, que, si le Congrès se rallie à la proposition Anglaise, il fût, du moins, constaté dans le texte que les principes dont il s'agit sont conformes à ceux qui dirigent son Gouvernement. Son Excellence ajoute que, contrairement à ce qui se passait en Serbie et en Roumanie, il n'existe dans la législation de l'Empire aucune inégalité ou incapacité fondées sur des motifs religieux, et demande l'addition de quelques mots indiquant que cette règle a toujours été appliquée dans l'Empire Ottoman non-seulement en Europe, mais en Asie. Le Congrès pourrait, par exemple, ajouter "conformément aux déclarations de la Porte et aux dispositions antérieures, qu'elle affirme vouloir maintenir."

Lord Salisbury n'a pas d'objections contre la demande de Carathéodory Pacha, tout en faisant observer que ces dispositions se rencontrent, en effet, dans les déclarations de la Porte, mais n'ont pas toujours été observées dans la pratique. Au surplus, son Excellence ne s'oppose point à ce que le Comité de Rédaction soit invité à insérer l'addition réclamée par les Plénipotentiaires Ottomans.

A la suite d'une discussion sur les mots "en Europe," auxquels Carathéodory Pacha propose de substituer "en Europe et en Asie," le Congrès décide que la désignation spéciale de l'Europe sera supprimée, et que l'alinéa est renvoyé au Comité de Rédaction, avec la recommandation de tenir compte des déclarations de la Sublime Porte.

Les 2e et 3e alinéas sont adoptés sans modifications.

Sur le 4e alinéa, Carathéodory Pacha relève que le droit de protection officielle est reconnue par ce passage à l'égard des " possessions " des ecclésiastiques, &c. Son Excellence demande la suppression du mot " possessions " en se fondant sur le Protocole de 1868, relatif au droit de propriété des étrangers, et qui exclut toute protection spéciale en ce qui concerne les immeubles. Si les immeubles ecclésiastiques, soumis, en vertu du Protocole de 1868, à la juridiction locale, se trouvaient, par les termes du 4e alinéa, placés en même temps sous la protection officielle des Représentants Diplomatiques et Agents Consulaires, il en résulterait de grandes difficultés administratives et judiciaires.

M. d'Oubril dit que le mot " possessions " se trouve dans le texte du Traité de San Stéfano.

Carathéodory Pacha ayant insisté sur les difficultés pratiques que rencontrerait l'alinéa ainsi conçu, le Prince de Bismarck rappelle que le privilège dont il s'agit est, en effet, accordé aux ecclésiastiques Russes par le Traité de San Stéfano et demande si la Turquie préfère étendre cet avantage à toutes les Puissances.

Mohemed Ali Pacha dit que la juridiction Ottomane, en matière d'immeubles, a été la condition de la reconnaissance du droit de propriété pour les étrangers en Turquie. Si la protection Consulaire se trouvait rétablie pour certains immeubles, on pourrait contester le droit à la propriété.

Le Comte Corti, sans s'opposer à la suppression du mot " possessions," pense qu'on pourrait ajouter simplement à l'Article " en conformité des lois et Conventions en vigueur."

A la suite d'observations réitérées des Plénipotentiaires Ottomans, le Congrès consent à la suppression du mot " possessions."

M. Waddington, sur la dernière ligne de l'alinéa 4, croit devoir rappeler les droits acquis à la France, et fait observer, d'ailleurs, que des réserves expresses ont été présentées par son Gouvernement, avant la réunion du Congrès, en ce qui concerne les Lieux Saints.

Le Président constate que ces réserves ont été posées par la France, comme condition de sa participation au Congrès, et que l'observation de M. Waddington est pleinement fondée.

Le Comte Andrássy ajoute qu'elles ont été en effet communiquées, dès le début, au Gouvernement Austro-Hongrois, qui y a donné son assentiment.

Le Premier Plénipotentiaire de France désirerait qu'il fût tenu compte des droits de la France dans l'alinéa même, qui constaterait ainsi le maintien du *statu quo*.

Le Président propose d'ajouter " sauf toutefois les droits acquis à la France."

Le Prince Gortchacow exprime le désir que le *statu quo* soit indiqué comme maintenu pour toutes les Puissances.

M. Waddington soumet au Congrès la rédaction suivante qui doit terminer le 4⁰ alinéa :—

"Les droits acquis à la France sont expressément réservés, et il est bien entendu qu'aucune atteinte ne saurait être portée au *statu quo* dans les Lieux Saints."

Cette proposition est adopté à l'unanimité. Elle devra être insérée dans l'alinéa 4, qui est également adopté.

M. d'Oubril demande que, dans l'alinéa 5, les mots " les moines du Mont Athos " soient suivis de ceux-ci : " quel que soit leur pays d'origine." L'alinéa 5 est adopté avec cette addition.

A la demande de plusieurs Plénipotentiaires, la question Grecque qui se trouvait à l'ordre du jour n'est point discutée dans la présente séance.

Lord Salisbury propose alors de s'occuper de l'Article XVI du Traité de San Stéfano relatif à l'Arménie. Son Excellence serait prête à accepter les trois dernières lignes de cet Article, qui visent les améliorations et réformes à accorder aux Arméniens, si le Congrès prononçait la suppression des trois premières lignes qui semblent subordonner l'évacuation des troupes Russes à la concession de ces réformes par la Sublime Porte. Autrement Lord Salisbury proposerait ultérieurement un Article spécial sur les Arméniens.

Le Comte Schouvaloff, sans insister sur une discussion à laquelle il n'est point préparé aujourd'hui, craindrait cependant que l'évacuation des troupes Russes, si elle avait lieu avant l'établissement des améliorations promises, ne fût le signal de troubles sérieux. Il demande au surplus à ajourner toute observation jusqu'au moment où le Congrès s'occupera plus complètement de la question d'Arménie.

La séance est suspendue pendant une demi-heure pour la Conférence particulière des Plénipotentiaires chargés de régler de concert certains points relatifs à la navigation du Danube.

A la reprise de la séance, M. d'Oubril donne lecture de la rédaction suivante sur laquelle les Représentants de l'Autriche-Hongrie et de la Russie se sont entendus :—

1ᵉʳ alinéa de l'Article II :—" Une année avant l'expiration du terme assigné à la durée de la Commission Européenne, les Puissances se mettront d'accord sur sa prolongation ou sur les modifications qu'elles jugeraient nécessaires."

Article III :—" Les Règlements de Navigation et de Police

Fluviale depuis les Portes de Fer jusqu'à Galatz seront élaborés par la Commission Européenne, assistée de Délégués des États Riverains, et mis en conformité avec ceux qui ont été ou seront introduits pour le parcours en aval de Galatz."

Le Congrès donne son adhésion à cette rédaction.

Sur une observation du Comte Schouvaloff, relative à l'Article II, le Comte de Saint-Vallier dit que le principe seul a été voté, que la forme est réservée à la Commission de Rédaction, et qu'on a entendu seulement constater l'utilité d'une entente avant l'échéance du terme assigné à la durée de la Commission Européenne.

La prochaine séance est fixée à demain 3 heures : l'ordre du jour appelera la discussion sur les affaires Grecques, ajournée dans la séance du 29 Juin. La séance est levée à 5 heures.

[Suivent les signatures.]

Protocole No. 13.—Séance du 5 Juillet, 1878.

Étaient présents :

Pour l'Allemagne—le Prince de Bismarck, M. de Bülow, le Prince de Hohenlohe-Schillingsfürst ;

Pour l'Autriche-Hongrie—le Comte Andrássy, le Comte Károlyi, le Baron de Haymerle ;

Pour la France—M. Waddington, le Comte de Saint-Vallier, M. Desprez ;

Pour la Grande Bretagne—le Comte de Beaconsfield, le Marquis de Salisbury, Lord Odo Russell ;

Pour l'Italie—le Comte Corti, le Comte de Launay ;

Pour la Russie—le Prince Gortchacow, le Comte Schouvaloff, M. d'Oubril ;

Pour la Turquie—Alexandre Carathéodory Pacha, Mehemed Ali Pacha, Sadoullah Bey.

La séance est ouverte à 3 heures et demie.

Le Protocole No. 11 est adopté.

Le Président fait mention des pétitions résumées dans la liste No. 8.

L'ordre du jour appelle l'Article XV du Traité de San Stéfano.

Le Premier Plénipotentiaire de France demande à faire, au préalable, une communication au Congrès.

M. Waddington, avant d'aborder l'objet qu'il a en vue, tient à donner à ses collègues Ottomans l'assurance que, dans les circonstances actuelles, il se ferait un scrupule de conscience de prononcer un mot qui pût froisser leurs légitimes susceptibilités. Il évitera toute considération rétrospective sur les causes qui ont amené les maux qu'il s'agit de guérir. Son seul désir, qui est également celui de tous les Plénipotentiaires, est de mettre fin à la situation troublée de l'Orient, de prévenir des difficultés ultérieures par la constitution d'un état de choses stable, et de tenir compte des divers intérêts qui coexistent dans la péninsule des Balcans.

Or, parmi ces intérêts, ceux de la race Hellénique présentent une importance majeure. M. le Premier Plénipotentiare de France est persuadé que, tant que la Sublime Porte ne les aura pas satisfaits dans une mesure suffisante, elle restera exposée, sur sa frontière, à des agitations sans cesse renaissantes. Son Excellence estime que des concessions en ce sens seraient avantageuses au Gouvernement Ottoman, et il croit savoir que la Porte ne repousse pas l'idée d'entrer en négociation avec la Grèce sur la base d'une rectification de frontières. Le réglement de ces difficultés permanentes est, en effet, pour la Turquie une condition de sécurité et de prospérité intérieure; car, aussi longtemps que dureront ces troubles, le développement de ses ressources se trouvera paralysé.

En ce qui concerne la Grèce, l'objet du Congrès n'est pas, sans doute, de donner satisfaction aux aspirations excessives de certaines organes de l'opinion Hellénique; mais M. Waddington pense qu'on ferait une œuvre équitable et politique en lui adjoignant des populations qui seraient une force pour elle, et qui ne sont qu'une cause de faiblesse pour la Turquie. Dans cet ordre d'idées, son Excellence rappelle l'opinion d'un Prince auquel la couronne de Grèce avait été offerte en 1830, et qui, depuis, appelé à régner sur un autre pays, s'est acquis, par sa sagesse, une grande autorité en Europe. Ce Prince considérait que la Grèce ne pouvait vivre dans les conditions territoriales qui lui étaient faites, notamment sans les Golfes d'Arta et de Volo, avec les territoires adjacents, et l'expérience a démontré la justesse de cette appréciation. La Grèce ne saurait prospérer dans ces limites actuelles; son Gouvernement ne peut empêcher les difficultés et les conflits qui se reproduisent périodiquement à sa frontière, et les conditions économiques du pays ne lui permettent pas de suffire aux charges qui incombent à tous les États civilisés.

Le Premier Plénipotentiaire de France croit donc servir également les intérêts des deux pays en proposant au Congrès d'indiquer, d'une manière générale, et sans porter atteinte à la souveraineté de la Porte, les limites qu'il voudrait voir assignées à la Grèce. L'autorité de la haute assemblée Européenne donnerait aux deux Gouvernements Ottoman et Grec la force morale nécessaire, au premier pour consentir à des concessions opportunes, au second pour résister à des revendications exagérées. Mais, pour atteindre ce but, son Excellence pense qu'il faut, d'une part, ne point solliciter de la Porte des sacrifices impossibles, de l'autre, faire appel à la modération de la Grèce. Le Premier Plénipotentiaire de France a donc regardé comme utile de tracer, comme base aux négociations, une ligne générale montrant, à la fois, à la Turquie la mesure des intentions de l'Europe, et à la Grèce les limites qu'elle ne doit point dépasser. Tel est l'objet de la résolution suivante qu'il a l'honneur de soumettre, d'accord avec le Premier Plénipotentiaire d'Italie, aux délibérations du Congrès :—

"Le Congrès invite la Sublime Porte à s'entendre avec la Grèce pour une rectification de frontières en Thessalie et en Épire, et est d'avis que cette rectification pourrait suivre la Vallée du Salamyrias (ancien Peneus) sur le versant de la Mer Égée, et celle du Kalamas du côté de la Mer Ionienne.

"Le Congrès a la confiance que les parties intéressées réussiront à se mettre d'accord. Toutefois, les Puissances sont prêtes à offrir leur médiation directe auprès des deux parties."

Le Premier Plénipotentiaire d'Italie désire ajouter aux arguments si éloquemment développés par M. Waddington quelques mots pour soutenir une proposition qui intéresse au plus haut degré la cause de la paix Européenne.

Pour que l'œuvre du Congrès présente des chances de durée, il faudrait faire disparaître, dans les limites du possible, les causes de futurs conflits. Il est superflu de rappeler ici les malheureuses complications qui ont eu lieu, dans ces derniers temps, entre la Turquie et la Grèce. Il faudrait aviser au moyen de prévenir de pareils dangers pour l'avenir. Ce résultat doit intéresser la Turquie encore plus que les autres Puissances. Après les tristes événements dont la Péninsule des Balcans vient d'être le théâtre, la Turquie doit éprouver un vif désir de paix et de tranquillité. Or, il est permis de douter qu'une entente sincère puisse être rétablie entre la Turquie et la Grèce, sans que quelques concessions ne soient faites aux aspirations de celle-ci. Le Gouvernement du Roi et la nation Italienne prennent un vif intérêt à cette question, et les Plénipotentiaires d'Italie se font les interprètes de ces sentiments en adressant aux Plénipotentiaires de la Turquie un appel amical dans le sens de la proposition qui vient d'être soumise au Congrès.

Le Président dit que cette proposition sera examinée en même temps que l'Article XV du Traité de San Stéfano. Son Altesse Sérénissime pense qu'elle devra être soumise au vote de la haute assemblée après le vote définitif sur cet Article, déjà discuté dans la 9ᵉ séance.

Le Premier Plénipotentiaire Ottoman, se référant au document lu dans une séance antérieure par les Délégués du Gouvernement Hellénique, donne lecture des considérations suivantes :—

"Après avoir entendu les Délégués Hellènes, cette haute

assemblée a décidé de retenir seulement la déclaration de M. Delyannis.

"En se reportant, dès lors, au contenu de cette déclaration, les Plénipotentiaires Ottomans constateront que la Grèce n'a élevé devant le Congrès aucune plainte contre la Turquie, et qu'elle n'a pas même cherché à donner pour base à son action auprès des Grandes Puissances un principe quelconque du droit qui régit les rapports de deux États indépendants entre eux.

"M. le Délégué Hellénique a exposé que, par suite du grand nombre de personnes originaires des provinces Ottomanes limitrophes qui se trouvent établies en Grèce, les mouvements dont ces provinces Ottomanes sont parfois le théâtre réagissent fortement sur le Royaume de Grèce, et qu'il en résulte, dans les relations des deux pays, une tension qui disparaîtrait, si l'on donnait satisfaction aux vœux qu'il a émis et qui lui paraissent conformes aux intérêts de l'Europe et de la Turquie.

"Tout en partageant l'opinion de M. le Délégué Hellénique sur le caractère qui doit présider aux rapports des deux pays, les Plénipotentiaires Ottomans pensent que le résultat désiré ne saurait être assuré aussi longtemps qu'on n'aura renoncé aux idées qui, en apparence, ont été suggérées dans ce but.

"Les mouvements auxquels on a fait allusion ont eu des causes indépendantes de l'action de la Turquie. Celui de 1854, coïncide avec la guerre de Crimée, celui qui vient de se terminer était, on le sait bien, le contre-coup des événements qui ont bouleversé la Turquie d'Europe jusqu'aux portes de Constantinople, et, quant à l'insurrection de Crète en 1866, on connaît comment elle fut apaisée, aussitôt après la rupture des relations diplomatiques et commerciales entre les deux pays.

"Mais, bien que ces mouvements aient eu ainsi une origine complètement indépendante de la volonté de la Turquie, celle-ci n'en a pas moins fait tout ce qui dépendait d'elle pour préserver ses relations officielles avec le Royaume Hellénique des conséquences qu'auraient pu amener les entraînements auxquels la Grèce n'avait pas toujours su opposer la résistance voulue. Il serait maintenant superflu d'insister davantage pour démontrer que la demande des Délégués Helléniques ne se rattache par aucun point, ni au but que le Congrès se propose, ni à la pensée qui le guide. L'opportunité ou la convenance qu'on trouve à s'annexer des provinces d'un État voisin n'est pas une raison suffisante. On ne saurait soutenir que la Grèce ne possède pas assez de territoire pour la population. La mer qui l'entoure de toutes parts lui offre des moyens de développment illimité. La Turquie, de son côté, tient à conserver ses provinces, dont les populations lui sont attachées, et que l'idée de l'annexion à la Grèce a alarmées, comme il est facile de s'en convaincre par les pétitions portées sous les Nos. 15, 19, et 23 dont le Congrès a été saisi.

"Au point de vue de la paix générale, son Altesse Sérénissime le Président a exprimé, à l'occasion de l'audition accordée aux Délégués d'un autre État, la portée qu'il y avait lieu d'assigner à la demande Hellénique ; mais, dans un ordre d'idées plus restreint, il ne faudrait peut-être pas perdre de vue l'influence que le fait seul de l'audition accordée à M. le Délégué Hellénique peut exercer sur les esprits. Plusieurs symptômes concourent pour donner à cette idée une importance réelle.

"La Grèce procède à des armements ; elle contracte des emprunts ; et les Plénipotentiaires Ottomans ne doutent pas que les Grandes Puissances feront parvenir au Cabinet d'Athènes des conseils de nature à fortifier le Gouvernement Hellénique dans sa disposition de maintenir de bonnes relations avec l'Empire Ottoman."

Le Président procède à la lecture de l'Article XV, en priant ses collègues de présenter, sur chaque alinéa, les observations qui pourraient s'y rattacher.

Les 1er et 2e alinéas sont approuvés sans discussion.

Sur le 3e, Lord Salisbury demande après les mots " des Commissions Spéciales, dans lesquelles l'élément indigène aura une large participation, seront chargées . . . ." l'insertion des mots suivants : " par la Sublime Porte."

Le Congrès donne son assentiment à cette modification, et le Président fait remarquer que, dans une séance précédente, la haute assemblée a décidé de remplacer, dans le même alinéa, les mots " le Gouvernement Impérial de Russie," par ceux-ci : " la Commission Européenne."

L'Article XV, ainsi amendé, est adopté dans son ensemble.

Le Congrès passe à la proposition des Plénipotentiaires de France et d'Italie.

Le Comte Andrássy déclare y donner son entier assentiment.

Lord Beaconsfield désire, avant que le Congrès ne décide l'importante question qui lui est soumise, présenter quelques remarques destinées à prévenir une erreur que pourrait amener la déclaration des Délégués Helléniques. Son Excellence constate que l'Angleterre a toujours insisté auprès de la Grèce et de la Turquie en vue du maintien d'un bon accord indispensable à ses yeux pour contrebalancer l'influence d'une troisième race, celle qui, en troublant la paix, a amené la réunion du Congrès. D'abord, ces efforts de la Grande Bretagne ont été secondés des deux parts. Mais les deux pays se trouvaient en présence d'une grande difficulté, la frontière insuffisante et imparfaite tracée en 1831 ; aux yeux de toute homme d'État compétent, cette frontière est un péril et un désastre aussi bien pour la Turquie que pour la Grèce: sa conformation est un encouragement au brigandage, et le brigandage amène nécessairement des agitations dans les provinces limitrophes. Lorsque commença la dernière guerre et que les habitants des districts voisins de la frontière s'en émurent, l'Angleterre fit entendre à la Porte des représentations que celle-ci écouta favorablement; mais son Excellence a le regret de devoir ajouter que, cette fois, il n'en fut pas de même de la Grèce; les bons avis de l'Angleterre ne purent prévaloir à Athènes contre l'opinion contraire, et de graves difficultés ont surgi. Lord Beaconsfield croit cependant de son devoir d'ajouter que l'insurrection d'Épire et de Thessalie n'a pas été fomentée par le Gouvernement Grec, qui, au contraire, se conformant aux avis de la Grande Bretagne, s'est appliqué à la réprimer; l'Angleterre fit, d'ailleurs, entendre à Athènes le conseil de ne point compter sur des agrandissements territoriaux.

Son Excellence recherchant les motifs de cette attitude, pense qu'il faut l'attribuer à la fausse idée qu'on s'était faite, après la conclusion du Traité de San Stéfano, des principes qui dirigeraient le Congrès. Une opinion erronée attribuait au Congrès l'intention de procéder au partage d'un État vieilli, et non pas de fortifier, comme l'a fait la haute assemblée, un ancien Empire qu'elle considère comme essentiel au maintien de la paix. Il est vrai que, souvent, après une grande guerre, des remaniements territoriaux se produisent; la Turquie n'est pas le seul État qui ait éprouvé des pertes territoriales; l'Angleterre, elle aussi, a perdu des provinces auxquelles elle attachait beaucoup de prix et qu'elle regrette encore aujourd'hui; on ne saurait donner à de tels arrangements ou rétrocessions le nom de partage, et le Gouvernement Grec se trompait complètement sur les vues de l'Europe. Son Excellence saisit cette occasion pour repousser les insinuations d'une partie de la presse qui a qualifié de partage la décision du Congrès au sujet de la Bosnie et de l'Herzégovine. C'est, au contraire, pour prévenir un partage que cette décision a été prise. De nombreux précédents historiques la justifient: la Bosnie abandonnée à elle-même sans éléments de bon gouvernement, entourée d'États indépendants ou demi-indépendants, eût été, en bien peu de temps, le théâtre de luttes sanglantes. Dans cette situation, la Grande Bretagne a fait appel à une Puissance voisine, forte, et intéressée au maintien de la paix: l'Europe, partageant la même pensée, a remis à l'Autriche-Hongrie l'occupation et l'administration de la Bosnie. Son Excellence rappelle que, plusieurs fois, soit dans des pays voisins, soit ailleurs, la même mission a été confiée à l'Autriche; l'initiative de la Grande Bretagne ne prouve donc pas qu'elle soit favorable à un partage.

Revenant à la Grèce, Lord Beaconsfield dit que personne ne saurait douter de l'avenir de ce pays; que les États, comme les individus qui ont un avenir, sont en mesure de pouvoir attendre.

Mais, en même temps, son Excellence est convaincue que la Grèce et la Turquie procéderont à la rectification de leurs frontières, qu'une cause de discordes et de troubles sera ainsi écartée, et une paix durable assurée. Le Premier Plénipotentiaire de la Grande Bretagne ajoute qu'il ne voudrait point recommander, pour atteindre ce but, des mesures coercitives; à ses yeux, le Sultan, éprouvé par de si grands malheurs, mérite beaucoup de respect et de sympathie. Son Excellence croit cependant qu'il ne faudrait point laisser passer l'occasion d'exprimer d'une manière très-ferme l'opinion qu'une rectification de frontière serait un acte de haute politique favorable à la prospérité des deux pays. Lord Beaconsfield regarde le tracé proposé par M. le Premier Plénipotentiaire de France comme discutable; mais l'unanimité étant avant tout désirable, son Excellence retirerait toute objection en présence d'un vote unanime des autres Puissances. Le Premier Plénipotentiaire de la Grande Bretagne termine en exprimant l'espoir et même la conviction qu'une solution équitable de la question des frontières sera accueillie par le Sultan.

Le Prince Gortchacow dit qu'en principe il ne voit pas grande divergence entre la proposition Française et les arguments présentés par le Plénipotentiaire de la Grande Bretagne. Lord Beaconsfield reconnaît, comme M. Waddington, qu'il y a intérêt urgent à s'entendre sur l'amélioration des frontières du Royaume Hellénique; avec quelques dissemblances de détail sur les attributions de territoires, l'idée mère est la même, et son Altesse Sérénissime y donne son adhésion.

Le Comte Schouvaloff voudrait présenter une observation sur l'éloquent discours de M. le Premier Plénipotentiaire de la Grande Bretagne. Le Prince Gortchacow a constaté, dans une occasion précédente, les sympathies sincères que la Russie professe pour le Gouvernement et les populations Helléniques. La Russie désire, en même temps, les bonnes relations des deux nationalités Grecque et Ottomane. Mais, Lord Beaconsfield a déclaré que l'entente entre les Grecs et les Turcs était nécessaire pour empêcher une autre nationalité—celle qui a fait le principal objet des délibérations du Congrès, à savoir, les populations Slaves—de troubler la paix Européenne. Le Comte Schouvaloff ne saurait partager cette opinion; il affirme que les populations Slaves ne troubleront plus la paix, aussitôt que l'Europe les aura dotées d'institutions qui garantissent leurs vies et leurs propriétés et qui assurent leur prospérité. Son Excellence considère que cette nouvelle situation, et non pas une entente des Grecs et des Turcs au détriment des Slaves, sera le gage de la paix Européenne.

La proposition des Plénipotentiaires Français et Italiens ayant été soumise au vote de la haute assemblée, Carathéodory Pacha déclare qu'il n'a pas connaissance de l'assentiment de son Gouvernement à des propositions de rectification qui lui auraient été faites précédemment. Il se croit, par conséquent, en devoir de réserver entièrement l'opinion de la Sublime Porte sur ce point.

Le Président dit que, dans la circonstance présente, les Plénipotentiaires Ottomans sont fondés à s'abstenir et à attendre de nouvelles instructions. Son Altesse Sérénissime constate, d'ailleurs, que les Puissances, à l'exception de la Porte, dont l'assentiment est réservé, sont unanimes à accepter la proposition.

Le Comte de Saint-Vallier présente, au nom des Plénipotentiaires d'Autriche-Hongrie et de France, la proposition suivante :—

" Les populations Mirdites continueront de jouir des privilèges et immunités dont elles sont en possession *ab antiquo*."

Lord Salisbury croit qu'il pourrait être dangereux de sanctionner des privilèges mal définis et de donner à des usages la force d'un engagement international.

Le Comte de Saint-Vallier dit que la proposition Autrichienne et Française ne modifie en rien la situation antérieure. Les rapports du Gouvernement Ottoman et des Mirdites ont été, de tout temps, établis sur la base des immunités et privilèges dont il se borne à demander le maintien.

Mehemed Ali Pacha fait observer qu'en présence des réformes sérieuses que le Sultan se dispose à accorder, les privilèges, immunités, et usages exceptionnels qui datent du moyen-âge sont destinés à disparaître. Ces changements sont graduels, sans doute, et le *statu quo* subsistera quelque temps; mais son Excellence ne voudrait pas que son Gouvernement fût obligé de le prolonger indéfiniment, même lorsque les réformes auront été établies.

Le Baron de Haymerle insiste en faveur de la proposition, dont l'objet est uniquement le maintien d'une autonomie séculaire dont son Excellence indique les principaux traits. La haute assemblée est favorable aux autonomies, et les Mirdites méritent particulièrement sa bienveillance.

Mehemed Ali Pacha persistant à révéler les inconvénients des privilèges qui appartiennent aux tribus Albanaises, le Comte de Saint-Vallier répète qu'au moment où une transformation considérable s'opère dans la Péninsule Balkanique, les Plénipotentiaires d'Autriche-Hongrie et de France ont jugé nécessaire de rassurer les populations Mirdites, en demandant, pour elles, le maintien pur et simple du *statu quo*.

Sadoullah Bey est d'avis qu'en acceptant cette proposition, le Congrès se placerait en contradiction avec l'Article XV, qui stipule les réformes; ne serait-ce pas les annuler d'avance que de proclamer le maintien du *statu quo* ?

Il s'établit, à ce sujet, entre les Plénipotentiaires Ottomans et le Comte de Saint-Vallier un échange d'idées d'où il résulte que les Plénipotentiaires Ottomans déclarent que la Sublime Porte compte ne faire, pour le moment, aucun changement dans la situation de la Montagne Mirdite.

En présence de cette affirmation, constatée par le Président et dont le Congrès prend acte, les Plénipotentiaires d'Autriche-Hongrie et de France font connaître que l'insertion de leur proposition au Protocole, suivie de la déclaration des Plénipotentiaires Ottomans, leur paraît donner une satisfaction suffisante au but qu'ils avaient en vue.

Ordre du jour pour la prochaine séance fixée à demain, 6 Juillet: questions concernant les territoires en Asie et Détroits.

La séance est levée à 5 heures.

[Suivent les Signatures.]

Protocole No. 14.—Séance du 6 Juillet, 1878.

Etaient présents:

Pour l'Allemagne—le Prince de Bismarck, M. de Bülow, le Prince de Hohenlohe-Schillingsfürst;

Pour l'Autriche-Hongrie—le Comte Andrássy, le Comte Károlyi, le Baron de Haymerle;

Pour la France—M. Waddington, le Comte de Saint-Vallier, M. Desprez;

Pour la Grande Bretagne—le Comte de Beaconsfield, le Marquis de Salisbury, Lord Odo Russell;

Pour l'Italie—le Comte Corti, le Comte de Launay;

Pour la Russie—le Prince Gortchacow, le Comte Schouvaloff, M. d'Oubril;

Pour la Turquie—Alexandre Carathéodory Pacha, Mehemed Ali Pacha, Sadoullah Bey.

La séance est ouverte à 2 heures et demie.

Le Protocole No. 12 est adopté.

Le Président fait mention des pétitions de la liste No. 10 et relève notamment celle de Malcom Khan, Ministre de Perse, demandant à être admis au Congrès lorsqu'il sera statué sur la ville de Khotour.

Son Altesse Sérénissime ayant demandé à cet égard l'avis de la haute assemblée, Lord Salisbury exprime l'opinion que Malcom Khan devrait être entendu, et le Prince Gortchacow déclare n'avoir point d'objection. Les Plénipotentiaires donnent leur assentiment, et le Président annonce que le Ministre de Perse sera invité à se rendre Lundi au sein du Congrès.

L'ordre du jour appelle les questions concernant les territoires en Asie. Ces questions sont traitées dans les Articles XVI, XVIII, et XIX (alinéa b) du Traité de San Stéfano. Le Président pense que les Articles XVI et XIX devroient être seuls discutés aujourd'hui, l'Article XVIII relatif à la ville de Khotour demeurant réservé pour la séance où Malcom Khan assistera.

Sur le désir de Lord Salisbury, le Congrès décide de s'occuper en premier lieu de l'Article XIX b 2, concernant Ardahan et Kars.

Lord Salisbury, écartant la rédaction de délimitation indiquée dans l'Article XIX, et dont les nombreux détails lui paraissent devoir être plus utilement discutés dans des conférences particulières des Plénipotentiaires spécialement intéressés, aborde sur le champ le principe même de l'annexion d'Ardahan et Kars. Dans l'opinion de son Excellence des acquisitions aussi considérables ébranleraient la puissance et le prestige de la Sublime Porte en Asie, et rendraient fort douteux le maintien de la tranquillité dans ces contrées. Sans insister sur une thèse qui lui semble évidente, Lord Salisbury demande aux Plénipotentiaires Russes si les considérations que les Représentants de l'Angleterre ont fait valoir dans leurs entretiens particuliers avec leurs Excellences ont affecté leur détermination de retenir les forteresses de Kars et d'Ardahan; dans le cas où la Russie croirait devoir persévérer dans cette pensée, Lord Salisbury déclare qu'il réserverait pour l'Angleterre le droit de sauvegarder ses intérêts et son influence sur les populations par les moyens qu'elle jugerait convenables.

Le Premier Plénipotentiaire de Russie prononce les paroles suivantes :—

"Grâce à l'esprit de conciliation et aux concessions réciproques dont consciencieusement je réclame une large part au nom de la Russie, l'œuvre du Congrès a progressé vers son but, celui d'une paix qui est dans les intérêts de l'Europe entière, et qui serait seule digne des hommes éminents réunis à Berlin.

"La séance aujourd'hui est consacrée à un objet dont une solution équitable, étrangère aux petites passions, couronnerait l'œuvre que nous poursuivons.

"Nous faisons la concession d'Erzeroum, de Bajazid, et de la Vallée d'Alaschkerd. Ces deux derniers points constituent le trajet des caravanes et la principale route commerciale vers la Perse.

"Je suis, de plus, autorisé de déclarer qu'usant de son droit de souveraineté mon auguste Maître déclarera Batoum port franc. Cela répond aux intérêts matériels de toutes les nations commerciales, et plus particulièrement peut-être à ceux de la Grande Bretagne, dont le commerce occupe le plus grand nombre de bâtiments.

"Je termine en réitérant l'espoir que dans la séance d'aujourd'hui nous aurons fait un immense pas vers le but élevé de notre réunion."

Le Président constate l'importance de la communication que le Premier Plénipotentiaire de Russie vient de faire au nom de son Gouvernement. L'abandon de Bajazid et de la vallée de l'Alaschkerd, et surtout la constitution de Batoum en port franc, forment des modifications considérables au Traité de San Stéfano. Son Altesse Sérénissime ajoute que la dernière concession facilite l'évacuation de Batoum et l'échange de cette place contre Erzeroum. Le Prince de Bismarck serait heureux que le Gouvernement Britannique, qui a de grands intérêts dans ces contrées, fût satisfait par cet arrangement; on aurait réalisé un progrès décisif dans le sens de la paix si le Congrès, se mettant d'accord aujourd'hui sur ce point important, n'avait plus à se préoccuper que des détails.

Le Prince Gortchacow ayant désiré connaître l'opinion de la haute assemblée, le Président fait appel à l'appréciation des Plénipotentiaires de la Grande Bretagne.

Lord Beaconsfield a entendu la communication du Prince Gortchacow avec un grand intérêt. Il pense avec son Altesse que cette concession spontanée de Sa Majesté l'Empereur de Russie se recommande à la plus sérieuse considération du Congrès. Au moment où la haute assemblée approche du terme de ses travaux, et où tous les Plénipotentiaires s'efforcent de résoudre les difficultés de détail qui subsistent encore, les Plénipotentiaires de la Grande Bretagne sont heureux de constater, de la part d'un puissant Souverain, une démarche conciliante d'une aussi haute valeur. Une telle proposition ne vint-elle pas d'une Puissance aussi directement intéressée, et d'un homme d'État aussi expérimenté que son Altesse, elle semble, en tout cas, de nature à aplanir un des plus grands obstacles à une solution désirée par toute l'Europe.

Le Premier Plénipotentiaire Britannique regarde comme une heureuse pensée de transformer, à la fin d'une grande guerre, une place contestée en un port franc, et en un entrepôt commercial pour toutes les nations. Son Excellence approuve entièrement et accepte cette proposition, et, bien que le désir de l'Angleterre eût été que cette place forte, qui n'a pas été prise, demeurât sous la souveraineté du Sultan, Lord Beaconsfield considère comme une solution avantageuse que ce port devienne, dans l'intérêt de la prospérité de la Russie, de la Turquie, et de tous les peuples, un centre commun pour leur énergie combinée et pour leur esprit d'entreprise. Son Excellence répète, toutefois, qu'elle eût préféré que Batoum, en devenant port libre, ne fût pas compris dans le territoire Russe; plein de confiance dans les déclarations de l'Empereur de Russie, Lord Beaconsfield voit, sans doute, dans les avantages de la franchise de ce port une compensation à une annexion qu'il ne saurait approuver, mais il ne peut éviter de dire qu'il est pénible de penser que, tout en se félicitant de la création d'un port franc, il y a lieu de se préoccuper, en même temps, des moyens de prévenir, ou du moins d'atténuer, de nouveaux troubles. La province de Batoum, en effet, n'est pas satisfaite de devenir possession Russe ; elle est encore entre les mains de populations qui se croient en état de la défendre, et l'emploi de la force pourrait, en cette circonstance, amener de graves dangers. Son Excellence désirerait que, tout en sanctionnant la proposition gracieuse de l'Empereur de Russie, le Congrès exprimât le vœu que toutes les mesures nécessaires soient prises pour éviter des désordres dont les conséquences seraient déplorables. A cet effet, il semblerait indiqué qu'on eût de légitimes égards pour un vaillante population qui s'est montrée fortement opposée au régime nouveau que le Congrès a l'intention de lui imposer. Son Excellence insiste pour que les principes et considérations ethnographiques qui ont amené la haute assemblée à concilier les intérêts divergents des nationalités de la Turquie d'Europe ne soient point perdus de vue en ce qui concerne la Turquie d'Asie. Lord Beaconsfield croit qu'il n'y a pas de temps à perdre pour adopter des dispositions propres à les prévenir. Il se borne à indiquer à la haute assemblée un état de choses auquel l'influence d'une seule Puissance ne saurait porter remède. Son Excellence accepte volontiers la création d'un port franc à Batoum, mais désirerait que le Congrès examinât les détails de cette décision en se préoccupant de la nécessité de prévenir des conflits ; il appartient aux Représentants des Grandes Puissances, toutes intéressées dans la question, de prendre des précautions contre l'éventualité d'un semblable péril.

Le Président, après ce discours, se plaît à reconnaître un progrès considérable vers une entente. L'accord établi entre la Russie et l'Angleterre sur Batoum, érigé par la Russie en port franc, est un résultat de haute valeur. Il est vrai que le Premier Plénipotentiaire de la Grande Bretagne paraît encore préoccupé de certains dangers, qui pourraient menacer la tranquillité des populations de ces contrées et par suite la paix Européenne. Mais son Altesse Sérénissime espère que ces dangers seraient faciles à éviter par des dispositions de détail, et peut-être pourrait-on y remédier en les examinant de plus près, si les Plénipotentiaires de la Grande Bretagne voulaient bien donner sur les appréhensions des explications plus développées. Les autres Puissances pourraient alors également indiquer les expédients qu'elles auraient en vue. En résumé, le Prince de Bismarck croit que la haute assemblée se félicite de trouver la distance entre les Représentants de la Russie et l'Angleterre moindre qu'elle ne l'avait redouté, et de voir dans ce bon vouloir réciproque un nouveau motif de compter sur une heureuse solution qui sera accueillie avec joie par l'Europe entière.

Le Comte Andrássy a entendu avec satisfaction les déclarations du Prince Gortchacow, et il croit que la constitution de Batoum en port franc est un avantage évident pour toutes les Puissances Européennes. Le Premier Plénipotentiaire d'Autriche-Hongrie, rappelant des précédents qui ont amené de bons résultats, pense, avec Lord Salisbury, que des entretiens particuliers entre les Représentants des deux Puissances plus spécialement intéressées pourraient aplanir les difficultés qui s'opposent encore à une entente qu'il appelle de tous ses vœux. Son Excellence déclare accepter d'avance les conclusions des pourparlers qui seraient suivis entre les deux Puissances.

M. le Premier Plénipotentiaire de France n'a aucune objection à élever au sujet des déclarations qui ont été faites, et se borne à constater l'accord qui semble en voie de s'établir.

Le Comte Corti ne peut que s'associer au nom de l'Italie aux paroles de ses collègues et exprime l'espoir que l'entente ne recontrera pas de bien grandes difficultés.

Carathéodory Pacha se réserve, s'il y a lieu, de revenir sur cette question lorsqu'il aura pu apprécier plus complètement le caractère et la portée des points que les Plénipotentiaires Britanniques ont en vue.

Le Président relit le passage de l'Article XIX qui fait l'objet de la discussion :

" Prenant en considération, &c., l'Empereur de Russie consent à remplacer le paiement de la plus grande partie des sommes énumérées dans le paragraphe précédent par les cessions territoriales suivantes."

Ici se placent les cessions en Europe sur lesquelles le Congrès s'est déjà prononcé, puis viennent les cessions en Asie consignées dans l'alinéa *b* : "Ardahan, Kars, Batoum, Bayazid, et le territoire Saganlough." Son Altesse Sérénissime rappelle que dès à présent la Russie consent à ne pas comprendre dans les cessions Bayazid et le territoire jusqu'au Saganlough.

Le Comte Schouvaloff dit qu'il serait plus exact de supprimer les mots "jusqu'au Saganlough," et de résumer ainsi les concessions Russes qui sont : Bayazid et toute la Vallée d'Alaschkerd, sous la réserve que la Turquie rendra le territoire de Khotour à la Perse.

Le Congrès étudie sur la carte, présentée par le Comte Schouvaloff, les lignes exactes des concessions Russes. Le Président constate que la constitution de Batoum en port franc est acquise à l'entente, et qu'il en est de même des points que vient d'indiquer le Comte Schouvaloff. Quant au tracé exact de la ligne de frontière, son Altesse Sérénissime pense que ce travail ne peut être fait par le Congrès, et doit être réservé à une Commission Spéciale compétente.

Lord Salisbury déclare qu'il avait eu des objections sur plusieurs des points de l'Article XIX du Traité. Son Excellence craignait d'abord que la possession de Batoum ne fût un danger pour la liberté de la Mer Noire. La concession gracieuse offerte aujourd'hui par la Russie, si il la comprend bien, lui paraît écarter cette appréhension. En second lieu, l'occupation de Bayazid lui aurait fait redouter que la route commerciale de Perse ne fût interceptée : son Excellence constate également qu'en présence de la concession de la Vallée d'Alaschkerd ces craintes ne seraient plus justifiées. Il lui reste encore le devoir de rappeler les intérêts d'une vaillante nationalité Musulmane qui se refuse à la domination Russe. Son Excellence insiste sur les avantages d'entretiens particuliers pour résoudre les dernières difficultés de détail qui subsistent encore.

Le Prince Gortchacow dit qu'il préférerait une discussion, et qu'il est prêt à répondre sur place aux objections que présenteraient les Plénipotentiaires de la Grande Bretagne.

Le Prince de Bismarck s'associe à la demande de Lord Salisbury, qui lui paraît justifiée par les nombreux détails de la question, qui ne sauraient être discutés en séance plénière. Il consultera, d'ailleurs, sur ce point le sentiment du Congrès.

Le Prince Gortchacow expose qu'il y a deux catégories de questions : les premières, qui sont techniques, et qui ont pour objet la détermination des limites définitives, ne peuvent, en effet, être résolues en Congrès, et le Traité de San Stéfano a indiqué par avance qu'elles devront être soumises à une Commission Spéciale. En ce qui concerne les secondes, son Altesse Sérénissime remercie Lord Beaconsfield d'avoir répondu avec tant de loyauté à ses observations : M. le Premier Plénipotentiaire d'Angleterre s'est borné au surplus à exprimer ses craintes sur la sécurité des populations. Mais le Prince Gortchacow s'explique moins les objections de Lord Salisbury, et prie son Excellence de vouloir bien déterminer, d'une manière plus précise, les inquiétudes qu'il a énoncées.

Lord Salisbury dit qu'il a voulu parler de la nationalité des Lazes, qui n'accepterait pas le Gouvernement Russe, et dont les répugnances pourraient amener dans l'avenir des embarras sérieux.

Une discussion s'engage entre le Prince Gortchacow, Lord Salisbury, et Mehemed Ali Pacha sur le chiffre de la population Laze du Lazistan, que le Premier Plénipotentiaire de Russie, sur des données qu'il offre de communiquer, affirme ne point s'élever au-dessus de 50,000 âmes, tandis que les Plénipotentiaires d'Angleterre et de Turquie l'estiment à 200,000 individus.

Le Président ayant fait observer que cette question secondaire n'intéresse pas l'œuvre de la paix, insiste pour que les Plénipotentiaires de la Grande Bretagne et de Russie s'entendent sur ce point et sur les autres objets spéciaux qui les séparent, dans des entretiens particuliers. Cette procédure est acceptée de part et d'autre, et le Congrès décide d'attendre le résultat de ces explications mutuelles pour reprendre l'examen de l'Article XIX.

La haute assemblée passe à l'Article XVI, relatif aux Arméniens, et dont il a déjà été une séance précédente.

Lord Salisbury a déposé, à ce sujet, une proposition qui a été distribuée aux Plénipotentiaires. Son Excellence demande la suppression des premières lignes de l'Article XVI jusqu'au mot "pays" et désirerait ajouter à la fin la phrase suivante :

"Elle s'entendra ultérieurement avec les six autres Puissances Signataires sur la portée de cet engagement et les mesures nécessaires pour le mettre en exécution."

Son Excellence ajoute que les intérêts des Arméniens doivent être sauvegardés, et que le but de la proposition est de leur donner des espérances d'améliorations immédiates en même temps que de progrès à venir.

Carathéodory Pacha admet que, dans la dernière guerre, les tribus insoumises ont suscité de graves désordres; mais la Porte, dès qu'elle en a été informée, a pris des mesures pour y mettre un terme. La proposition de Lord Salisbury semble se référer à des mesures ultérieures. Carathéodory Pacha voudrait qu'il fût tenu compte à la Porte des dispositions qu'elle a adoptées et qu'on ajoutât au paragraphe les mots suivants : "la Porte communiquera aux six Puissances le résultat des mesures qui ont été déjà prises à cet égard." Cette addition, en même temps qu'elle satisferait le Gouvernement Ottoman, compléterait le sens du texte présenté par les Plénipotentiaires Anglais.

Le Comte Schouvaloff préfère la rédaction de Lord Salisbury. Si la Porte a pris des mesures et qu'elles n'aient pas été mises à exécution, il est inutile de les mentionner.

Le Président fait observer qu'il est, peut-être, difficile de mettre à exécution des mesures répressives parmi des tribus indépendantes, et son Altesse Sérénissime élève des doutes sur l'efficacité pratique de l'Article proposé par Lord Salisbury.

Carathéodory Pacha insistant pour l'addition qu'il a indiquée, Lord Salisbury demande à ajourner la discussion pour apporter quelque modification dans le texte primitif.

La question est remise à une prochaine séance.

Le Congrès passe à la question des Détroits.

Lord Salisbury déclare que, si l'acquisition de Batoum avait été maintenue dans des conditions qui menaceraient la liberté de la Mer Noire, l'Angleterre n'aurait pas pu s'engager envers les autres Puissances Européennes à s'interdire l'entrée de cette mer. Mais, Batoum ayant été déclaré port franc et commercial, le Gouvernement Anglais ne se refusera pas à renouveler les engagements, sous les modifications imposées par les décisions déjà prises au Congrès.

Le Prince Gortchacow, en faisant observer que ces dangers n'auraient pu se produire de toute façon, puisque la Russie n'a point de bâtiments dans la Mer Noire, est également d'avis que la législation actuelle ne soit pas modifiée.

Il résulte de la discussion qui s'engage entre les Plénipotentiaires de la Grande Bretagne, de Russie, et de France sur le caractère du *statu quo ante*, que le Congrès entend par ce terme, l'ordre de choses établi par la Déclaration de 1856 et par l'Article II du Traité de Londres du 13 Mars, 1871, dont il est donné lecture.

Le Comte Schouvaloff croit que le Congrès n'a pas à discuter sur ce point les Actes de 1856 et 1871. Que demande la Russie? Elle demande uniquement le *statu quo ante* pour les Détroits. Le Marquis de Salisbury fait dépendre le *statu quo* des conditions de la possession de Batoum par la Russie. Il serait très-facile de prouver que Batoum ne constitue de menace pour personne, et que la possession de ce port ne nous est nécessaire que pour assurer nos communications avec le grand territoire que la Russie possède déjà sur cette partie du littoral de la Mer Noire et pour assurer son commerce. Son Excellence constate que la déclaration de franchise du port a dû écarter les derniers doutes. Ce port deviendra un point important pour le commerce du monde entier; il ne pourrait être une menace pour les Détroits, et tout conseille, en conséquence, d'y maintenir le *statu quo*.

Lord Salisbury comprend que Batoum ne sera qu'un port commercial, et ainsi accepte en principe le *statu quo ante* pour les Détroits.

A la suite d'une observation de Carathéodory Pacha relative à l'opportunité de déclarer que la Bulgarie n'aura point de forces navales dans la Mer Noire, comme conséquence du *statu quo ante* qui vient d'être admis, il demeure entendu que, la Bulgarie étant Principauté tributaire et n'ayant point de pavillon de guerre, aucune disposition nouvelle ne peut être insérée à ce sujet.

Le Président constate l'assentiment unanime de la haute assemblée au maintien du *statu quo ante* dans la question des Détroits des Dardanelles et du Bosphore.

Le Président donne lecture de l'Article XXIV, et le Congrès reconnaît qu'après la déclaration précédente il n'a pas à discuter la première phrase de cet Article relative à l'ouverture des Détroits. Quant à la seconde phrase, qui concerne les blocus fictifs, le Premier Plénipotentiaire d'Italie ayant fait remarquer que cette stipulation n'est que la reproduction du principe de la Déclaration de Paris en date du 16 Avril, 1856, Carathéodory Pacha constate que ce passage n'a aucune utilité pratique, puisque la Porte est liée par la Déclaration de Paris.

Le Président ajoute que c'est pourquoi la haute assemblée n'a pas à s'en occuper. Le Congrès n'a donc pas à réviser cet Article et se borne à maintenir le *statu quo ante* comme suffisant.

Son Altesse Sérénissime lit ensuite l'Article XXV, qui concerne l'évacuation de la Turquie d'Europe et d'Asie par les troupes Russes. Le Prince de Bismarck pense que, les deux Puissances belligérantes ayant statué régulièrement à cet égard, le Congrès doit considérer cet arrangement comme strictement bilatéral.

Le Premier Plénipotentiaire de France soumet, sur ce point, un désir à ses collègues de Russie. Son Excellence demande s'il ne leur serait pas possible de faire une déclaration constatant que le Gouvernement Russe s'efforcera, pour affranchir la Roumanie des charges résultant d'une occupation prolongée, de diriger l'évacuation par la voie du Danube et de Varna.

Le Comte Schouvaloff répond que la proposition faite par le Premier Plénipotentiaire de France ne saurait avoir un caractère absolu. Il s'agirait ainsi de choisir, de préférence, la voie de mer à la voie de terre. Son Excellence est prête à obtempérer à ce désir, mais sa déclaration doit être subordonnée à une prompte évacuation de Varna par les troupes Turques. Si les Plénipotentiaires Ottomans veulent bien déclarer au Congrès qu'il n'y a plus d'obstacle à l'évacuation immédiate de cette forteresse, le Comte Schouvaloff est prêt à répondre à la demande du Premier Plénipotentiaire de France.

Carathéodory Pacha demande l'ajournement d'une question sur laquelle il n'est pas à même de donner une réponse précise.

M. Waddington fait remarquer qu'il n'a pas présenté de proposition, mais un simple appel au bon vouloir de la Russie, dans le cas où les circonstances permettraient d'évacuer le territoire Ottoman sans passer par la Roumanie.

Le Comte Schouvaloff serait heureux de satisfaire au vœu de M. Waddington, et regrette que M. le Premier Plénipotentiaire de Turquie n'ait pas été en mesure de fournir les informations nécessaires à la décision du Gouvernement Russe.

Carathéodory Pacha ayant demandé si l'alinéa 3 de l'Article XXV, relatif à l'évacuation en Asie, sera inséré dans le nouveau Traité, le Président dit que cette insertion ne paraît pas nécessaire, puisqu'il ne s'agit que d'une stipulation entre la Turquie et la Russie : l'évacuation en Europe a seule été l'objet d'un arrangement Européen.

Son Altesse Sérénissime constate que les derniers Articles du Traité de San Stéfano (XXVI, XXVII, XXVIII, et XXIX) ne sont que des stipulations locales et militaires, et exprime l'espoir que, dans la prochaine séance, le Congrès, informé du résultat des pourparlers qui doivent s'établir sur les questions réservées entre les Plénipotentiaires Russes et Anglais, se trouvera en mesure de terminer l'examen de la question Asiatique.

Le Prince de Hohenlohe, comme Président de la Commission de Délimitation, demande la mise à l'ordre du jour de la prochaine séance d'un rapport de cette Commission sur des questions qui ne peuvent être résolues que par le *plenum* du Congrès.

Le Comte Schouvaloff expose incidemment que, pour divers territoires, tant d'Europe que d'Asie, qui n'ont pas été l'objet des délibérations spéciales de la haute assemblée, aucune amélioration du sort des populations Chrétiennes n'a été expressément stipulée. Le Traité de San Stéfano, en créant une grande Bulgarie, ne visait dans l'Article XV que les Provinces Grecques et quelques territoires qui auraient pu échapper à l'attention.

La situation a changé: la création d'une Roumélie restreinte laisse en suspens de nombreuses populations Chrétiennes qui pourraient n'être assimilées ni aux réformes qu'il s'agit d'introduire dans la Roumélie Orientale, ni à celles que le Traité de San Stéfano projette pour les Provinces Grecques.

Le sort des Chrétiens d'Orient constituant une des premières préoccupations de l'Europe et du Congrès, son Excellence voudrait espérer que les stipulations de l'Article XV s'étendront également à toutes les populations Chrétiennes de la Péninsule des Balkans, pour lesquelles aucune organisation spéciale n'est stipulée.

Le Prince de Bismarck estime que le Congrès s'est approprié l'Article XV dans sa totalité et qu'il l'étend en principe à toutes les parties de l'Empire. Ce serait, au surplus, à une réunion diplomatique à venir que ces questions de détail pourraient être, au besoin, réservées.

Le Comte Schouvaloff est heureux de voir constater que les stipulations de l'Article XV s'appliquent à toutes les parties de la Turquie d'Europe qui n'ont pas de règlement spécial.

Le Comte Andrássy est d'accord avec les Plénipotentiaires de Russie sur la nécessité d'améliorer le sort des Chrétiens, mais son Excellence ne pense pas que des constitutions toutes faites soient le meilleur moyen d'y parvenir. La diplomatie doit s'en tenir à poser des principes et se garder d'entrer dans les détails qui sont souvent un danger pour les populations.

Carathéodory Pacha demande au Congrès de prendre en considération la pétition inscrite sous le No. 49 dans la dixième liste, et dans laquelle Monseigneur Gerassimos, Archevêque de Philadelphie, traite la question des biens dédiés de Roumanie. Son Excellence se réserve de soumettre au Congrès une proposition formelle à cet égard.

La séance est levée à 5 heures.

[Suivent les Signatures.]

Protocole No. 15.—Séance du 8 Juillet, 1878.

Étaient présents :

Pour l'Allemagne—le Prince de Bismarck, M. de Bülow, le Prince de Hohenlohe-Schillingsfürst ;

Pour l'Autriche-Hongrie—le Comte Andrássy, le Comte Károlyi, le Baron de Haymerle ;

Pour la France—M. Waddington, M. le Comte de Saint-Vallier, M. Desprez ;

Pour la Grande Bretagne—le Comte de Beaconsfield, le Marquis de Salisbury, Lord Odo Russell ;

Pour l'Italie—le Comte Corti, le Comte de Launay ;

Pour la Russie—le Prince Gortchacow, le Comte Schouvaloff, M. d'Oubril ;

Pour la Turquie—Alexandre Carathéodory Pacha, Mehemed Ali Pacha, Sadoullah Bey.

La séance est ouverte à 2 heures et demie.

Le Protocole No. 13 est adopté.

Le Président fait mention des pétitions de la liste No. 11.

L'ordre du jour appelle l'Article XVIII du Traité de San Stéfano relatif à la ville de Khotour et à la rectification de la frontière Turco-Persane. Cet Article est ainsi conçu :—

"La Sublime Porte prendra en sérieuse considération l'opinion émise par les Commissaires des Puissances médiatrices au sujet de la possession de la ville de Khotour, et s'engage à fair exécuter les travaux de délimitation définitive de la frontière Turco-Persane."

Le Président pense qu'il y a lieu, conformément à la décision prise par le Congrès dans sa dernière réunion, d'entendre le Représentant de Sa Majesté le Shah de Perse.

Son Excellence Malcom Khan est introduit, et le Président le prie de communiquer au Congrès les observations de son Gouvernement au sujet de l'Article XVIII du Traité de San Stéfano.

Malcom Khan dit qu'il n'a point de communication à faire, mais qu'il désire seulement connaître la décision du Congrès.

Le Prince de Bismarck fait observer que la haute assemblée n'a pas encore pris de résolution, mais a voulu s'assurer que la restitution de Khotour à la Perse serait acceptée par Sa Majesté le Shah.

Malcom Khan se déclare autorisé par son Gouvernement à accepter avec reconnaissance la restitution du district de Khotour : il se réfère, pour l'étendu du territoire, à la délimitation dressée par la Commission Anglo-Russe. Son Excellence ajoute quelques considérations sur la situation de la frontière Persane de Bayazid à **Mouhamerra**, et appelle l'intérêt de la haute assemblée sur le vif désir de son Gouvernement de voir le Congrès mettre un terme à des difficultés sans cesse renaissantes. Le Gouvernement Persan se soumet d'avance à l'arbitrage qui serait fixé par la haute assemblée.

Le Président pense que le Congrès consentira à prêter ses bons offices pour amener une entente entre la Turquie et la Perse, et le réglement de l'affaire de Khotour pourra lui en fournir l'occasion.

Malcom Khan se retire, et le Président ayant demandé aux Plénipotentiaires Russes de faire connaître leur opinion sur l'Article XVIII, le Comte Schouvaloff désire déterminer exactement le caractère actuel de la question. Dans les négociations qui ont eu lieu entre la Russie et la Turquie après la conclusion du Traité de San Stéfano, la Russie consentit à rendre à la Sublime Porte Bayazid et la Vallée d'Alaschkerd, mais en stipulant, comme échange, la restitution du territoire de Khotour. C'est donc à titre d'échange que Khotour est rendu au Shah. Quant à la délimitation, il n'y a pas de difficulté, puisque Malcom Khan a déclaré accepter celle de la Commission Anglo-Russe. Le Comte Schouvaloff ne peut qu'appuyer, d'ailleurs, le désir de la Perse d'arriver le plus tôt possible au réglement de ses frontières.

Le Président demande si une proposition est faite en dehors du maintien pur et simple de l'Article XVIII.

La lecture des offices adressés par Malcom Khan au Congrès établit que le Ministre du Shah, de son côté, n'a présenté aucune proposition.

Le Comte Schouvaloff n'est point d'avis de maintenir purement et simplement l'Article. Son Excellence répète que les situations respectives ont changé depuis le Traité de San Stéfano : il s'agit maintenant, de la part de la Turquie, non plus de " prendre en sérieuse considération," mais d'exécuter un engagement, un échange, et ce caractère de la question doit être indiqué nettement dans une nouvelle rédaction.

Le Prince de Bismarck ayant exprimé le désir de savoir si les Plénipotentiaires Russes désirent s'en charger, et Lord Salisbury ayant offert pour ce travail le concours des Plénipotentiaires Anglais également intéressés dans la question au point de vue du commerce de la Perse, le Comte Schouvaloff annonce qu'à la prochaine séance il présentera un nouvel Article, après s'être concerté avec ses collègues d'Angleterre.

Le Président constate que les principes de l'Article XVIII sont confirmés, sauf le complément que doivent préparer les Plénipotentiaires d'Angleterre et de Russie.

Carathéodory Pacha dit que, pour ce qui le concerne, il n'aurait aucun changement à proposer pour l'Article XVIII. Il n'a pas connaissance des négociations postérieures au Traité de San Stéfano auxquelles le Comte Schouvaloff a fait allusion ; qu'il sollicitera sur ce point les instructions de son Gouvernement ; mais qu'en attendant, les Plénipotentiaires Ottomans sont toutefois à la disposition du Comte Schouvaloff pour la rédaction du nouvel Article, tant qu'il s'agira de confirmer la décision rendue par la Commission Mixte au sujet de la cession de Khotour.

Le Président rappelle que, dans la séance précédente, le Congrès avait mis à l'ordre du jour d'aujourd'hui le résultat de pourparlers complémentaires sur différentes questions de détail relatives à la ville et au port de Batoum. Les Plénipotentiaires intéressés n'étant pas encore en mesure de faire connaître leurs décisions, la question est remise à la prochaine séance.

Procédant au point suivant de l'ordre du jour, le Président fait observer que Lord Salisbury s'est réservé de communiquer à la haute assemblée le résultat d'une entente ultérieure avec les Plénipotentiaires Ottomans sur la rédaction de l'Article XVI concernant les Arméniens.

Lord Salisbury donne lecture de la rédaction concertée entre les Plénipotentiaires de la Grande Bretagne et de la Turquie :—

" La Sublime Porte s'engage à réaliser, sans plus de retard, les améliorations et les réformes exigées par les besoins locaux dans les provinces habitées par les Arméniens et à garantir leur sécurité contre les Kurdes et les Circassiens. Elle donnera connaissance périodiquement des mesures prises dans ce but aux Puissances qui y veilleront."

Le Congrès donne son assentiment à cet Article.

Le Président dit que, dans la dernière séance, Carathéodory Pacha a saisi le Congrès d'une motion relative à la pétition de l'Archevêque Gerassimos sur les couvents dédiés. En voici le texte :—

" Considérant que le différend entre les Saints-Lieux d'Orient et la Roumanie, relatifs aux biens dédiés, qui, aux termes des Protocoles des Conférences des Grandes Puissances tenues à Paris en 1858, 1859, et 1861, et de la Conférence réunie ad hoc à Constantinople en 1864, devait être réglé par la voie d'arbitrage, demeure jusqu'ici en souffrance :

" Les Plénipotentiaires Ottomans prient cette haute assemblée de vouloir bien prendre en considération le mémoire des Saints-Lieux d'Orient porté sur la liste des pétitions présentées au Congrès sous le No. 49, et par lequel les pétitionnaires s'en remettent au Congrès pour qu'il veuille bien fixer un délai pour la mise en pratique de l'arbitrage, et désigner un sur-arbitre pour le cas de partage."

Le Premier Plénipotentiaire de Turquie déclare qu'il n'a pas formulé de proposition proprement dite, mais qu'il est prêt à s'approprier les conclusions du mémoire adressé par les Saints-

Lieux à la haute assemblée. Son Excellence appelle l'intérêt du Congrès sur la déplorable situation des Saints-Lieux Orthodoxes, qui réclament la mise à exécution des arrangements pris par la Conférence tenue à Paris en 1858, l'arbitrage et la désignation éventuelle du sur-arbitre, prévus par le Protocole du 30 Juillet, 1858.* Les Saints-Lieux s'en remettent au Congrès pour la nomination d'un sur-arbitre.

Le Président exprime ses doutes sur la compétence de la haute assemblée dans cette question étrangère en elle-même aux Traités de 1856 et 1871, et de San Stéfano. Il désirerait cependant la recommander à l'attention de ses collègues, et demande si l'un des Plénipotentiaires aurait à présenter quelques observations à ce sujet.

Lord Salisbury serait disposé à insister, mais son Excellence ne voit pas quelle pourrait être la sanction d'une décision du Congrès en pareille matière, du moment que l'indépendance de la Roumanie n'en saurait dépendre.

Le Prince de Bismarck dit que, comme Représentant de l'Allemagne, il est de l'avis de Lord Salisbury, et ne connaît, en effet, aucun moyen de coercition à exercer par le Congrès en cette affaire.

Carathéodory Pacha remercie le Président d'avoir présenté la question à la haute assemblée. Son Excellence regarde comme désirable que cette difficulté reçoive une solution pour prévenir des discussions ultérieures entre la Roumanie et la Porte. Le Premier Plénipotentiaire Ottoman demande, du moins, que, dans le cas où la haute assemblée ne croirait pas devoir se saisir de l'affaire, la question pût être traitée en dehors du Congrès par les Puissances.

Le Prince de Bismarck croit qu'en effet ce serait la seule manière réalisable de traiter cette question, et pense que ses collègues consentiront à écrire en ce sens à leurs Gouvernements.

Le Comte Schouvaloff rappelle que la proposition des Plénipotentiaires Français relative à la liberté religieuse et aux diverses garanties accordées à tous les cultes a créé un droit nouveau applicable à toutes les Principautés, et qui autorise les intéressés à faire valoir, en temps et lieu, leurs justes réclamations.

Le Président est d'accord sur ce point avec les Plénipotentiaires de Russie. Son Altesse Sérénissime pense, en général, qu'on pourrait introduire dans le Traité un Article qui léguerait aux Puissances représentées au Congrès la tâche de veiller, soit par leurs Représentants à Constantinople, soit par d'autres délégués, sur l'exécution des diverses dispositions qui viennent d'être rappelées. La question des Saints-Lieux pourrait se rattacher à ce contrôle. Le Prince de Bismarck ajoute, avec l'assentiment de la haute assemblée, qu'en ce qui regarde cette dernière question, il sera noté au Protocole que les Représentants des Puissances sont prêts à référer à leurs Gou-

* Vol. XLVIII. Page 103.

vernements à ce sujet, et à recommander à leur sollicitude l'examen de cette affaire, soit sur les anciennes bases, soit sur celles qui seront le résultat des délibérations du Congrès.

L'ordre du jour appelle le Rapport de la Commission de Délimitation.

Le Prince de Hohenlohe, Président de la Commission, indique d'abord le tracé de la frontière nord de la Principauté de Bulgarie qui suit la rive droite du Danube depuis l'ancienne frontière de Serbie jusqu'à la ligne déterminée par le Congrès dans une précédente séance, et qui part d'un point à l'est de Silistrie pour rejoindre Mangalia, sur la Mer Noire. Le point à l'est de Silistrie n'est pas encore fixé, mais il ne s'agit pas d'une ligne stratégique; c'est une concession faite à la Roumanie, et le tracé exact de cette concession demeure réservé.

Le Comte Schouvaloff rappelle qu'en effet il ne s'agit pas ici d'une ligne stratégique. Les Plénipotentiaires Russes ont augmenté le territoire destiné à la Roumanie : il a été décidé qu'une ligne, partant à l'est de Silistrie, rejoindrait Mangalia, qui serait inclus dans le territoire Roumain. C'est une question de bonne foi : le point important étant le nombre d'éléments Roumains à comprendre dans la Bulgarie ; cette ligne doit être tracée avec soin et pourrait être confiée à une Commission Européenne.

Le Comte Andrássy dit que, les deux points d'attache étant fixés, les détails doivent, en effet, être remis à la Commission.

Le Prince de Hohenlohe fait remarquer que l'on ne peut préciser encore le point d'attache du côté de Silistrie, mais que la Commission a indiqué que ce point doit être l'emplacement où un pont pourrait être établi sur le Danube à l'est de Silistrie, pont qui relierait les deux rives Roumaines du fleuve.

Le Comte Schouvaloff ayant admis qu'un pont réunissant les deux rives du Danube était nécessaire, et le Baron Haymerle ayant ajouté que, de l'avis des experts, un seul point dans les environs est propice à la construction d'un pont, le Président demande si le Congrès accepte, 1, la ligne de frontière du nord de la Bulgarie ; 2, la ligne de Silistrie à Mangalia ; 3, l'attribution des détails à l'étude d'une Commission Européenne.

La haute assemblée donne son assentiment à ces propositions, qui règlent les limites nord de la Principauté.

Le Prince de Hohenlohe passe au tracé de la frontière ouest. Elle doit suivre, depuis Racovitza sur le Danube, l'ancienne frontière orientale de la Serbie jusqu'à la Stara Planina.

Cette ligne est acceptée par le Congrès.

Le Prince de Hohenlohe expose, ensuite, la frontière du sud telle qu'elle a été fixée par la Commission de Délimitation dans les termes suivants :—

"La frontière commence par l'embouchure et remonte le thalweg du ruisseau où se trouvent les villages Hadzakiöj, Selam-Kiöj, Aivadsik, Kulebe, Sudzuluk; traverse obliquement la Vallée du Deli Kamcik en passant au sud de Belibe et de Kemhalik et au nord de Hadzimahale, en traversant le Deli Kamcik à 2½ kilomètres en amont Cengel; gagne la crête à un point situé entre Tekenlik et Aidos-bredza et la suit par Karnabad Balkan, Prisevica Balkan, Kasan Balkan, au nord de Kotel, jusqu'à Demir Kapu. De Demir Kapu elle suivra la crête des Balkans jusqu'au sommet de Kosica."

Le Congrès adopte cette ligne jusqu'à Kosica.

Le Prince de Hohenlohe indique qu'à partir de ce point la délimitation du Sandjak de Sofia a rencontré des difficultés au sein de la Commission. La majorité s'est decidée pour le tracé suivant:—

La frontière quitte la crête du Balkan au sommet de Kosica, descend vers le sud entre les villages de Pirtop laissé à la Bulgarie et de Duzanci laissé à la Roumélie Orientale, jusqu'au ruisseau de Tuzlu Dere, suit ce cours d'eau jusqu'à sa jonction avec la Topoluica, puis cette rivière, jusqu'à son confluent avec Smovskio Dere, en laissant à la Roumélie Orientale une zone d'un rayon de 2 kilomètres en amont de ce confluent, remonte entre les ruisseaux de Smovskio Dere et la Kamenica, suivant la ligne de partage des eaux pour tourner à l'ouest à la hauteur de Voinjak et gagner directement le point 875.

La ligne frontière coupe ensuite, en ligne droite, la tête du bassin du ruisseau d'Ichtiman Dere, passant entre Bogdina et Karaúla, pour retrouver la ligne de partage des eaux, séparant les bassins de l'Isker et de la Marica entre Camurli et Hadzilar, suit cette ligne par les sommets de Velina Mogila, le col 1,008, Zmailica Vrh, Sumnatica, et rejoint la limite administrative du sandjak entre Sivri Tas et Cadir Tepe.

Il ne pourra être élevé de fortifications dans un rayon de 10 kilomètres autour de Samakov.

De Cadir Tepe la ligne frontière se dirige au sud-ouest en suivant la ligne de partage des eaux entre les bassins du Mesta Karasu d'un côté, et du Struma Karasu de l'autre, passant par les crêtes des Montagnes de Rhodope appelées Demir Kapu, Iskof Tepe, Kadimesar Balkan, et Aji Gedik jusqu'à Kapetnik Balkan, et se confond ainsi avec l'ancienne frontière administrative du Sandjak de Sofia.

De Kapetnik Balkan la ligne frontière est indiquée par la ligne de partage des eaux entre les Vallées de la Rilska reka et de la Bistrica reka, et suit ainsi le contrefort appelé Vodenica Planina pour descendre dans la Vallée de la Struma au confluent de cette rivière avec la Rilska reka, laissant le village de Barakli à la Turquie.

Elle remonte alors au sud du village de Jelesnica pour atteindre, par la ligne la plus courte, la chaine de Golema Planina au sommet de Gitka et y rejoindre l'ancienne frontière administrative du Sandjak de Sofia, laissant, toutefois, à la Turquie, la totalité du bassin de la Suha reka.

Du Mont Gitka la frontière se dirige vers le Mont Crni Vrh par les Montagnes de Karvena Jabuka, en suivant l'ancienne limite administrative du Sandjak de Sofia dans la partie supérieure des bassins de Egri Su et de la Lebnica, remonte avec elle sur les crêtes de Babinapolana et arrive au Mont Crni Vrh.

Du Mont Crni Vrh la ligne frontière se confond avec la limite administrative, séparant les Sandjaks de Nisch et de Sofia, suivant la ligne de partage des eaux entre la Struma et la Morawa, par les sommets de Streser, Vilo Golo, Mesid, Ravnasiba, Ogorelica, Kosturnica, et Lubas jusqu'à Grloska Planina.

A partir de cette chaîne elle descende vers le nord-ouest en longeant, à une distance de 2 kilomètres environ, la rive gauche de la Divljanska reka et de la Luckavicka reka, coupe, à 1,000 mètres au nord-ouest du village de Segusa, la route de Sofia à Pirot, se dirige en ligne directe sur la Vidlic Planina et, de là, sur le Mont Radocina dans la chaîne du Kodza Balkan, laissant à la Serbie le village de Doikinci et à la Bulgarie celui de Senakos.

Du sommet du Mont Radocina la frontière suit vers l'ouest la crête des Balkans par Ciprovec Balkan et Stara Planina jusqu'à l'ancienne frontière orientale de la Principauté de Serbie près de la Kula Smiljeva Cuka.

Le Prince de Hohenlohe, en terminant cet exposé, ajoute qu'une décision n'a pas pu être prise au sujet de ce tracé, les Plénipotentiaires de Russie n'ayant pas trouvé dans cette délimitation une compensation suffisante des parties qui avaient été détachées du sandjak à l'est et au sud.

Le Président regrette que les membres de la Commission n'aient pu s'entendre sur cette question et exprime l'avis que le Congrès la décide par voie de majorité.

Le Comte Schouvaloff rappelle que le Congrès, dans une de ses premières séances, a admis à l'unanimité que le Sandjak de Sofia serait incorporé dans la Principauté de la Bulgarie sauf rectification stratégique de ses frontières. Lorsque cette question a été transmise à l'examen des spécialistes de toutes les Puissances, ils ont compris qu'il s'agissait de choisir entre plusieurs crêtes celles qui répondaient le mieux aux conditions de la défense. Telle n'a pas été l'opinion des officiers d'État-Major Anglais; ils ont demandé à reculer la frontière derrière la chaîne des montagnes et ont, de cette façon, changé une rectification stratégique en une cession territoriale.

Les Plénipotentiaires de Russie, s'inspirant dans ce débat d'un esprit de conciliation, ont admis la ligne qui avait eu les suffrages de la majorité de la Commission, mais ils l'ont fait sous la réserve de recevoir un équivalent dans le tracé des frontières occidentales du sandjak.

L'équivalent qui leur a été proposé ne leur a pas paru suffisant, car il atteignait, tout au plus, la moitié de ce que la Bulgarie perdait d'un autre côté.

Son Excellence rappelle à la haute assemblée qu'elle a unanimement consenti à l'incorporation du Sandjak de Sofia à la Bulgarie, et les Plénipotentiaires de Russie tiennent expressément à le maintenir, si non dans ses frontières administratives actuelles, du moins dans les dimensions territoriales dans lesquelles il a été concédé.

En conséquence, le Comte Schouvaloff demande au Congrès de vouloir bien statuer, en principe, sur une augmentation de territoire dans le tracé occidental du Sandjak de Sofia.

Lord Salisbury explique que l'Angleterre avait consenti à céder le Sandjak de Sofia à la Bulgarie pendant que la Russie avait consenti à céder à la Turquie les deux Vallées de la Strouma et de Mesta Karasu. Un examen plus approfondi a fait reconnaître qu'une portion de la Vallée de la Strouma se trouvait comprise dans le Sandjak de Sofia. Telle a été la cause de la réclamation des Délégués Britanniques, qui ont demandé une rectification dans les frontières sud du Sandjak.

Le Comte Schouvaloff répond que, si le Plénipotentiaire Britannique fait valoir cette considération, il lui opposerait une autre argument. Le Congrès avait décidé que le Sandjak de Sofia serait échangé contre "l'exclusion de la Vallée de la Strouma de la Roumélie Orientale." En conséquence, cette vallée ne peut être revendiquée par le Plénipotentiaire Anglais, car elle reste exclue de la Roumélie, soit qu'elle appartienne au Sandjak de Sofia, soit qu'elle en reste séparée.

Le Baron de Haymerle tient à rappeler que les Plénipotentiaires Austro-Hongrois n'ont pas élevé de difficultés au sujet du Sandjak de Sofia. C'est seulement en ce qui concerne la compensation demandée par les Plénipotentiaires Russes que les Représentants Austro-Hongrois ont insisté pour que la Bulgarie ne s'étendit pas davantage au nord, et ont proposé que l'équivalent soit pris dans le Caza de Djouma plutôt que dans celui de Pirot.

Mehemed Ali Pacha dit, qu'en réalité, la Bulgarie a obtenu tout le Sandjak de Sofia, sauf les rectifications stratégiques prévues, et que le Protocole primitif a été exécuté mot pour mot. Son Excellence croit donc inutile de rien concéder à la Bulgarie du côté de la Serbie.

Le Comte Schouvaloff insiste pour que la Bulgarie obtienne un équivalent suffisant du côté de la Serbie.

Le Président demande aux Plénipotentiaires Russes de déterminer exactement l'équivalent qu'ils réclament.

Le Prince de Hohenlohe croit devoir ajouter que la Commission a proposé, à l'unanimité, de donner à la Principauté Bulgare une route d'étape, outre l'équivalent que la Russie trouve insuffisant. Cette proposition a été formulée en ces termes :—

" En cas de guerre, et même dans le cas où la Serbie conserverait la neutralité, cette Principauté pourra être invitée à permettre aux troupes et aux convois Bulgares le libre passage sur la ligne d'étapes entre Vidin et Sofia par la route de Sofia à Pirot, et de ce point à Vidin, par le col de Saint Nicolas. La Serbie ne pourra s'y refuser, et ces passages ne seront pas considérés comme une violation de l'état de neutralité."

Le Comte Schouvaloff dit que la réserve faite par la Commission pour assurer un libre passage à la Bulgarie prouve à quel point la frontière occidentale est peu satisfaisante, puisqu'il s'agit de donner aux Bulgares la possibilité d'une retraite, en leur garantissant une route militaire par la Serbie. Le Président ayant demandé quel était l'équivalent réclamé par la Russie en faveur de la Bulgarie, son Excellence se conforme à ce désir en formulant une proposition qui pourrait, en même temps, faire disparaître une divergence qui existe entre les Plénipotentiaires Austro-Hongrois et Russes. Dans l'opinion des Plénipotentiaires Austro-Hongrois les deux points de Pirot et de Trn devraient appartenir à la Serbie, parcequ'ils contiennent une population Serbe. Les Plénipotentiaires Russes ne partagent point cette opinion, et considèrent les deux districts sus-mentionnés comme deux centres Bulgares. M. Ristitch a vivement insisté sur l'annexion de Pirot et de Trn à la Serbie, en prétendant que, si les vœux de la population étaient consultés, elle se serait déclarée en faveur de l'annexion à la Serbie. Le Comte Schouvaloff n'aurait pas cédé sur ce point, et, sans se faire le partisan de suffrage universel, il aurait demandé, en dernier lieu, que la question fût réservée à une Commission Européenne, qui aurait décidée, sur place et selon les intérêts de la population, si Pirot et Trn devraient appartenir à la Serbie ou à la Bulgarie.

Les pétitions qui ont été présentées par les habitants en faveur d'une annexion Serbe n'ont pas de valeur aux yeux du Comte Schouvaloff; il suffit, pour démontrer leur peu de consistance, de constater que ces localités sont occupées actuellement par les troupes Serbes, et que le Métropolitain Bulgare, qui représentait les intérêts de cette nationalité, a été exilé par le Prince de Serbie.

Toutefois, pour arriver à une conclusion pratique, et pour résoudre, par la même disposition, la question de compensation et la divergence d'opinion qui existe par rapport à Pirot et à Trn, il offre un compromis : il demande d'incorporer Trn à la Province de Bulgarie et abandonne la ville de Pirot à la Serbie.

Le Président, résumant l'état de la discussion et l'offre faite par le Comte Schouvaloff, exprime le désir qu'un accord puisse intervenir sur ces bases.

Le Comte de Saint-Vallier constate que le Comte Schouvaloff a indiqué une transaction qui permettra à la Commission de Délimitation de formuler, à ce sujet, une proposition ultérieure sur laquelle le Congrès aura à se prononcer. Son Excellence estime, de plus, que la haute assemblée étant, dès à présent, d'accord sur la plus grande partie de la frontière sud de la Bulgarie, depuis la mer jusqu'à Samakow, pourrait immédiatement voter sur cette ligne, en réservant la partie encore en discussion à une autre séance où elle se prononcerait en pleine connaissance de cause, après communication d'un rapport complémentaire de la Commission.

Le Président s'associe à la pensée du vote sur les points acquis, mais n'est point d'avis de renvoyer les autres à la Commission. Son Altesse Sérénissime propose que le Congrès décide aujourd'hui même sur la question de Pirot et de Trn, sauf à laisser à la Commission le droit de statuer sur des détails.

Le Baron de Haymerle et Lord Salisbury pensent que la Commission devrait, sur ces détails, être autorisée à décider par voie de majorité.

Le principe de l'attribution de Pirot à la Serbie et de Trn à la Bulgarie est accepté par le Congrès, qui admet également que la Commission, sans en référer à la haute assemblée, pourra statuer sur le détail par voie de majorité.

Le Prince de Hohenlohe expose que les Représentants Anglais dans le sein de la Commission désiraient ajouter à la ligne des Balkans un rayon stratégique de 5 kilomètres. Ce vœu n'a pas été accueilli par la Commission, mais elle a adopté une résolution qui consiste à ajouter au dernier alinéa de la proposition Anglaise, insérée au Protocole IV, page 3, la résolution suivante :—

"La Commission Européenne prendra en considération la nécessité pour Sa Majesté le Sultan de pouvoir défendre les frontières du Balkan de la Roumélie Orientale."

Cette addition ayant été acceptée par le Congrès, le Président soumet au suffrage de la haute assemblée l'ensemble du tracé des frontières Bulgares, sauf les questions de détail sur Pirot et Trn, qui restent à décider par la Commission de Délimitation. Ce tracé est adopté à l'unanimité.

Le Prince de Hohenlohe passe à la frontière de la Roumélie

Orientale et donne lecture de la proposition suivante présentée par a Commission :—

1. *Frontière Sud de la Roumélie Orientale.*

A partir de la rivière de l'Arda près du village d'Adacali, la frontière remonte sur la Crête de Bestepe Dagh qu'elle suit jusqu'à un point situé sur la Maritza à 5 kilomètres en amont du pont de Mustafa Pacha, elle remonte vers le nord par la ligne du partage des eaux entre Démirhanli Dere et les petits affluents de la Maritza, jusqu'à Küdeler Baïr. De là elle traverse la Vallée de la Tundza, se dirigeant directement sur Böjük Derbend, qu'elle laisse au nord, ainsi que Soudzak. De Böjük Derbend elle reprend la ligne du partage des eaux entre les affluents de la Tundza au nord, et de la Marica au sud, jusqu'à la hauteur de Kaibilar, qui reste au nord, passe au sud d'Almali entre le bassin de la Marica au sud et différents cours d'eau qui se rendent directement vers la Mer Noire entre les villages de Belevrin et Alatli, elle suit au nord de Karanlik les crêtes de Vosna, Suvak, Sw. Ilia, la ligne qui sépare les eaux du Duka et celle du Karagac Su, et rejoint la Mer Noire entre les deux rivières de ce nom.

A partir de la Rivière Arda la frontière ouest suivra le tracé de San Stéfano, c'est-à-dire, les Montagnes Isiklar, Karakolas, Cepelü, Esek-Kulaghi, les Balkans Noirs (Kara Balkan), jusqu'au Mont Krusevo.

2. *Frontière Occidentale de la Roumélie, côté du Vilayet de Salonique.*

La frontière occidentale de la Roumélie se sépare de celle de la Bulgarie au Mont Cadir Tepe, dans la chaîne du Rhodope, en suivant la ligne de partage des eaux, entre les bassins de la Marica et de ses affluents d'un côté, et du Mesta Karasu et de ses affluents de l'autre, et se dirige vers le sud-est et le sud par la crête des Montagnes Despoto Dagh, sur le Mont Krusevo (point de départ de la ligne du Traité de San Stéfano).

Le Congrès approuve, sans discussion, cette délimitation.

Le Prince de Hohenlohe donne ensuite lecture du projet de délimitation suivant pour la Serbie, accepté par la majorité de la Commission :—

Le tracé suivra la frontière actuelle par le thalweg de la Drina, laissant à la Principauté le Mali-Zwornik et Sakhar.

Elle continuera ensuite à longer l'ancien limite de la Principauté jusqu'au Kopaonik, dont elle se détachera à la sommité du Kanilug. De là elle se confondra avec la limite occidentale du Sandjak de Nis jusqu'au village Koncul sur la Morava, passant d'abord par la crête du contrefort sud du Kopaonik, puis par celle de la Marica et Mrdar Planina (formant le partage des eaux entre le bassin de l'Ibar et de la Sitnica, d'un côté, et de celui de la Toplica, de l'autre)—laissant le débouché sud du défilé de Prepolac à la Turquie—jusqu'au Mont Djak, tournant ensuite vers le sud par la crête du partage des eaux entre la Brvenica et la Medvedja Rjeka, laissant tout le bassin de la Medvedja à la Serbie, d'où elle descendra dans une direction est entre les villages Petrilja et Dukat, pour y traverser la Rivière Medvedja, et monter sur la crête de la Goljak-Planina (formant la partage des eaux entre la Kriva-Rjeka, d'un côté, et la Poljanica, la Veternica, et la Morava, de l'autre), d'où elle descendra dans une direction sud à Koncul sur la Morava, laissant ce village à la Serbie. De ce point la frontière suivra le thalweg de la Morava jusqu'à Lusan, laissant ce village à la Turquie, d'où elle se dirigera par Borovce et Novoselo, laissant ces villages à la Turquie jusqu'à la sommité du Mont Kujan. De ce point la frontière se confondra de nouveau avec la limite administrative méridionale et orientale du Sandjak de Nis, formant le partage des eaux entre les bassins du Vardar, du Strouma, de l'Isker, et du Lom, d'un côté, et de celui de la Morava et du Timok, de l'autre.

Cette limite administrative est particulièrement marquée par la crête de la S. Ilia-Planina, le sommet du Mont Kljuc, la crête de la Babina glava, le sommet des Monts Crni Vrh, où elle se confond avec la frontière occidentale de la Bulgarie indiquée plus haut.*

Son Altesse Sérénissime fait suivre cette lecture de l'indication de deux difficultés qui se sont produites au sein de la Commission : l'une à propos du défilé de Prépolac, l'autre concernant le district de Vranja. En ce qui regarde Prépolac, les Délégués Autrichiens l'avaient laissé à la Turquie ; la Commission Militaire ayant cependant proposé d'accorder aux Serbes un rayon de 1,000 mètres au sud de Prépolac, les Délégués Turcs s'y sont opposés. La question n'a pas été décidée : quant au district de Vranja, la majorité de la Commission était d'avis de le laisser aux Serbes, mais ce sentiment a rencontré l'opposition des Délégués Turcs et Anglais.

Mehemed Ali Pacha indique, sur la carte, les inconvénients de l'attribution de Vranja à la Serbie ; une fois les défilés de cette région franchis, aucun obstacle naturel ne se présente jusqu'à Uskub. Son Excellence déclare donc que Vranja est nécessaire à la ligne de défense de l'Empire, et insiste, en outre, pour que Prépolac soit laissé à la Turquie.

La Comte Schouvaloff se borne à faire connaître l'attitude des Commissaires Russes dans le sein de la Commission : ils ont abandonné la délimitation de San Stéfano pour accepter la délimitation proposée par l'Autriche-Hongrie, et, quant aux deux questions

* See Page 1036.

soumises eu ce moment au Congrès, ils se sont rangés du côté de la majorité des experts.

Le Comte de Saint-Vallier fait observer qu'il serait essentiel qu'on laissât à la Serbie la ville de Vranja, importante pour la Principauté au point de vue de la population. Son Excellence ne croit pas, d'ailleurs, que la Sublime Porte puisse se plaindre de la combinaison adoptée, avantageuse à la Turquie, qui rentre en possession de Djouma et de la partie sud du Sandjak de Sofia.

Le Président ayant mis au vote la question de savoir si Prépolac restera aux Turcs ou aux Serbes, les Plénipotentiaires d'Allemagne, d'Autriche-Hongrie, de France, de Grande Bretagne, d'Italie, et de Turquie sont d'avis d'attribuer cette place à la Turquie; les Plénipotentiaires de Russie déclarent accepter le vote de la majorité.

Le Président consulte ensuite la haute assemblée au sujet de Vranja. Les Plénipotentiaires d'Allemagne, d'Autriche-Hongrie, de France, et de Russie sont d'avis que ce district soit annexé à la Serbie; les Plénipotentiaires de la Grande Bretagne, d'Italie, et de Turquie se prononcent pour qu'il reste à la Sublime Porte.

Le Prince de Bismarck constate le résultat du vote et propose à la haute assemblée d'adopter l'ensemble du tracé des frontières de Serbie, en attribuant Prépolac à la Turquie et Vranja à la Serbie.

Carathéodory Pacha déclare qu'il doit attendre, au sujet de Vranja, les instructions de son Gouvernement.

Lord Salisbury, réclamant de nouveau contre la cession de Vranja, qui lui paraît dangereuse pour la Turquie, refuse de consentir, dans ces conditions, au tracé des frontières Serbes.

En présence de cette déclaration, le Président reconnaît que, si elle était maintenue, il devrait constater, avec regret, l'ajournement du règlement de cette question jusqu'à un accord ultérieur.

Le Comte de Saint-Vallier insiste de nouveau pour que la ville de Vranja soit laissée à la Serbie, et, dans un but de conciliation, il propose une ligne de transaction qui serait établi au sud et à proximité de Vranja; la ville et sa population appartiendraient ainsi à la Principauté Serbe, tandis que la Turquie trouverait, dans l'extension de territoire qui lui serait accordée, les conditions de sécurité qu'elle réclame. Cette proposition donne lieu à un nouvel échange d'idées, et le Congrès décide que la Commission de Délimitation aura à déterminer, au sud de Vranja, le tracé d'une ligne qui, laissant la ville à la Serbie, donnera à la Turquie l'espace nécessaire pour assurer la défense de ses possessions.

Le Président met ensuite aux voix l'ensemble du tracé des frontières Serbes, qui est adopté par le Congrès. Son Altesse Sérénissime constate avec satisfaction ce résultat, et ajoute que le Protocole reste ouvert pour les instructions demandées par les Plénipotentiaires Ottomans.

Il reste, en outre, bien entendu, que toutes les questions traitées par la Commission de Délimitation sont renvoyées à la Commission de Rédaction pour les détails de forme.

Le Prince Gortchacow donne lecture de la communication suivante:—

"Au moment où la haute assemblée, réunie à Berlin sous les auspices de Sa Majesté l'Empereur d'Allemagne, va terminer l'œuvre de pacification qu'elle a entreprise, les Plénipotentiaires de Russie croient répondre à ses sentiments en exprimant le vœu que cette œuvre, accomplie dans un esprit de conciliation, assure à l'Europe une paix solide et durable.

"La Russie y est particulièrement intéressé. Elle a porté de grands sacrifices durant la guerre; elle en a fait de considérables, en vue du rétablissement de la paix et du maintien de l'entente Européenne. Elle est en droit de compter que, du moins, ces sacrifices ne seront pas gratuits, et que l'œuvre dont on a posé les fondements ne restera pas stérile, faute d'exécution, comme l'ont été les précédentes tentatives de pacification de l'Orient. Elle ne pourrait pas accepter la perspective du renouvellement de crises pénibles, semblables à celle à laquelle le Congrès de Berlin a été appelé à mettre un terme. Les Plénipotentiaires de Russie sont persuadés que cette pensée est également celle de la haute assemblée, qu'elle ne voudra pas élever un édifice éphémère qui exposerait la paix de l'Orient et de l'Europe à de nouveaux périls.

"Dans cette conviction les Plénipotentiaires de Russie ont ordre de demander au Congrès, avant qu'il ne mette fin à ses travaux, quels sont les principes et le mode par lesquels il entend assurer l'exécution de ses hautes décisions."

Le Président dit que cette communication sera mise à l'ordre du jour de la séance suivante, fixée à demain, qui comprendra, en outre, le réglement des points réservés dans la question de Batoum, la rectification de la frontière du territoire de Khotour, et une communication sur l'état des travaux du Comité de Rédaction.

La séance est lévée à 6 heures.

[Suivent les Signatures.]

Protocole No. 16.—*Séance du 9 Juillet*, 1878.

Étaient présents:

Pour l'Allemagne—le Prince de Bismarck, M. de Bülow, le Prince de Hohenlohe-Schillingsfürst.

Pour l'Autriche-Hongrie—le Comte Andrássy, le Comte Károlyi, le Baron de Haymerle.

Pour la France—M. Waddington, le Comte de Saint-Vallier, M. Desprez.

Pour la Grande Bretagne—le Comte de Beaconsfield, le Marquis de Salisbury, Lord Odo Russell.

Pour l'Italie—le Comte Corti, le Comte de Launay.

Pour la Russie—le Prince Gortchacow, le Comte Schouvaloff, M. d'Oubril.

Pour la Turquie—Alexandre Carathéodory Pacha, Mehemed Ali Pacha, Sadoullah Bey.

La séance est ouverte à 2 heures et demie.

Le Protocole No. 14 est adopté.

L'ordre du jour appelle la rédaction définitive de l'Article XVIII du Traité de San Stéfano relatif au territoire de Khotour et à la frontière Turco-Persane.

Le Comte Schouvaloff donne lecture du projet d'Article suivant, sur lequel les Plénipotentiaires de la Grande Bretagne et de Russie sont tombés d'accord, et qui doit être renvoyé à la Commission de Rédaction, s'il est agréé par le Congrès:—

"La vallée d'Alaschkerd et la ville de Bayazid, dont l'annexion à la Russie avait été consentie par Sa Majesté le Sultan par l'Article XIX du Traité de San Stéfano, restant à la Turquie, il a été subséquemment convenu entre les Gouvernements de Russie et de Turquie que la Sublime Porte, en échange de ces territoires, restituera, de son côté, à la Perse, la ville et le territoire de Khotour, tel qu'il a été délimité par la Commission Mixte Anglo-Russe."

Carathéodory Pacha déclare que les Plénipotentiaires Ottomans n'ont pas encore reçu leurs instructions.

Il résulte des observations échangées à ce sujet entre le Comte Andrássy, Lord Salisbury, Carathéodory Pacha, et le Comte Schouvaloff, que le tracé proposé pour le territoire de Khotour est le même que celui dont la Commission Anglo-Russe, il y a quelques années, a indiqué la délimitation.

Le Congrès décide d'attendre à demain pour recevoir communication de la réponse définitive de la Porte Ottomane.

Le Président demande si l'accord s'est établi entre les Plénipotentiaires Anglais et Russes sur les arrangements relatifs à Batoum et réservés à leurs pourparlers, dans la séance précédente.

Lord Salisbury regrette qu'un malentendu sur le tracé de la ligne de frontière ait surgi au dernier moment et retardé l'entente des deux Puissances.

Le Prince Gortchacow dit, qu'en ce qui le concerne, il est tombé d'accord avec Lord Beaconsfield sur les circonscriptions territoriales. Le Premier Plénipotentiaire de Russie a pris sa responsabilité personnelle d'accepter un tracé nouveau sur lequel l'accord s'était établi entre lui et le Premier Plénipotentiaire de la Grande Bretagne. Son Altesse Sérénissime lit à ce sujet la déclaration suivante :—

"Les Plénipotentiaires de Russie ont déjà fait connaître au Congrès que l'Empereur leur auguste Maître a l'intention d'ériger Batoum en port franc. Ils sont autorisés à ajouter que l'intention de Sa Majesté est, en outre, de faire de ce port un port essentiellement commercial."

Lord Beaconsfield s'associe entièrement aux sentiments exprimés dans le document que vient de lire le Prince Gortchacow, et rend hommage au sincère esprit de conciliation dont son Altesse Sérénissime a fait preuve dans les pourparlers relatifs aux districts en question. Le Premier Plénipotentiaire de la Grande Bretagne s'est inspiré des mêmes sentiments. En ce qui concerne le défaut d'entente sur la ligne de frontière, son Excellence propose de remettre les points en litige à l'examen de la Commission de Délimitation, et il espère que toute difficulté s'aplanira.

Le Président regrette que l'accord direct n'ait pu avoir lieu : il craint que le renvoi à la Commission ne soit pas le moyen le plus prompt de régler cette affaire.

Le Prince Gortchacow explique, de nouveau, que le tracé qu'il avait proposé et qu'il indique sur la carte était une concession importante ajoutée à celles que la Russie avait déjà consenties. Il était autorisé à croire que la ligne en avant d'Olti, acceptée par lui sous sa responsabilité personnelle, et sur laquelle il pensait qu'on s'était parfaitement entendu, ne soulèverait plus aucune difficulté.

Le Président propose que, du moins, les Puissances consentent à ce que la Commission de Délimitation, si elle doit être saisie du différend, puisse statuer sans avoir recours aux officiers spéciaux, et décide à la majorité des suffrages.

Cette proposition est adoptée à l'unanimité par le Congrès.

Le Président constate cette décision et, sur une observation de Carathéodory Pacha relative à la Vallée Alaschkerd, répond qu'Alaschkerd est hors de cause. La Commission n'aura donc à s'occuper que du tracé de la ligne d'Olti.

La haute assemblée passe à la déclaration présentée par le Prince Gortchacow dans la séance précédente.

Le Premier Plénipotentiaire de Turquie ne s'explique pas la portée de ce document. Les principes et les modes destinés à assurer l'exécution des résolutions du Congrès ont été déjà indiqués au cours des délibérations de la haute assemblée ; une partie des décisions du Congrès est immédiatement exécutoire ; pour les autres, des Commissions Spéciales ont été instituées avec des attributions définies : toutes les garanties nécessaires ont donc été déjà données. La signature d'un Traité de Paix assure, d'ailleurs, la forme la plus solennelle et la plus obligatoire aux stipulations qui s'y trouvent contenues. Les Commissions complètent l'ensemble des garanties, et son Excellence ne voit pas quelles nouvelles conditions pourraient être exigées. Le Gouvernement Ottoman a, d'ailleurs, donné en Congrès l'assurance que ses résolutions seraient mises à exécution dans le plus bref délai. Carathéodory Pacha pense que d'autres dispositions amèneraient des complications et des difficultés contraires au but que la déclaration Russe désire atteindre.

Le Prince Gortchacow comprend malaisément les objections du Premier Plénipotentiaire Ottoman. Son Altesse Sérénissime ne voit que des avantages à entourer de toutes les garanties d'efficacité un Traité conclu par les hommes d'État les plus éminents de l'Europe, et qui ne doit pas rester lettre morte. Il importe que les stipulations d'un tel acte soient respectées. Lord Salisbury reconnaissait récemment la nécessité pour l'Europe de surveiller l'exécution des réformes en Turquie ; à plus forte raison, l'exécution d'un Traité comme celui qui va être signé à Berlin doit-elle être l'objet d'une surveillance active. Son Altesse Sérénissime ne s'attache pas, d'ailleurs, à tel ou tel terme de sa déclaration : tout ce que la Russie désire est que la mise en pratique des stipulations du Traité soit assurée : il y a là une question de dignité pour la haute assemblée.

Le Prince de Bismarck dit que la discussion sera facilitée par une proposition formelle que présenteraient les Plénipotentiaires Russes.

Le Prince Gortchacow répond qu'il serait prêt à demander que les Puissances qui participent au Congrès garantissent collectivement l'exécution des résolutions de la haute assemblée.

Le Prince de Bismarck dit qu'il n'a pas mandat d'exprimer, à cet égard, comme Président, le sentiment du Congrès : il ne peut donner son opinion que comme Représentant de l'Allemagne. Or, à son avis, il est évident que, si les Puissances se mettent d'accord sur des questions qui préoccupent l'Europe depuis près d'un siècle et qui, surtout, depuis 20 ans, éveillent sa sollicitude, elles n'entendent pas faire une œuvre inefficace, et toutes doivent surveiller et contrôler l'exécution de stipulations qui forment un ensemble dont il est impossible d'accepter une partie et de rejeter le reste ; mais son Altesse Sérénissime n'estime pas que chaque État isolément soit obligé de prêter main forte à l'exécution de ces arrangements et qu'il puisse exister une garantie solidaire et collective. C'est, du moins, dans cet ordre d'idées que son Altesse Sérénissime se place pour envisager la situation d'Allemagne. Le Prince de Bismarck ne croit pas qu'on puisse trouver de formule qui garantisse d'une manière absolue l'Europe contre le retour des faits qui l'ont émue, et, si les Puissances s'engageaient solidairement à user de la force au besoin, elles risqueraient de provoquer entre elles de graves dissentiments. Le Congrès ne peut faire qu'une œuvre humaine, sujette, comme toute autre, aux fluctuations des événements. Son Altesse Sérénissime avait craint d'abord, à la première lecture de la déclaration Russe, que la demande du Prince Gortchacow ne dépassât les ressources du Congrès. Après les explications données par M. le Premier Plénipotentiaire de Russie, le Prince de Bismarck est persuadé que le Prince Gortchacow serait satisfait par une rédaction indiquant que la totalité des obligations consignées dans le Traité futur formera un ensemble, dont les Puissances feraient surveiller l'exécution par leurs Représentants à Constantinople, en se réservant d'aviser, dans le cas où cette exécution serait défectueuse ou tardive. Son Altesse Sérénissime ne suppose pas que le Prince Gortchacow ait eu en vue des stipulations destinées à régler l'exécution d'engagements réciproques tels, par exemple, que l'évacuation des forteresses et territoires, puisque la non-exécution de ces clauses par l'une des deux Puissances intéressées entraînerait, de la part de l'autre, la non-exécution des clauses correspondantes: le Premier Plénipotentiaire de Russie aura eu plutôt en vue les stipulations de la haute assemblée relatives à la protection des Chrétiens; mais le Prince de Bismarck ne pense pas qu'à l'avance le Congrès puisse paraître supposer que des résolutions prises solennellement par toute l'Europe unie ne seraient pas exécutées. Il faudrait attendre une infraction pour s'en préoccuper, et, dans ce cas, les Puissances, prévenues par leurs Représentants à Constantinople, pourraient s'entendre pour faire appel à de nouvelles réunions diplomatiques. Si, toutefois, le Gouvernement Russe insistait pour l'insertion au Traité d'un Article particulier établissant que les Puissances se réservent le droit de contrôler par leurs Agents l'exécution des résolutions de la haute assemblée, le Prince de Bismarck n'y a, pour sa part, pas d'objection.

Le Premier Plénipotentiaire de Russie répond que le Prince de Bismarck a bien interprété le fond de sa pensée. Il désire, en effet, qu'un Article inséré au Traité exprime que l'exécution des décisions du Congrès est placée sous la surveillance de toute l'Europe. Son Altesse Sérénissime regarde, toutefois, que le soin de signaler les infractions qui seraient commises, doit être attribué, non pas seulement aux Représentants à Constantinople, mais aux Gouvernements eux-mêmes: si le Traité contient des expressions conçues dans le sens des paroles du Prince de Bismarck, les Plénipotentiaires de Russie n'insisteront pas.

Le Comte Schouvaloff dit que les Plénipotentiaires de Russie ont eu surtout en vue d'éviter les mécomptes qui ont suivi le Traité de 1856.

Plusieurs de ses Articles stipulant des améliorations pour les populations Chrétiennes de l'Empire Ottoman n'ont pas été mis en exécution. Il s'en est suivi pour l'Europe de fréquents tiraillements, la guerre, et enfin, la réunion du Congrès. Il ne faudrait pas se trouver, pour une seconde fois, en présence de pareilles difficultés.

Son Excellence prend acte, bien volontiers, des paroles qui ont été prononcées par le Premier Plénipotentiaire de Turquie, qui a déclaré que la signature du Traité de Berlin donnera la sanction la plus solennelle et la plus obligatoire à ses stipulations. C'est ce caractère solennel et obligatoire que les Plénipotentiaires de Russie cherchent à affirmer. En ajoutant que les Articles du Traité forment un ensemble dont les Puissances se réservent de surveiller l'exécution, le Prince de Bismarck a exprimé le sentiment dont s'est inspiré la déclaration Russe. Restent à rechercher les moyens pratiques pour exercer ce contrôle.

Le Président constate que cette pensée devra se retrouver dans une rédaction finale à présenter par les Plénipotentiaires Russes.

Carathéodory Pacha remercie le Comte Schouvaloff de l'appréciation bienveillante que son Excellence a faite des paroles qu'il a prononcées. Le Premier Plénipotentiaire de Turquie développera sa pensée quand le Congrès discutera l'Article dont il est question ; mais il tient à dire, dès à présent, que toutes les Puissances qui prennent part à un Traité doivent être sur le pied d'égalité pour toutes ses obligations ; qu'un Traité doit être, en effet, obligatoire pour tous les États qui le signent. Son Excellence se réfère à ses observations précédentes, et répète que de nouvelles stipulations de contrôle seraient inutiles et même susceptibles d'amener des difficultés sérieuses.

Le Président pense qu'il est préférable d'ajourner cette discussion jusqu'au moment où les Plénipotentiaires de Russie auront fait une proposition dans le sens qui a été précédemment indiqué.

Le Prince de Hohenlohe, comme Président de la Commission de Délimitation, rappelle que le Congrès a remis à cette Commission le soin de décider, par voie de majorité, sur les frontières du Sandjak de Sofia et du district de Vranja. Son Altesse Sérénissime soumet à la haute assemblée la résolution suivante, relative au Sandjak de Sofia et adoptée par la Commission à l'unanimité :—

"La ligne de frontière entre la Serbie et la Bulgarie se rattache à la ligne déjà admise à 1 kilomètre au nord-ouest de Segusa, va en ligne directe au Mont Stol et, de là, par la ligne de séparation des eaux entre la Morava et la Haute Sukowa et ses affluents, rejoint, par le Descani Kladanec, Drainica Planina, Darkowska Planina, Crn trava et Gacina, la crête au Mesid Planina."

Quant à Vranja, la Commission, à la majorité de 5 voix contre 2, a décidé ce qui suit :—

"Des sommets de la Poljanica la frontière se dirige, par le contrefort de la Karpina Planina, jusqu'au confluent de la Koinska avec la Morava; elle traverse la Morava et remonte par la ligne de partage des eaux entre le ruisseau Koinska et le ruisseau qui tombe dans la Morava près de Neradovce, pour rejoindre la Planina Sv. Ilija au-dessous de Trgoviste. De ce point elle suit la crête Sv. Ilija jusqu'à Kljuc, et, passant par les points indiqués sur la carte par 1516 et 1547 et la Babina Gora, elle aboutit à Crni vrh."

Le Congrès sanctionne ces deux résolutions, mais, sur une observation de Carathéodory Pacha, il est entendu que le Protocole reste ouvert pour les instructions que les Plénipotentiaires Ottomans attendent incessamment de la Porte.

L'ordre du jour appelle une communication de la Commission de Rédaction.

M. Desprez, Rapporteur de la Commission, rappelle que le Président du Congrès, dans la précédente séance, a témoigné le désir de connaître l'état des travaux de la Commission de Rédaction et le plan général qu'elle se propose de suivre dans la distribution des matières. Son Excellence expose que les travaux sont très-avancés. La Commission attend, pour les terminer, qu'elle ait reçu les Rapports de la Commission de Délimitation, tant pour l'Europe que pour l'Asie, et les différents projets de stipulations pour l'Asie. Quant au plan, la Commission avait à choisir soit l'ordre adopté à San Stéfano, soit l'ordre des travaux du Congrès. Elle s'est arrêtée à cette dernière distribution, et, en conséquence, les Articles du Traité se présenteront dans l'ordre suivant :—1. Bulgarie ; 2. Roumélie Orientale ; 3. Provinces Chrétiennes de la Turquie d'Europe ; 4. Monténégro, Serbie, Roumanie, Danube. 5. Asie. Viendront ensuite les différentes clauses générales qui s'appliquent à tout l'Empire Ottoman. Son Excellence ajoute que cet exposé doit être complété par la mention que les Traités de Paris du 30 Mars, 1856, et de Londres du 13 Mars, 1871, sont maintenus dans toutes celles de leurs dispositions qui ne sont point modifiées ou abrogées par le Traité futur.

Le Président ayant demandé si les considérations que M. Desprez vient de lire et qui ne concernent que le plan général suivi dans la rédaction du Traité, répondent aux intentions de l'assemblée, Lord Salisbury élève des objections contre la disposition générale, qui maintient les Traités antérieurs sans préciser plus exactement les points modifiés par les arrangements actuels. Son Excellence ne trouve pas, notamment, cette décision suffisante en ce qui concerne les Détroits.

M. Desprez fait remarquer que la rédaction proposée sauvegarde le *statu quo*, et le Comte Corti juge cette rédaction d'autant plus opportune qu'elle consacre ce principe de droit public, que toute clause non abrogée reste en vigueur.

Il résulte de la discussion qui s'engage sur ce point et à laquelle prennent part Lord Salisbury, M. Desprez, le Comte Andrássy, le Prince de Hohenlohe, et le Président, que la majorité du Congrès est favorable à la rédaction proposée, et reconnaît que, dans plusieurs de ses dispositions, notamment en ce qui concerne la navigation du Danube, &c., le Traité de Paris subsiste ; que, d'autre part, le principe établi par l'Article II du Traité de Londres est maintenu dans toute son intégrité.

Lord Salisbury ayant insisté sur ce dernier point, M. Desprez fait remarquer que la rédaction de la Commission cite expressément le Traité de Londres en même temps que celui de Paris, et le Président est également d'avis que le Traité de Londres, loin de recevoir aucune atteinte, est, au contraire, confirmé par la mention dont il est l'objet.

Le Comte de Launay pense qu'il serait préférable d'éviter une discussion générale et d'aborder successivement chaque Article.

Le Président fait observer que, d'ailleurs, il n'a pas mis en discussion, en ce moment, les dispositions du Traité, mais uniquement le plan général à suivre par la Commission de Rédaction. Son Altesse Sérénissime ajoute qu'elle regarde comme acquis l'assentiment de la haute assemblée au plan présenté par M. Desprez et qui implique, (1) que le nouveau Traité prime les Traités de Paris, de Londres, et de San Stéfano ; et (2) que la rédaction du nouveau Traité suivra l'ordre de matières observé dans la discussion du Congrès.

M. d'Oubril dit qu'à propos de la rédaction du Traité, les Plénipotentiaires de Russie désirent présenter la proposition suivante dont il donne lecture :—

" Le Traité de San Stéfano n'ayant été que préliminaire, et les remaniements territoriaux qui ont été stipulées ayant dû subir des modifications et recevoir la sanction de l'Europe, des termes n'y avaient pas été fixés pour la remise aux intéressés des territoires détachés de l'Empire Ottoman, mais qui se trouvaient encore occupés par les troupes Turques.

" Aujourd'hui que les Grandes Puissances sont tombées d'accord sur les nouvelles délimitations, il semble urgent de fixer un terme pour l'entrée en vigueur de l'ordre de choses établi par le Congrès.

" La haute assemblée s'étant entendue sur les époques auxquelles devront être évacués les territoires à restituer à Sa Majesté le Sultan, il devient nécessaire de stipuler aussi que les localités qui doivent être attachées de l'Empire Ottoman et se trouvent encore au pouvoir de la Porte soient évacuées et remises à qui de droit dans les délais déterminés.

"La fixation de ces termes, pour chaque cas spécial, pourrait être abandonnée à la Commission de Rédaction."

Mehemed Ali Pacha lit ensuite la proposition ci-après :—

"Les Plénipotentiaires Ottomans attirent l'attention de cette haute assemblée sur l'Article X du Traité de San Stéfano, dont il est indispensable de garder les stipulations pour la partie du Sandjak de Sofia, qui fera partie de la Principauté de Bulgarie, vu que la configuration du terrain s'oppose à construire d'autres lignes de communication que celles qui existent entre les Cazas de Rahmanli, Ichtiman, et Bazardjik d'un côté, et les Cazas de Pristina et Uskup de l'autre côté."

Le Président fait observer à M. le Plénipotentiaire Ottoman que le Congrès a déjà décidé la question qui fait l'objet de ce document, mais que cependant la proposition sera imprimée et portée sur l'ordre du jour de la séance prochaine.

La séance est levée à 5 heures moins ¼.

[Suivent les Signatures.]

Protocole No. 17.—Séance du 10 Juillet, 1878.

Étaient présents :

Pour l'Allemagne—le Prince de Bismarck, M. de Bülow, le Prince de Hohenlohe-Schillingsfürst ;

Pour l'Autriche-Hongrie — le Comte Andrássy, le Comte Károlyi, le Baron de Haymerle ;

Pour la France—M. Waddington, le Comte de Saint-Vallier, M. Desprez ;

Pour la Grande Bretagne—le Marquis de Salisbury, Lord Odo Russell ;

Pour l'Italie—le Comte Corti, le Comte de Launay ;

Pour la Russie—le Prince Gortchacow, le Comte Schouvaloff, M. d'Oubril ;

Pour la Turquie—Alexandre Carathéodory Pacha, Mehemed Ali Pacha, Sadoullah Bey.

La séance est ouverte à 3 heures.

Mention est faite de la liste des pétitions No. 12.

L'ordre du jour indique, en premier lieu, la réponse à donner par les Plénipotentiaires Ottomans, d'après les instructions qu'ils ont demandées à la Porte, au sujet de la nouvelle rédaction de l'Article XVIII relatif à la ville et au territoire de Khotour, et que le Congrès a approuvée dans la séance d'hier.

Carathéodory Pacha, renouvelant la déclaration qu'il a déjà faite, dans la séance précédente, dit que du moment où la ligne de frontière du territoire à céder a été tracée par les Commissaires Anglo-Russes, il n'a aucune objection contre la rédaction présentée par le Comte Schouvaloff.

Le Congrès prend acte de cette réponse, et passe au réglement des questions de détail, relatives aux frontières du district de Batoum, qui ont été renvoyées à la Commission de Délimitation.

Le Prince de Hohenlohe, Président de la Commission, donne lecture du document ci-après :—

" La Commission a décidé de tracer la frontière au sud de Batoum niusi qu'il suit : Elle partira de la frontière Russe fixée par le Traité de San Stéfano au nord de Khorda et au sud d'Artvin. Elle ira en ligne droite à la rivière Tcharoukh, traversera cette rivière et passera à l'est d'Aschmichen en allant en ligne droite au sud pour toucher la frontière Russe fixée dans le Traité de San Stéfano au sud de Nariman, en laissant la ville d'Olti à la Russie. Du point indiqué près de Nariman la frontière tournera à l'est, passera par Tebrenek, qui reste à la Russie, jusqu'au Pennek Tchai. Elle suivra cette rivière jusqu'à Bardouz, puis se dirigera vers le sud, en laissant Bardouz et Yenikoei à la Russie, et rejoindra la ligne fixée par le Traité de San Stéfano à Zivin Kalé."

Le Prince de Bismarck constate que le Congrès sanctionne le résultat des délibérations de la Commission.

L'ordre du jour appelle, ensuite, la proposition lue à la séance précédente par M. d'Oubril, et relative à certains territoires occupés par les troupes Turques et dont l'évacuation n'a pas encore été déterminée.

Le Prince de Bismarck pense que le Congrès ne peut que fixer un principe général, et que l'indication des délais d'évacuation doit être réservée à l'une des Commissions Spéciales. Les Plénipotentiaires de Russie pourraient-ils formuler ce principe?

Lord Salisbury est d'avis que, pour les territoires abandonnés par la Turquie à la Russie, l'évacuation des troupes Ottomanes doit être faite en même temps qu'aura lieu l'évacuation des territoires Ottomans par les troupes Russes.

Le Comte Schouvaloff fait remarquer que la question soulevée par la proposition Russe n'est pas une question générale : elle a été motivée par les dispositions précédemment adoptées et qui se rapportent toutes à l'évacuation des troupes Russes sans mentionner la réciprocité : les Serbes et les Monténégrins se trouvent ainsi obligés de quitter le territoire Ottoman, tandis que les troupes Turques ne sont soumises à aucune obligation. C'est en vue de remédier à cet état de choses, qui peut amener des inconvénients, que les Plénipotentiaires Russes ont présenté leur demande ; mais le

Plénipotentiaire de Russie ne peut accepter l'interprétation de Lord Salisbury, à savoir, que les troupes Turques ne devraient évacuer qu'après le départ des troupes Russes. Dans cet ordre d'idées, la Russie se trouverait tout rendre sans rien recevoir ; le Comte Schouvaloff ne saurait y consentir, et pour en donner un exemple, les troupes Russes ne pourraient évacuer Erzéroum aussi longtemps que le Gouvernement Russe ne serait pas en possession de la ville de Batoum.

Le Président estime que la décision du Congrès devrait être restreinte aux territoires Monténégrin et Serbe, occupés par les forces Turques, et qui seraient évacués dans le même espace de temps laissé aux troupes Serbes et Monténégrines pour quitter le sol Ottoman. Cette combinaison paraîtrait à son Altesse Sérénissime de nature à prévenir les inconvénients qu'on semble redouter.

Carathéodory Pacha fait allusion aux difficultés qui pourraient se produire dans des localités de frontière dont la nationalité est encore douteuse, et croirait préférable de remettre l'appréciation de ces détails à la Commission Européenne qui sera chargée du tracé.

Le Président objecte que la réunion de la Commission et son travail prendront plusieurs mois, tandis qu'il s'agit ici d'évacuations qui doivent avoir lieu dans l'espace de quelques semaines : une évacuation simultanée ne lui paraîtrait pas difficile dans un pays où il n'y a pas de forteresses, quitte à laisser à la Commission le soin de régler ultérieurement la délimitation précise.

Carathéodory Pacha demande que les troupes Turques aient une latitude plus grande que les troupes Monténégrines, qui n'ont pas d'impedimenta.

M. d'Oubril ayant répondu, qu'en effet, sur les points où des inventaires seraient à effectuer, on pourrait donner quelques jours de plus, le Président propose de décider, qu'en principe, l'évacuation devra être simultanée, sauf sur les points où se trouvent des archives, des arsenaux, &c. ; la Commission de Rédaction chargée de formuler la résolution du Congrès serait invitée à tenir compte de cette considération.

La haute assemblée donne son assentiment à cette proposition, et passe à la motion des Plénipotentiaires Ottomans relative au maintien de l'Article X du Traité de San Stéfano.

Lord Salisbury appuie la motion des Plénipotentiaires Ottomans, et insiste sur la nécessité de laisser à la Porte la route militaire stipulée dans cet Article.

Le Comte Schouvaloff se réfère aux déclarations présentées par le Président dans la dernière séance au sujet de cette proposition, qui ramène le Congrès sur un point déjà décidé. L'Article X a été annulé, et il n'y a plus à y revenir. Son Excellence n'a pas, d'ailleurs d'objection de principe à la demande des Plénipotentiaires Ottomans, soutenue par Lord Salisbury ; et il croit que son Gouvernement sera disposé à donner des instructions à ses officiers pour que l'intérêt signalé sois pris en considération.

Une discussion s'engage à cet égard entre Mehemed Ali, le Comte Schouvaloff, et Lord Salisbury, d'où il résulte que les Plénipotentiaires Russes, contraires à un renouvellement de la discussion, accorderaient volontiers à la Porte un passage sur le point désigné, c'est-a-dire par le sud du Sandjak de Sofia.

Le Président constate que la proposition Ottomane est admise en principe, c'est-à-dire, que la Turquie aura la route militaire dont il s'agit : les détails du tracé seront renvoyés aux négociations de la Commission Européenne avec les autorités locales.

Carathéodory Pacha lit la motion suivante :—

"La Russie assumera la part de la dette publique Ottomane afférente aux territoires qui sont annexés au territoire Russe en Asie."

Le Comte Schouvaloff répond qu'il se croyait fondé à considérer comme admis que, s'il y a répartition de dettes pour les territoires qui se détachent par voie d'arrangement, de donation ou d'échange de la contrée dont ils faisaient partie intégrante, il n'y en a point là où il y a une conquête. Son Excellence ajoute que la Russie est conquérante en Europe et en Asie. Elle n'a rien à payer pour les territoires et ne saurait être en rien solidaire de la dette Turque.

Le Prince Gortchacow déclare opposer à la demande de Carathéodory Pacha le refus le plus catégorique, et ne peut même dissimuler l'étonnement qu'elle lui inspire.

Le Président, en présence de l'opposition des Plénipotentiaires de Russie, ne peut que reconnaître l'impossibilité de donner suite à la proposition Ottomane.

Le Premier Plénipotentiaire de Russie rappelle que, dans la dernière séance, il a consenti, sur la demande du Président, à donner une formule plus abrégée de la proposition qu'il a présentée au sujet de la sanction des décisions du Congrès. Son Altesse Sérénissime a préparé une nouvelle rédaction dont il donne lecture :—

" L'Europe ayant donné sa sanction la plus solennelle et la plus obligatoire aux stipulations du Traité de Berlin, les Hautes Parties Contractantes envisagent la totalité des Articles du présent Acte comme formant un ensemble de stipulations dont elles s'engagent à contrôler et surveiller la mise en vigueur, en insistant sur une exécution complète conforme à leurs intentions.

" Elles se réservent de s'entendre, au besoin, sur les moyens propres à assurer un résultat que ni les intérêts généraux de l'Europe ni la dignité des Grandes Puissances ne leur permettent de laisser invalider."

Le Prince Gortchacow ajoute qu'il croit être entré, autant que possible, dans l'ordre d'idées indiqué par le Congrès.

Le Président pense que l'idée exprimée dans la première moitié du document qui vient d'être lu, sera approuvée par le Congrès tout entier. Les considérations qui s'y trouvent contenues ont déjà été, d'ailleurs, formulées par Carathéodory Pacha en termes analogues. Mais il n'en serait peut-être pas de même pour le reste, et son Altesse Sérénissime serait d'avis que la proposition Russe fût scindée et devînt ainsi l'objet de deux votes successifs.

Le Prince Gortchacow n'ayant pas d'objection contre ce mode de procéder, le Président relit la première partie du document Russe jusqu'aux mots " conforme à leurs intentions."

Lord Salisbury ayant demandé si les termes de cette proposition impliquent la nécessité d'employer une force étrangère en cas d'inexécution du Traité, le Président déclare qu'à son avis il n'en saurait être ainsi. Dans l'opinion du Président, les Puissances ne s'engagent qu'à une surveillance active qui serait suivie, en cas de besoin, d'une action diplomatique. La seconde partie du document réserve, il est vrai, aux Puissances la faculté de s'entendre sur les moyens d'agir ultérieurement, mais sans imposer, toutefois, d'obligation à aucune d'elles.

Le Comte Andrássy s'associe à la pensée du Prince de Bismarck. Il n'a point d'objection contre le sens de la première partie du document Russe; mais son Excellence désirerait qu'on évitât toute expression de méfiance et juge difficile de traiter au Congrès une question de rédaction. Un comité *ad hoc* pourrait rencontrer plus aisément une formule satisfaisante.

Le Prince Gortchacow dit qu'il a eu uniquement en vue, dans cette rédaction, le maintien de la dignité des stipulations de l'Europe. Il désire qu'il soit bien établi que le Congrès n'a pas fait une œuvre éphémère. Son Altesse Sérénissime rappelle que l'expérience du passé doit encourager la haute assemblée à donner une sanction à ses décisions.

Lord Salisbury regretterait qu'une déclaration de cette nature fût insérée dans le Traité, et demande que la proposition Russe soit d'abord imprimée, afin d'être en mesure de l'examiner plus attentivement.

L'impression est décidée et la question remise à la prochaine séance.

Le Comte Schouvaloff demande à soumettre à l'approbation du Congrès une proposition qui lui a été suggérée par un sentiment qui sera compris et apprécié par tous ses collègues, et qu'il exprime sans aucune arrière-pensée stratégique ou autre. En voici le texte :—

"Il y a dans la chaîne des Balkans un point qui a été le théâtre de luttes héroïques : elles ont pu être égalées, mais non surpassées, dans l'histoire. Jamais il n'y a eu un déploiement plus énergique de toutes les vertus militaires et patriotiques dont le drapeau est le symbole.

"Ce que j'en dis s'applique également aux deux parties. De pareilles luttes laissent, après elles, l'estime réciproque et le respect qui s'attache à la mémoire de milliers de Russes et de Turcs dont les ossements blanchissent dans les ravins de Schipka.

"Nous demandons à la haute assemblée de donner un témoignage de ce respect aux braves qui dorment à Schipka en faisant de ce point un glorieux cimetière où il ne s'élèvera plus de batteries et où jamais le canon ne grondera."

Carathéodory Pacha remercie le Comte Schouvaloff, au nom du Gouvernement Ottoman, des expressions contenues dans cette proposition. Venant à l'objet même que son Excellence a eu en vue, le Premier Plénipotentiaire Ottoman tient à constater que, nulle part, le respect des morts n'est plus profond qu'en Orient. Jamais le Gouvernement Turc n'a élevé d'objection contre la construction de cimetières et de chapelles funéraires. Si donc il s'agit uniquement de faire un cimetière pour les soldats morts à Schipka, son Excellence donne à ce projet son entier consentement ; mais, en même temps, Carathéodory Pacha a remarqué dans le document lu par le Comte Schouvaloff une expression qui pourrait donner lieu à quelques difficultés : le Plénipotentiaire de Russie a demandé que Schipka soit constitué en un "glorieux cimetière." Sans doute le Gouvernement Ottoman ne fait aucune objection contre la construction d'un cimetière à proximité de Schipka, mais Carathéodory Pacha doit réserver l'opinion de la Sublime Porte sur la désignation précise de l'emplacement indiqué par le Plénipotentiaire de Russie.

Le Comte Schouvaloff dit qu'il eût espéré que son sentiment serait plus complètement apprécié par les Plénipotentiaires Turcs. Son Excellence n'ignorait pas que la Sublime Porte accorderait un emplacement pour un cimetière, mais ce qu'il désire c'est que Schipka soit entouré, pour ainsi dire, d'une enceinte qui serait délimitée par la Commission Européenne afin que les restes des soldats qui ont péri dans ces grandes luttes reposent sur un terrain neutre. D'ailleurs, il n'est question ici que d'une éventualité ; car les frontières ne sont pas tracées et il n'est nullement dit que la position de Schipka doive appartenir à la Roumélie Orientale, plutôt qu'à la Province de Bulgarie.

Mehemed Ali Pacha demande qu'on ajoute "sauf les nécessités stratégiques de Schipka."

Le Président dit que la pensée des Plénipotentiaires Russes aura la sympathie de tous ceux qui aiment à garder pieusement la mémoire de compatriotes tombés sur le champ de bataille ; elle sera comprise par les Gouvernements qui connaissent tous le respect réciproque que les nations civilisées accordent à leurs morts et à de chers souvenirs. Son Altesse Sérénissime regarde comme opportun qu'une stipulation intervienne pour sauvegarder les tombes de tant de braves soldats, et que le Congrès exprime le désir de voir le Gouvernement Ottoman accueillir une proposition si conforme au sentiment de l'Europe. Le Prince de Bismarck, faisant allusion à de fâcheuses spéculations qui se sont produites, en d'autres temps, faute de clauses diplomatiques sur les sépultures militaires, est d'avis que la haute assemblée pourrait, si les Plénipotentiaires Ottomans ne sont pas autorisés à consentir, sans restriction, au projet qui vient d'être présenté, déclarer au Protocole qu'elle s'associe à la pensée exprimée par les Plénipotentiaires de Russie, et qu'elle la recommande à la Commission Européenne chargée d'examiner sur place les moyens d'y donner suite.

Le Congrès accepte cette proposition.

Les Plénipotentiaires Ottomans ayant demandé une modification de rédaction à laquelle le Comte Schouvaloff ne croit pas devoir consentir, le Prince de Bismarck regarde comme inutile, en effet, de changer la rédaction primitive, en présence de l'adhésion que la haute assemblée vient de donner à la résolution qu'il a présentée. Son Altesse Sérénissime constate, en conséquence, que le Congrès compte sur les sentiments de la Sublime Porte, et s'en remet, avec confiance, aux arrangements qui seront pris par la Commission Européenne de concert avec le Gouvernement Ottoman. Carathéodory Pacha s'associe à ces sentiments.

Le Président invite le Rapporteur de la Commission de Rédaction à lire le travail préparatoire du Traité.

M. Desprez fait connaître à la haute assemblée que le texte du préambule n'est pas encore arrêté, mais lui sera soumis dans la prochaine séance. Son Excellence donne lecture des Articles relatifs à la Bulgarie, et rappelle plusieurs observations présentées dans le sein de la Commission, lors de la discussion préliminaire. Sur l'Article I, qui stipule "un Gouvernement Chrétien," Carathéodory Pacha a demandé s'il était nécessaire d'insérer expressément une clause sur un point incontesté; la Commission a cru devoir, néanmoins, maintenir le texte à l'unanimité. Lors du travail de l'Article III, qui détermine les conditions de l'élection du Prince de Bulgarie, Lord Odo Russell a exprimé la pensée qu'il serait peut-être préférable que la dignité Princière fût héréditaire. Après discussion, cette opinion n'a pas été admise, son Excellence n'a point insisté, et la rédaction primitive a été maintenue. Article V, qui a pour objet l'égalité des droits et la liberté des cultes, a donné lieu à des difficultés de rédaction; cet Article, en effet, est commun à la Bulgarie, au Monténégro, à la Serbie, à la Roumanie, et la

Commission devait trouver une même formule pour diverses situations : il était particulièrement malaisé d'y comprendre les Israélites de Roumanie, dont la situation est indéterminée au point de vue de la nationalité. Le Comte de Launay, dans le but de prévenir tout malentendu, a proposé, au cours de la discussion, l'insertion de la phrase suivante : " Les Israélites de Roumanie, pour autant qu'ils n'appartiennent pas à une nationalité étrangère, acquièrent, de plein droit, la nationalité Roumaine."

Le Prince de Bismarck signale les inconvénients qu'il y aurait à modifier les résolutions adoptées par le Congrès et qui ont formé la base des travaux de la Commission de Rédaction. Il est nécessaire que le Congrès s'oppose à toute tentative de revenir sur le fond.

M. Desprez ajoute que la Commission a maintenu sa rédaction primitive, qui lui paraît de nature à concilier tous les intérêts en cause, et que M. de Launay s'est borné à demander l'insertion de sa motion au Protocole.

Le Prince Gortchacow rappelle les observations qu'il a présenté, dans une précédente séance, à propos des droits politiques et civils des Israélites en Roumanie. Son Altesse Sérénissime ne veut pas renouveler ses objections, mais tient à déclarer de nouveau qu'il ne partage pas, sur ce point, l'opinion énoncée dans le Traité.

M. Desprez donne lecture de l'Article VI, où se trouve réglées l'administration provisoire de la Bulgarie et les relations du Commissaire Impérial Ottoman avec le Commissaire Impérial Russe.

Lord Salisbury ayant demandé une explication complémentaire sur la mesure des droits du Commissaire Ottoman, en cas de dissentiment avec le Commissaire Russe, M. Desprez, rappelant les termes mêmes de l'Article, répond que le fonctionnaire Ottoman ainsi que les Consuls délégués par les Puissances assistent le Commissaire Russe et contrôlent le fonctionnement de l'administration. Le Président ayant ajouté que le Commissaire Ottoman pourra porter plainte devant les Représentants des Puissances Signataires, Lord Salisbury désire que cette explication soit insérée au Protocole, et le Comte de Saint-Vallier fait remarquer que la fin de Article VI règle précisément le cas prévu par M. le Plénipotentiaire d'Angleterre.

Les Articles VII, VIII, IX, X ne donnent lieu à aucune observation ; sur l'Article XI, visant la destruction des anciennes forteresses, une discussion s'engage relativement au délai à donner pour l'exécution de cette clause. Sur la proposition du Comte Andrássy, le Congrès substitue aux mots " dans le plus bref délai possible," ceux-ci, " un an, ou plus tôt si faire se peut."

M. Desprez passe à la lecture des dispositions relatives à la Roumélie Orientale.

Carathéodory Pacha présente quelques objections sur la mention expresse de la religion Chrétienne du Gouverneur. Son Excellence, faisant allusion au principe de l'égalité des droits consacré par le Congrès, considère que cette clause n'est pas conforme au sentiment manifesté, en termes généraux, par la haute assemblée. Le Premier Plénipotentiaire de Turquie ne croit pas, d'ailleurs, que la religion du Gouverneur ait été décidée par le Congrès.

Le Président constate que la haute assemblée, en conservant, sur ce point, les dispositions du Traité de San Stéfano, les a sanctionnées implicitement. Son Altesse Sérénissime insiste sur la nécessité de ne point soulever d'objections rétrospectives à propos de décisions déjà prises par le Congrès.

Les autres Articles relatifs à la Roumélie et les paragraphes sur le Monténégro ne sont l'objet d'aucune remarque spéciale.

M. Desprez lit le chapitre de la Serbie. A propos de la capitalisation du tribut de la Principauté, le Prince Gortchacow relève l'importance de cette question, sur laquelle les Plénipotentiaires Russes auraient des objections à présenter. Le Prince de Hohenlohe, le Baron de Haymerle, et M. d'Oubril ayant annoncé, d'ailleurs, qu'ils ont réservé, à cet égard, le vote de leurs Gouvernements, le Congrès décide de placer cette question à l'ordre du jour de la prochaine séance.

Les Articles sur la navigation du Danube ne provoquent aucune observation. Sur l'Article relatif à la Bosnie-Herzégovine, les Plénipotentiaires Ottomans déclarent s'en référer à la communication qu'ils ont eu l'honneur de faire au Congrès au nom de leur Gouvernement.

Sur le paragraphe relatif à la liberté religieuse, le Comte Corti fait observer que, dans la discussion qui a eu lieu en Congrès à ce sujet, plusieurs Plénipotentiaires ont demandé que le *statu quo* fût maintenu non pas seulement pour la France, mais pour toutes les Puissances dans les Lieux-Saints. Son Excellence propose d'ajouter un alinéa conçu dans ce sens.

Le Président ayant rappelé les réserves que la France a formulées en acceptant l'invitation au Congrès, réserves qui ont amené, dans la rédaction de l'Article, une mention expresse des droits de la France, fait remarquer que la seconde partie du paragraphe établissant "qu'aucune atteinte ne saurait être portée au *statu quo* dans les Lieux-Saints" donne satisfaction à la pensée de M. le Premier Plénipotentiaire d'Italie.

Le Comte Corti, en présence de cette déclaration, se borne à demander que son observation soit insérée au Protocole.

Le Président exprime à M. Desprez les remercîments du Congrès pour le travail dont son Excellence vient de donner lecture, et la séance est levée à 6 heures.

[Suivent les Signatures.]

Protocole No. 18.—Séance du 11 Juillet, 1878.

Étaient présents :

Pour l'Allemagne—le Prince de Bismarck, M. de Bülow, le Prince de Hohenlohe-Schillingsfürst.

Pour l'Autriche-Hongrie—le Comte Andrássy, le Comte Károlyi, le Baron de Haymerle.

Pour la France—M. Waddington, le Comte de Saint-Vallier, M. Desprez.

Pour la Grande Bretagne—le Marquis de Salisbury, Lord Odo Russell.

Pour l'Italie—le Comte Corti, le Comte de Launay.

Pour la Russie—le Prince Gortchacow, le Comte Schouvaloff, M. d'Oubril.

Pour la Turquie—Alexandre Carathéodory Pacha, Mehomed Ali Pacha, Sadoullah Bey.

La séance est ouverte à 3 heures.

Mention est faite de la liste des pétitions No. 13.

Les Protocoles 15 et 16 sont approuvés.

L'ordre du jour appelle la proposition des Plénipotentiaires de Russie imprimée et distribuée conformément à la décision prise par le Congrès dans la séance précédente.

Le Comte Andrássy est d'avis que ce document devrait être abrégé. Le premier alinéa, terminé par les mots " surveiller la mise en vigueur," paraîtrait suffisant aux Plénipotentiaires d'Autriche-Hongrie : le second alinéa pourrait être interprété comme un manque de confiance du Congrès dans le résultat de ses travaux. Son Excellence désirerait aussi que le premier mot " l'Europe " fût remplacé par " les Hautes Parties Contractantes " et regarderait comme inutile d'ajouter les expressions : " ayant donné leur sanction la plus solennelle et la plus obligatoire." Son Excellence propose donc la rédaction suivante : " Les Hautes Parties Contractantes envisagent la totalité des Articles du présent Acte comme formant un ensemble de stipulations dont elles s'engagent à contrôler et à surveiller la mise en vigueur."

Lord Salisbury ne s'explique pas le but de la proposition Russe. Son Excellence ne connaît pas de sanction plus " solennelle " et plus " obligatoire " que la signature de son Gouvernement, et préfère ne pas accepter un engagement qui lui semble soit inutile, puisqu'il est évident que la Grande Bretagne tient à l'exécution du Traité, soit avoir une signification d'une portée trop peu définie.

Le Prince de Bismarck demande à sa Seigneurie si ses répugnances s'étendent également au texte modifié par le Premier Plénipotentiaire d'Autriche-Hongrie qui résume la proposition en lui donnant une forme plus simple. Son Altesse Sérénissime pense qu'il ne serait pas inutile d'exprimer que le Congrès s'engage à surveiller et à contrôler la mise à exécution de son œuvre et qu'une pareille déclaration n'aurait rien d'inusité.

Le Premier Plénipotentiaire de Russie fait remarquer que le Marquis de Salisbury a exprimé la pensée du document Russe en déclarant que le Gouvernement Britannique tient à l'exécution des stipulations consacrées par sa signature. Son Altesse Sérénissime, rappelant l'observation du Prince Bismarck dans la précédente séance, est d'avis que le Congrès pourrait scinder le vote et se prononcer, dès à présent, sur la première moitié de la proposition, que les Plénipotentiaires de Russie regardent comme essentielle à la dignité de la haute assemblée.

Le Président adhère encore aujourd'hui à la pensée de voter le premier alinéa séparément. Comme Représentant de l'Allemagne, son Altesse Sérénissime serait disposé à accepter également le second, mais il craint que les autres Puissances ne partagent pas toutes ce sentiment. Il regarde, d'ailleurs, la rédaction Austro-Hongroise comme plus pratique, et pense, notamment, que les mots "solennelle et obligatoire" expriment une idée trop évidente par elle-même pour qu'il soit nécessaire de l'affirmer.

Le Prince Gortchacow ne consentirait point à cette dernière modification: il répète que le sentiment de dignité de l'Assemblée doit être exprimé d'une manière très-catégorique.

Le Comte Schouvaloff croit qu'il n'y a point de dissentiment sur le fond même de la pensée. Le Comte Andrássy et le Prince de Bismarck ont reconnu l'un et l'autre que la sanction donnée par le Congrès au Traité est "solennelle et obligatoire." Lord Salisbury a déclaré que la signature de la Grande Bretagne constituait un engagement du même ordre: son Excellence ne s'expliquerait pas que le Congrès hésitât à employer les expressions qui rendent en réalité sa pensée. Il propose, en conséquence, la rédaction suivante:—

"Les Hautes Parties Contractantes, ayant donné leur sanction solennelle et obligatoire aux stipulations du Traité de Berlin, envisagent la totalité des Articles du présent Acte comme formant un ensemble de stipulations dont elles s'engagent à contrôler et à surveiller la mise en vigueur."

Carathéodory Pacha rappelle les explications qu'il a déjà présentées à ce sujet: la Porte considère, assurément, la signature comme obligatoire, et se regarde comme positivement et strictement tenue à mettre à exécution des engagements qu'elle aura souscrits au même titre que toutes les autres Puissances Signataires du Traité. Mais la rédaction du document Russe impose à toutes les Parties Contractantes le devoir mutuel de contrôler l'exécution des stipulations du Traité ; la Porte se trouverait ainsi obligée à admettre chez elle le contrôle et à contrôler à son tour d'autres États également engagés. Son Excellence relève les difficultés de cette tâche, et ajoute que la Porte est prête à exécuter le Traité en ce qui la concerne, mais quant à exercer un contrôle ou à s'y soumettre, elle s'y refuse, considérant que cette obligation est nouvelle et trop lourde pour un Gouvernement qui n'en réclame ni la charge ni le bénéfice.

Le Prince Gortchacow dit que la réponse de la Sublime Porte n'est point en contradiction avec la pensée qui a inspiré la proposition des Plénipotentiaires de Russie, et tout le premier alinéa, conforme aux déclarations de Carathéodory Pacha, pourrait être accepté par les Représentants de la Turquie.

Le Prince de Bismarck, résumant la discussion, expose que toute la question est de savoir s'il convient d'insérer un Article spécial ou de considérer la signature du Traité comme une obligation formelle qui n'a besoin d'aucune confirmation. Le Premier Plénipotentiaire Ottoman paraît voir dans la formule proposée une expression de méfiance contre quelqu'une des Parties Contractantes qui ne se conformerait pas au Traité: son Altesse Sérénissime, en ce qui le concerne, ne partage pas ces appréhensions.

Le Comte Andrássy maintient la rédaction qu'il a proposé, et élève de nouvelles objections contre les mots "en insistant sur l'exécution" qui lui paraissent trop rudes, et "leurs intentions" qui lui semblent vagues, puisqu'il s'agit non point "d'intentions," mais de stipulations.

Le Prince Gortchacow dit qu'il a reçu de l'Empereur son auguste Maître l'ordre exprès de présenter une proposition destinée à assurer la sanction des actes du Congrès. Son Altesse Sérénissime considère la pensée de son Souverain comme entièrement conforme à la dignité de la haute assemblée. Il consent, toutefois, à modifier quelques expressions, sans adhérer complètement au texte proposé par le Comte Andrássy, et il propose au Congrès la rédaction du Comte Schouvaloff.

Le Président soumet au Congrès cette nouvelle rédaction. Les Plénipotentiaires d'Autriche-Hongrie n'ont pas d'objection. Les Plénipotentiaires de France, de la Grande Bretagne et d'Italie réservent leur vote. Les Plénipotentiaires de Turquie déclarent n'avoir rien à ajouter aux déclarations qu'ils ont fait entendre. Les Plénipotentiaires d'Allemagne acceptent la proposition Russe.

Le Président constate que le document présenté par les Plénipotentiaires de Russie n'a pas obtenu l'assentiment du Congrès, et procède au vote sur la proposition du Comte Andrássy.

Les Plénipotentiaires de France, de la Grande Bretagne, et d'Italie persistent à réserver leur vote, les Plénipotentiaires de

Turquie repoussent ce texte, et les Plénipotentiaires de Russie s'en tiennent à leur proposition.

Le Comte Corti fait remarquer que la haute assemblée partage le sentiment du Prince Gortchacow sur la nécessité d'assurer la complète exécution du Traité, mais les Plénipotentiaires d'Italie et ceux de leurs collègues qui ont, comme eux, réservé leur vote, regardent comme suffisantes les déclarations qui ont été faites, au nom de la Sublime Porte, par Carathéodory Pacha.

Le Premier Plénipotentiaire de France propose au Congrès de se borner à prendre acte de la déclaration de Carathéodory Pacha; les formules présentées par le Prince Gortchacow et par le Comte Andrássy semblent à son Excellence conçues en termes trop vagues; ou bien elles n'ajoutent rien à l'autorité du Traité, ou bien elles ont une portée trop étendue. Dans sa pensée, le Congrès, en demandant à la Turquie de consentir d'importants sacrifices, avait en vue de préserver de toute atteinte la souveraineté du Sultan dans l'ensemble réduit mais compacte de provinces qui formera désormais son empire. Or, la rédaction proposée à la haute assemblée paraît consacrer une sorte de tutelle permanente imposée au Gouvernement Ottoman : le Traité que les Puissances vont signer contient un très-grand nombre de clauses qui pourraient devenir, sous l'action d'un contrôle édicté par le Congrès, une série de prétextes pour une ingérence incessante dans tous les actes de la Sublime Porte. L'intérêt du Gouvernement Turc, son avantage évident, est d'exécuter complètement, et sans arrière-pensée, toutes les décisions du Congrès. Son Excellence pense que les Puissances doivent prendre acte des déclarations que vient de faire entendre la Turquie par l'organe de son Premier Plénipotentiaire, et, avant d'aller au delà, avant de douter de ses intentions hautement manifestées, attendre qu'elles l'aient vue à l'œuvre ; car elles n'ont pas le droit de supposer que le Gouvernement Ottoman ne veuille pas ou ne puisse pas exécuter les stipulations qu'il a consenties. Le Premier Plénipotentiaire de France comprendrait même difficilement qu'on pût ajouter à un acte aussi solennel par lui-même une sanction ou inutile ou dangereuse. S'il s'agissait de créer un droit spécial de surveillance pour certaines stipulations déterminées, une semblable décision serait peut-être admissible ; mais inaugurer un droit de contrôle général sur un aussi grand nombre de clauses d'importance fort inégale serait un péril pour l'avenir, et le Congrès risquerait, en entrant dans cette voie, d'introduire des éléments de désaccord parmi les Puissances qui viennent de faire une œuvre de paix et de concorde.

Le Prince Gortchacow maintient que sa proposition est en rapport avec les déclarations du Premier Plénipotentiaire de Turquie. Son Altesse Sérénissime n'explique pas, d'ailleurs, pourquoi la sanction indiquée paraît dirigée contre la Porte Ottomane ; elle s'applique également à toutes les autres Parties Contractantes : la Russie, par exemple, y serait aussi bien soumise que la Porte, et admet parfaitement pour elle-même la surveillance et le contrôle des Puissances.

Le Comte Schouvaloff relève, dans le discours de M. Waddington, la mention des sacrifices que le Congrès aurait demandés à la Turquie : ces sacrifices ne sont pas l'œuvre du Congrès, mais la conséquence de la guerre. Au contraire, la haute assemblée a favorablement traité la Porte Ottomane, qui se trouve certainement avoir plutôt gagné que perdu dans les nouvelles stipulations. Quant à l'ingérence dont a parlé le Premier Plénipotentiaire de France, le Comte Schouvaloff déclare que la Russie ne demande pas d'ingérence dans les affaires de la Turquie aussitôt que les stipulations du Traité auront été exécutées ; mais jusque là il y a ingérance et elle ressort naturellement de toutes les décisions du Congrès. Peut-on soutenir qu'il n'y a point d'immixtion en Turquie quand il existe un réseau de Commissions Européennes en Roumélie, dans les provinces Grecques, en Arménie, &c. ? Le Comte Schouvaloff est d'accord avec M. Waddington en espérant que, dans un très-proche avenir, cette immixtion aura cessé ; mais, quant à présent, son Excellence la regarde comme indispensable, comme ressortant des résultats du Congrès, et, tant qu'il existera des Commissions Européennes, il est évident qu'il faudra surveiller et contrôler la situation. Ce droit étant établi, les Plénipotentiaires de Russie ne voient pas pourquoi on n'appellerait pas les choses par leur nom, et pourquoi l'on refuserait le contrôle et la surveillance qu'ils demandent.

M. Waddington veut se borner à faire observer que les Commissions Européennes ont un objet précis et défini, tandis que la proposition Russe n'a pas de but nettement déterminé.

Le Président constate que la proposition Russe et l'amendement Autrichien, qui en reproduisait la pensée, n'ont pas été accueillis par le Congrès, et que les résultats de la discussion sont, par conséquent, les faits qui seront indiqués au Protocole, à savoir, la proposition elle-même, la réponse de la Porte, et la décision du Congrès de prendre acte des déclarations du Premier Plénipotentiaire Ottoman.

La haute assemblée passe à la question relative au tribut de la Roumanie et de la Serbie réservée dans la séance précédente.

Le Président rappelle que la question se pose ainsi : M. le Premier Plénipotentiaire de Turquie a présenté au Congrès deux propositions, l'une dans la séance du 28 Juin (Protocole 8) relative à la Serbie, l'autre, dans la séance du 1er Juillet (Protocole 10), pour la Roumanie ; son Excellence demande que les tributs payés jusqu'à présent à la Sublime Porte par ces pays soient capitalisés et que le montant soit versé dans les caisses du Trésor Ottoman. Le Congrès a renvoyé ces propositions à la Commission de Rédaction, sans se prononcer définitivement sur la question de principe. La Commission soumet maintenant un projet de rédaction ainsi conçu :—

" Le tribut de la Serbie (de la Roumanie) sera capitalisé et les Représentants des Puissances à Constantinople fixeront le taux de cette capitalisation d'accord avec la Sublime Porte."

Mais avant que le Congrès puisse se prononcer sur cette rédaction, il aura à statuer si, en principe, les pays devraient accepter la charge de la capitalisation du tribut, qui ne leur a pas été imposée par le Traité de San Stéfano.

Lord Salisbury envisage la difficulté à un double point de vue : il y a ici deux questions, celle du tribut en lui-même et celle de l'intérêt des créanciers de la Porte. En ce qui concerne le tribut, son Excellence estime qu'il n'a pas été racheté par de grands sacrifices et de grandes victoires de la part des Principautés : si c'était, en réalité, les Roumains et les Serbes qui eûssent été victorieux, le tribut serait annulé ; mais c'est la Russie qui a fait les dépenses et vaincu la Porte Ottomane, et son Excellence ne voit pas pour quelle raison la perte du tribut pourrait être imposée à la Turquie. Le Premier Plénipotentiaire de la Grande Bretagne ajoute que, d'autre part, le tribut était une partie du gage des créanciers de la Porte et que ce gage ne saurait leur être enlevé.

Le Prince Gortchacow se prononce positivement contre l'opinion qui vient d'être exprimée. Quand l'indépendance de la Roumanie et de la Serbie a été proclamée, il n'a pas été question de la capitalisation du tribut. Son Altesse Sérénissime considère donc que les Principautés sont affranchies de toute obligation, sauf pour les parties du territoire qui constituent un accroissement et qui supporteront une part de la dette. Dans un autre ordre d'idées, le Premier Plénipotentiaire de Russie regarde que, si les Principautés avaient à capitaliser le tribut, elles trouveraient difficilement les sommes nécessaires, et que les engagements qu'elles devraient prendre constitueraient pour elles une dépense supérieure au tribut qu'elles auraient racheté.

Le Comte Schouvaloff avait jusqu'ici regardé que cette question avait été décidée par le fait seul de la déclaration de l'indépendance, et c'est pourquoi il n'avait présenté à cet égard aucune observation. Plus son Excellence envisage la question, plus il lui semble juste que les Principautés supportent une part de la dette pour les territoires nouvellement acquis, et plus il lui semblerait injuste qu'elles fûssent contraintes à la capitalisation du tribut entre les mains du Gouvernement Turc. Une décision prise en ce sens placerait les deux Principautés et la Porte dans la situation d'États qui négocient une affaire financière sur la base d'un rachat de tribut, accordé en échange de l'indépendance: mais il n'en est pas ainsi, puisque l'indépendance est le résultat, non d'un arrangement, mais de la guerre. Lord Salisbury a dit que ce ne sont pas les armées Roumaine et Serbe qui se sont avancées jusque sous les murs de Constantinople mais l'armée Russe, et que les premières n'avaient pas de succès à enregistrer. Le Comte Schouvaloff constate que ces armées ont eu des succès sérieux; l'une a enlevé plusieurs redoutes à Plevna, et l'autre a occupé et occupe encore une partie du territoire Ottoman. Dans cette condition, si les Principautés devaient payer à prix d'argent leur indépendance, il resterait à savoir ce qu'elles auraient gagné à la guerre. Le Comte Schouvaloff se voit obligé de rappeler, comme il a déjà dû le faire dans une séance précédente, que la Russie avait proposé dans le Protocole de Londres un acte bien modéré, que la Turquie l'a repoussé, et doit supporter les conséquences de ce refus.

Le Premier Plénipotentiaire de France adhère à l'opinion du Premier Plénipotentiaire de Russie. En ce qui concerne spécialement la Roumanie, il semble impossible de lui demander la capitalisation du tribut : le Traité de San Stéfano non-seulement n'en parle pas, mais reconnaît même le droit des Roumains à une indemnité de guerre. A quel titre imposerait-on un sacrifice à la Roumanie, qui a pris une part brillante à la guerre? La Serbie est sur le dernier point à peu près dans les mêmes conditions : les Plénipotentiaires de France voteront contre la capitalisation du tribut.

Le Comte de Saint-Vallier ajoute: sous la réserve que les nouveaux territoires supporteront une part proportionnelle de la dette.

Le Comte Andrássy, faisant allusion à l'Article V du Traité de San Stéfano, qui vient d'être rappelé et qui porte une indemnité à débattre entre la Roumanie et la Turquie, dit que le Congrès est resté étranger à cette stipulation aussi bien qu'à une demande analogue formulée par la Serbie, mais qu'une capitalisation du tribut entraînerait des difficultés, des discussions qu'il est préférable d'éviter, et les Plénipotentiaires Austro-Hongrois votent dans le même sens que les Plénipotentiaires Français.

Le Président fait remarquer que l'unanimité du Congrès serait nécessaire pour établir l'obligation du rachat du tribut; mais que les votes précédents indiquent suffisamment qu'il y aurait même une majorité contre cette décision: son Altesse Sérénissime doit donc considérer la question comme réglée et la Commission de Rédaction devra supprimer l'Article de son projet relatif à la capitalisation des tributs Roumain et Serbe.

Le Premier Plénipotentiaire d'Italie présente au Congrès, au nom de ses collègues de France, de la Grande Bretagne, et d'Italie, la déclaration suivante pour être insérée au Protocole :

"Les Puissances représentées au Congrès sont d'avis de recommander à la Sublime Porte l'institution à Constantinople d'une Commission Financière, composée d'hommes spéciaux nommés par les Gouvernements respectifs, et qui serait chargée d'examiner les réclamations des porteurs de titres de la dette Ottomane, et de proposer les moyens les plus efficaces pour leur donner la satisfaction compatible avec la situation financière de la Sublime Porte."

Carathéodory Pacha dit que son Gouvernement donnera tous ses soins à la question des finances : c'est le devoir et l'intérêt de la Porte de faire tout le possible pour améliorer la situation. Les diverses propositions présentées au Congrès par les Plénipotentiaires Ottomans pour le tribut, la part proportionnelle de la dette, &c., témoignent de la sollicitude du Gouvernement Turc pour les intérêts de ses créanciers. Mais il ne pourrait accepter la déclaration des Plénipotentiaires de France, de la Grande Bretagne, et d'Italie, dans les termes où elle est formulée.

Carathéodory Pacha, sans pouvoir encore préciser les conditions ou l'époque d'un accord, indique que les créanciers de la Porte recherchent une entente entre eux et avec le Gouvernement, qui, de son côté, s'efforcera de les satisfaire dans la mesure de ses ressources.

Le Président, ayant demandé si les autres Puissances adhèrent à la proposition lue par le Comte Corti au nom de ses collègues d'Angleterre, de France, et d'Italie, les Plénipotentiaires d'Autriche-Hongrie et de Russie déclarent y donner leur assentiment. Le Prince de Bismarck donne la même déclaration au nom de l'Allemagne. Son Altesse Sérénissime constate que le document sera inséré au Protocole et que le Congrès en prend acte.

Le Congrès passe au Rapport de la Commission de Délimitation sur la frontière Asiatique.

Le Prince de Hohenlohe donne lecture du document suivant :—

"La Commission a l'honneur de soumettre au Congrès la décision suivante :

"Les Plénipotentiaires Britanniques n'ayant pas donné leur consentement à la délimitation que les Plénipotentiaires Russes ont présentée au Congrès pour la Vallée d'Alaschkerd, il en résulte que le Plénipotentiaire Britannique se base sur une délimitation qui a été communiquée à son Gouvernement par l'Ambassadeur de Russie à Londres. Ce dernier accepte la délimitation qu'il a été chargé de communiquer et recule les frontières du Traité de San Stéfano jusqu'aux points à l'ouest de Karaougan et de Kessa dagh.

"La Commission de Délimitation prend acte de cette déclaration de M. le Représentant de la Russie, en vertu de laquelle la ligne de la nouvelle frontière entre la Russie et la Turquie partira d'un point à l'ouest du village de Karaougan, passera en ligne droite au village de Medjingert ; de Medjingert elle suivra une ligne directe au sommet de la Montagne Kassa dagh, et de là elle se dirigera le long de la ligne de partage des eaux entre les affluents de l'Araxe au nord, et ceux de la Mourad Sou au sud, jusqu'à l'ancienne frontière de la Russie.

"La Commission de Délimitation, ne possédant ni la connaissance du terrain ni les cartes et les documents nécessaires pour statuer sur les difficultés qui se sont produites dans la Commission Spéciale Militaire entre les Délégués Anglais et Russes, propose de remettre la solution du différend et le tracé plus précis de la ligne de l'Alaschkerd à une Commission Militaire composée d'un officier Russe, d'un officier Ottoman, et d'un officier Anglais."

Le Comte Schouvaloff fait savoir au Congrès que, par suite de différence dans les cartes géographiques de la Vallée d'Alaschkerd, une entente devait être établie ultérieurement sur place entre des Commissaires Russe et Turc. Lord Salisbury ayant désiré leur associer un Délégué Anglais, le Comte Schouvaloff y a consenti. Lord Salisbury ajoute qu'il n'a, d'ailleurs, aucune objection contre l'admission de Délégués d'autres Puissances.

Le Comte Schouvaloff répond qu'il n'y a pas lieu d'envoyer une Commission Européenne pour faire des délimitations de frontière en Asie.

Aucune observation n'étant présentée au sujet de la délimitation en Asie, le Président déclare que l'accord intervenu est accepté par le Congrès.

Avant que la haute assemblée poursuive son ordre du jour, Carathéodory Pasha demande l'insertion à la fin de l'Article sur la Bosnie et l'Herzégovine, lu dans la séance d'hier, des mots suivants : "Les Gouvernements d'Autriche-Hongrie et de Turquie se réservent de s'entendre sur le détail."

Le Comte Andrássy n'ayant aucune objection, cette addition est acceptée par le Congrès et aussitôt insérée dans l'Article dont il s'agit.

Le Président invite M. Desprez, Rapporteur de la Commission de Rédaction, à terminer la lecture du Projet de Traité commencé dans la séance d'hier.

M. Desprez indique d'abord qu'il a été tenu compte dans des paragraphes additionnels des décisions prises hier par la haute assemblée au sujet des délais d'évacuation dans le Monténégro et en Serbie ; un autre paragraphe supplémentaire a été placé dans le chapitre du Danube, au sujet du phare de l'Ile des Serpents.

Son Excellence, après avoir lu ces diverses dispositions, donne lecture de la suite du Projet de Traité.

L'Article relatif au règlement à élaborer pour les provinces Chrétiennes de la Turquie d'Europe placées sous l'administration directe de la Porte, est l'objet d'une discussion entre Lord Salisbury, Carathéodory Pacha, et M. Desprez au sujet de l'analogie à établir entre ce règlement et celui qui est déjà en vigueur pour la Crète. Il en résulte qu'elle ne sera pas étendue au régime financier et que les mots suivants, ainsi que le propose la Commission de Rédaction, seront ajoutés à l'Article primitif : " sauf en ce qui concerne les exemptions d'impôt accordées à la Crète."

Le paragraphe relatif à la médiation des Puissances dans le cas où la Turquie et la Grèce ne parviendraient pas à s'entendre pour la rectification des frontières indiquée dans le 13ᵉ Protocole, donne lieu à une demande d'ajournement de Carathéodory Pacha. Son Excellence ajoute qu'elle attend des instructions de la Porte pour demain.

Le Président dit que le paragraphe dont il s'agit exprime un vœu du Congrès, et non pas une résolution à laquelle la Porte soit sollicitée de s'associer. Les Puissances se bornent à exprimer qu'elles sont animées du désir de voir réussir les négociations, et sur ce point il ne semble pas que la Porte ait d'opinion à donner ni de décision à prendre en Congrès.

M. Desprez lit les Articles sur l'Asie, dont certains détails topographiques ne pourront être rédigés d'une manière définitive avant que la Commission de Rédaction ait reçu le texte de la Commission de Délimitation.

La lecture des paragraphes relatifs à Khotour et aux Arméniens n'est suivie que d'observations de forme. Sur le paragraphe relatif aux Traités de Paris et de Londres, Lord Salisbury rappelle qu'à première vue il avait, dans une précédente séance, manifesté sur la rédaction de cet Article certaines inquiétudes. Ces appréhensions sont désormais calmées en partie par les éclaircissements donnés au Congrès ; son Excellence se borne aujourd'hui à demander l'insertion au Protocole de la déclaration suivante, qui n'engage que son Gouvernement :—

" Considérant que le Traité de Berlin changera une partie importante des arrangements sanctionnés par le Traité de Paris de 1856, et que l'interprétation de l'Article II du Traité de Londres qui dépend du Traité de Paris peut ainsi être sujet à des contestations ;

" Je déclare de la part de l'Angleterre que les obligations de Sa Majesté Britannique concernant la clôture des Détroits se bornent à un engagement envers le Sultan de respecter à cet égard les déterminations indépendantes de Sa Majesté, conformes à l'esprit des Traités existants."

Le Comte Schouvaloff se réserve le droit de faire insérer au Protocole une contre-déclaration s'il y a lieu.

La lecture du projet de Traité étant terminée, M. Desprez donne connaissance au Congrès du projet de préambule.

Le Congrès en adopte la rédaction et approuve l'ensemble du projet que M. Desprez vient de lire. Une seconde lecture du projet complété par les détails qui manquent encore, et dressé Article par Article, aura lieu dans la prochaine séance.

Le Comte Schouvaloff fait savoir à la haute assemblée que Lord Salisbury a reçu des télégrammes qui indiquent les plus déplorables désordres dans les districts du Rhodope : d'après ces informations, une population de plus de 100,000 âmes serait livrée à une complète anarchie ; des villages auraient été brûlés, des massacres, violences, et excès horribles auraient été commis. Leurs Excellences pensent qu'il y a lieu de mettre un terme aussi promptement que possible à de semblables atrocités. Le Comte Schouvaloff fait remarquer que les localités dont il s'agit sont en dehors de l'action du Commandant-en-chef de l'armée Russe, et pense, de concert avec Lord Salisbury, qu'il serait opportun d'envoyer sur place des Commissaires Européens qui seraient chargés de provoquer l'adoption de mesures répressives. Le Comte Schouvaloff est d'avis que les Gouvernements pourraient inviter leurs Représentants à Constantinople à désigner des Délégués.

Le Président demande quelle serait la force exécutive de ces Commissaires.

Le Comte Schouvaloff répond qu'il ne peut la désigner en ce moment, mais qu'à défaut des troupes Russes qui ne se trouvent pas sur ce point, on doit espérer le concours des autorités locales.

Le Prince Gortchacow est d'avis, qu'en accomplissant la mission qui va leur être confiée, les Commissaires doivent s'appliquer également à vérifier l'exactitude des faits signalés à Lord Salisbury.

Après un échange d'idées à ce sujet entre plusieurs des Plénipotentiaires, le Comte de Saint-Vallier donne lecture d'un projet de résolution rédigé d'accord avec le Marquis de Salisbury, et ainsi conçu :—

"Les Plénipotentiaires des Puissances réunis au Congrès de Berlin, émus des rapports parvenus à quelques-uns d'entre eux sur les souffrances actuelles des populations du Rhodope et des contrées voisines, sont d'avis qu'il y a lieu de recommander aux Ambassadeurs à Constantinople de s'entendre avec la Sublime Porte pour l'envoi immédiat d'une Commission Européenne chargée de vérifier sur les lieux la gravité des faits et de chercher à y apporter remède dans la mesure du possible."

Ce projet de résolution reçoit l'adhésion unanime du Congrès.

Le Président fait remarquer, avec l'assentiment général, que les membres de la haute assemblée, en adoptant cette résolution étrangère à l'objet de leurs délibérations, agissent non pas comme membres du Congrès, mais comme Représentants de leurs Gouvernements respectifs.

La séance est levée à 5 heures et demie.

[Suivent les Signatures.]

Protocole No. 19.—Séance du 12 Juillet, 1878.

Étaient présents:

Pour l'Allemagne—le Prince de Bismarck, M. de Bülow, le Prince de Hohenlohe-Schillingsfürst.

Pour l'Autriche-Hongrie—le Comte Andrássy, le Comte Károlyi, le Baron de Haymerle.

Pour la France—M. Waddington, le Comte de Saint-Vallier, M. Desprez.

Pour la Grande Bretagne—le Marquis de Salisbury, Lord Odo Russell.

Pour l'Italie—le Comte Corti, le Comte de Launay.

Pour la Russie—le Prince Gortchacow, le Comte Schouvaloff, M. d'Oubril.

Pour la Turquie—Alexandre Carathéodory Pacha, Mehemed Ali Pacha, Sadoullah Bey.

La séance est ouverte à 3 heures.

Le Protocole No. 17 est adopté.

Mention est faite de la liste des pétitions No. 14.

L'ordre du jour appelle le rapport complémentaire de la Commission de Rédaction.

M. Desprez dit que la Commission a relu l'ensemble du Traité et a élevé des objections contre l'Article 11 relatif à la délimitation de la Bulgarie. Le paragraphe de cet Article portant le numéro 3, qui implique pour les troupes et convois Bulgares le libre passage sur la ligne d'étapes entre Vidin et Sofia par la route de Sofia à Pirot et de ce point à Vidin par le col de Saint Nicolas, paraît inadmissible. La Commission propose de le supprimer, le Congrès ne devant pas prévoir le cas où la Bulgarie ferait la guerre à la Turquie.

Cette observation ayant été favorablement accueillie par la haute assemblée, M. Desprez ajoute que le second alinéa du même paragraphe, admettant en principe la faculté pour la Turquie de se servir d'une route militaire au travers du territoire sud du Sandjak de Sofia, a laissé la Commission indécise: l'accord n'a pu s'établir sur ce point.

Le Comte Schouvaloff rappelle que les Plénipotentiaires de Russie ont accepté le principe du passage; des instructions en ce sens seront données conformément au Protocole XVII aux officiers Russes ; mais son Excellence est contraire à la rédaction de l'Article qui donne l'indication exacte du tracé de passage.

Le Président regarde, en effet, qu'il est dangereux de délimiter dans un Article de Traité une route militaire sur un terrain peu connu, et sur une carte dont l'exactitude ne peut pas être absolue. Cette délimitation pourrait être fâcheuse pour ceux même qui peuvent s'en servir. Son Altesse Sérénissime relit le passage du XVIIe Protocole où se trouve le résumé de la discussion, et pense que, conformément aux décisions prises alors par le Congrès, le tracé doit être renvoyé aux négociations sur place. La nomenclature du 2e alinéa du paragraphe 3 devrait donc disparaître, et il serait opportun de ne laisser subsister que la reconnaissance en principe d'une route militaire accordée à la Turquie.

Le Prince de Hohenlohe propose de s'en tenir exactement aux expressions du Protocole et de supprimer les indications précises qui terminent l'alinéa.

Le Comte Schouvaloff demande la suppression de tout le paragraphe 3, car l'alinéa 2 n'a été concédé par lui qu'en vue du 1er alinéa accordant une route d'étapes à la Bulgarie.

Lord Salisbury dit que si le 1er alinéa était conservé, il serait obligé de déclarer au Protocole de la part de l'Angleterre que nulle disposition du Traité ne reconnaît à la Bulgarie le droit de paix et de guerre.

Le Comte Schouvaloff fait remarquer que c'est précisément pour éviter ces difficultés qu'il propose la suppression de tout le paragraphe 3.

A la suite d'observations présentées par le Comte de Launay, Lord Salisbury, et le Comte Schouvaloff, le Congrès décide que le paragraphe 3 de l'Article II du Projet de Traité sera supprimé, les Plénipotentiaires de Russie ayant, d'ailleurs, déclaré que les obligations qu'ils ont acceptées au Protocole XVII au sujet de la route militaire accordée à la Turquie conservent toute leur valeur.

Il est entendu que le même passage inséré à l'Article XXXVI relatif à la délimitation Serbe sera également supprimé.

Carathéodory Pacha, se référant à l'Article XXIV, qui concerne la rectification des frontières de la Grèce et la médiation éventuelle des Puissances, ajoute que la Porte, qui n'avait pas donné son consentement à des propositions de rectification de frontières, se réserve d'entretenir les Cabinets Signataires de la vraie situation de la question Hellénique. Son Excellence demande que le mot de "médiation" soit remplacé par "bons offices."

M. Desprez rappelle que le mot de "médiation" adopté par la Commission est conforme aux termes du Protocole No. 13.

Le Comte de Launay déclare que la substitution demandée par

Carathéodory Pacha amoindrirait la signification et la portée de la proposition des Plénipotentiaires de France et d'Italie, et de la décision prise par la haute assemblée.

Le Président fait observer que cet Article n'a pas d'intérêt pour les Plénipotentiaires Ottomans, puisqu'il ne s'agit que des intentions des six Puissances, qui demeureront toujours libres de s'entendre entre elles sur ce point en dehors de la Turquie.

M. Desprez, reprenant l'exposé des dispositions du Traité encore controversées, cite les objections formées par les Plénipotentiaires de Turquie contre les dernières lignes du 2e alinéa de l'Article XXXVI ainsi rédigées : " laissant au sud du village de Prépolac une zone de 1,000 mètres de rayon à la Serbie."

Carathéodory Pacha et Mehemed Ali Pacha demandent que le défilé de Prépolac soit maintenu au territoire Ottoman.

Le Comte de Saint-Vallier rappelle que le Congrès a décidé, conformément à l'avis de la Commission de Délimitation, qu'il serait donné suite à la réclamation élevée par les Plénipotentiaires Ottomans touchant l'extension de 1,000 mètres attribuée à la Serbie au sud de Prépolac dans le projet de la Commission Militaire. Mais, d'après les termes même du Protocole, le Congrès n'a pas entendu pousser la concession au delà du retour pur et simple à la ligne Autrichienne, c'est-à-dire, l'abandon de la zone de 1,000 mètres ; il en résulte que la place de Prépolac est laissée à la Turquie ; mais il n'a jamais été question d'y comprendre le défilé situé en arrière de cette ville, ce qui aurait rejeté la frontière vers le nord beaucoup plus que le Congrès n'entendait la faire.

Le Président déclare qu'il est impossible de revenir sur cette discussion ; son Altesse Sérénissime ajoute que la tâche de la Commission était de rédiger les décisions prises et non pas de les réviser.

Le Prince de Hohenlohe dit qu'une note placée au bas de la page 2 du Projet de Traité indique que " toutes les désignations de lieux ont été prises sur la carte de l'État-Major Autrichien." Cette annotation ne pourrait figurer au Traité, mais cette explication étant très-importante, son Altesse Sérénissime est d'avis qu'il en soit fait mention au Protocole.

Le Président appuie cette observation, qui est approuvée par le Congrès.

M. Desprez dit que le projet de Traité n'a plus rencontré d'objections que sur l'Article relatif à la délimitation de la frontière d'Asie, au sujet duquel les Plénipotentiaires de Grande Bretagne et de Russie ne sont pas encore entièrement d'accord.

A la suite d'une discussion sur ce point entre le Comte Schouvaloff et Lord Salisbury, le Congrès décide que pendant une interruption de séance, des pourparlers auront lieu entre les Plénipotentiaires de la Grande Bretagne, de la Russie, et de la Turquie, pour régler les détails définitifs de cette délimitation.

La séance est interrompue.

A la reprise de la séance, le Comte Schouvaloff annonce que les Représentants des trois Puissances se sont entendus sur le dernier alinéa de l'Article LIX et la suppression de l'Article LX.

Le Président constate que la rédaction du Traité est terminée.

Son Altesse Sérénissime appelle ensuite l'attention de ses collègues sur la question de savoir en quelle forme et à quel moment la communication du Traité sera faite aux États intéressés qui n'ont point participé au Congrès, c'est-à-dire, la Grèce, la Perse, le Monténégro, et les Principautés déclarées indépendantes.

L'échange d'idées qui a lieu à ce sujet amène la haute assemblée à reconnaître que cette communication ne saurait être faite d'une manière officielle qu'après l'échange des ratifications du Traité : le Congrès considère en effet que ce sont les ratifications, et non pas seulement la signature, qui donnent aux Traités leur valeur définitive. Le Congrès, admettant toutefois qu'il serait difficile d'attendre ces ratifications pour donner avis aux États dont il s'agit des dispositions qui ont été prises à leur égard, décide, sur la proposition du Prince de Bismarck, que le Président est autorisé à faire connaître, dès la signature, aux États intéressés, les décisions qui les concernent, dans une rédaction authentique, mais communiquée sous la forme officieuse. Son Altesse Sérénissime communiquera officiellement le Traité complet à ces mêmes États quand les ratifications auront été échangées.

La haute assemblée décide également que l'échange des ratifications indiqué dans le Projet de Traité comme devant avoir lieu dans un délai de quatre semaines, devra avoir lieu dans un délai de trois semaines ; le dernier Article portera donc, " dans un délai de trois semaines, ou plus tôt si faire se peut." Il est entendu que les évacuations de territoire stipulées à partir du jour de la signature ne seront exécutoires qu'à partir du jour de la ratification, et que cette dernière date sera substituée à celle de la signature dans tous les passages du Traité où le jour de la signature avait été fixé comme point de départ du délai accordé aux intéressés.

Le Comte Schouvaloff, rappellant la déclaration faite dans la précédente séance par Lord Salisbury au sujet des Détroits, demande l'insertion aux Protocoles d'une déclaration sur le même sujet présenté par les Plénipotentiaires de Russie :—

" Les Plénipotentiaires de Russie, sans pouvoir se rendre exactement compte de la proposition de M. le Second Plénipotentiaire de la Grande Bretagne concernant la clôture des Détroits, se bornent à demander de leur côté l'insertion au Protocole de l'observation :

qu'à leur avis le principe de la clôture des Détroits est un principe Européen, et que les stipulations conclues à cet égard en 1841, 1856, et 1871, confirmées actuellement par le Traité de Berlin, sont obligatoires de la part de toutes les Puissances conformément à l'esprit et à la lettre des Traités existants, non-seulement vis-à-vis du Sultan, mais encore vis-à-vis de toutes les Puissances Signataires de ces transactions."

Lord Salisbury fait savoir au Congrès que, conformément à la décision prise hier par les Représentants des Puissances, il a invité l'Ambassadeur de la Grande Bretagne à Constantinople à s'entendre avec ses collègues au sujet des Commissaires à envoyer dans le Rhodope.

Le Comte Andrássy, M. Waddington, le Comte Corti, le Prince Gortchacow, et le Prince de Bismarck, annoncent que les mêmes instructions ont été adressées aux Représentants de leurs Gouvernements à Constantinople.

Le Congrès fixe à demain, Samedi, 13 Juillet, la signature solennelle du Traité.

La séance est levée à 5 heures.

[Suivent les signatures.]

Protocole No. 20.—Séance du 13 Juillet, 1878.

Étaient présents :—

Pour l'Allemagne—le Prince de Bismarck, M. de Bülow, le Prince de Hohenlohe-Schillingsfürst ;

Pour l'Autriche-Hongrie—le Comte Andrássy, le Comte Károlyi, le Baron de Haymerle ;

Pour la France—M. Waddington, le Comte Saint-Vallier, M. Desprez ;

Pour la Grande Bretagne—le Comte de Beaconsfield, le Marquis de Salisbury, Lord Odo Russell ;

Pour l'Italie—le Comte Corti, le Comte de Launay ;

Pour la Russie—le Prince Gortchacow, le Comte Schouvaloff, M. d'Oubril ;

Pour la Turquie—Alexandre Carathéodory Pacha, Mehemed Ali Pacha, Sadoullah Bey.

La séance est ouverte à 3 heures.

Le Président fait remarquer que le Protocole 18 a été distribué et que le Protocole 19 sera entre les mains de MM. les Plénipotentiaires dans le courant de la journée. Les deux Protocoles seront donc examinés par tous les membres de la haute assemblée. Mais comme il ne sera plus possible de recueillir toutes les signatures pour les copies définitivement arrêtées, le Prince de Bismarck propose que MM. les Plénipotentiaires qui partiraient avant la signature autorisent leurs Excellences MM. les Ambassadeurs, accrédités à Berlin, de signer les derniers Protocoles en leur nom.

Cette proposition est adoptée.

Le Président invite les Plénipotentiaires à vouloir procéder à la signature du Traité.

Le Comte Andrássy prononce les paroles suivants :—

"Messieurs,

"Au moment où nos efforts viennent d'aboutir à une entente générale, il nous serait impossible de ne pas rendre hommage à l'homme d'État éminent qui a dirigé nos travaux.

"Il a invariablement eu en vue d'assurer et de consolider la paix. Il a voué tous ses efforts à concilier les divergences et à mettre fin le plus rapidement possible à l'incertitude qui pesait si gravement sur l'Europe.

"Grâce à la sagesse, à l'infatigable énergie, avec lesquelles notre Président a dirigé nos travaux, il a contribué à un haut degré à la prompte réussite de l'œuvre de pacification que nous avons entreprise en commun.

"Je suis donc sûr de rencontrer l'assentiment unanime de cette haute assemblée en vous proposant d'offrir à son Altesse Sérénissime le Prince de Bismarck notre plus chaleureuse gratitude.

"Sur le point de nous séparer, je crois le mieux répondre encore à vos sentiments en témoignant notre respectueuse reconnaissance de la haute bienveillance et de la gracieuse hospitalité dont nous avons été l'objet de la part de Sa Majesté l'Empereur d'Allemagne et de l'auguste famille Impériale."

Le Prince de Bismarck répond :

"Je suis profondément sensible aux paroles que le Comte Andrássy vient de prononcer au nom de cette haute assemblée. Je remercie vivement le Congrès d'avoir bien voulu s'y associer, et j'exprime toute ma reconnaissance à mes collègues de l'indulgence et des bons sentiments qu'ils m'ont témoignés pendant le cours de nos travaux. L'esprit de conciliation et la bienveillance mutuelle dont tous les Plénipotentiaires ont été animés m'ont facilité une tâche que, dans l'état de ma santé, j'espérais à peine pouvoir mener jusqu'à son terme. En ce moment où le Congrès, à la satisfaction des Gouvernements représentés et de l'Europe entière, aboutit au résultat espéré, je vous prie de me garder un bon souvenir : quant à moi, la mémorable époque qui vient de s'écouler restera ineffaçable dans ma mémoire."

Le Congrès procède à la signature des sept exemplaires du Traité.

Cet acte étant accompli, le Président reprend la parole dans les termes suivants :—

" Je constate que les travaux du Congrès sont terminés.

" Je regarde comme un dernier devoir du Président d'exprimer les remerciments du Congrès à ceux des Plénipotentiaires qui ont fait partie des Commissions, notamment à M. Desprez et à M. le Prince de Hohenlohe. Je remercie également au nom de la haute assemblée le Secrétariat du zèle dont il a fait preuve et qui a contribué à faciliter les travaux du Congrès. J'associe dans l'expression de cette reconnaissance les fonctionnaires et officiers qui ont pris part aux études spéciales de la haute assemblée.

" Messieurs, au moment de nous séparer, je ne crains pas d'affirmer que le Congrès a bien mérité de l'Europe. S'il a été impossible de réaliser toutes les aspirations de l'opinion publique, l'histoire dans tous les cas rendra justice à nos intentions, à notre œuvre, et les Plénipotentiaires auront la conscience d'avoir, dans les limites du possible, rendu et assuré à l'Europe le grand bienfait de la paix si gravement menacée. Ce résultat ne saura être atténué par aucune critique que l'esprit de parti pourra inspirer à la publicité. J'ai le ferme espoir que l'entente de l'Europe, avec l'aide de Dieu, restera durable, et que les relations personnelles et cordiales qui pendant nos travaux se sont établies entre nous, affermiront et consolideront les bons rapports entre nos Gouvernements.

" Je remercie encore une fois mes collègues de leur bienveillance à mon égard, et c'est en conservant cette impression de haute gratitude que je lève la dernière séance du Congrès."

Les Plénipotentiaires se séparent à 5 heures.

[Suivent les Signatures.]

REGULATIONS for the Navigation of the Suez Maritime Canal.—Paris, March 12, 1878.*

COMPAGNIE UNIVERSELLE DU CANAL MARITIME DE SUEZ.

Exploitation.

Règlement de Navigation dans le Canal Maritime de Suez.†

[" ART. 14. Nous déclarons solennellement pour nous et nos successeurs, sous la réserve de la ratification par Sa Majesté Impériale

* Laid before Parliament with "Correspondence respecting the Suez Canal (Tonnage Measurement)" in 1878.

† Ce règlement est applicable à partir du 1er Juillet, 1878. Les règlements antérieurs sont annulés.

www.ingramcontent.com/pod-product-compliance
Lightning Source LLC
Chambersburg PA
CBHW031830230426
43669CB00009B/1289